주역시학

주역시학

안수환 지음

목 차

감사의 말씀

머리말을 대신하여

◆◆감사의 말씀

　　『주역』예순 두 번째의 소과괘 단전에 보면, 비조지상飛鳥之象이라는 표현이 나옵니다. 날아가는 새의 모양이라는 말인데, 이에는 지나침이 커서 예에도 맞지 않는다는 뜻이 들어 있습니다. 이와 같은 루를 범하는 줄 알면서도 십여 년 『주역』을 강의해오면서, 계간 『예술가』에 연재하던 것을 이번에는 책으로 간행하는 큰 복도 받잡게 되었습니다. 그동안 지루한 강의를 들어준 충남평생교육원 제자들에게 감사드립니다. 그리고 『예술가』의 애독자 여러분과 박찬일 교수님의 따뜻한 사랑에 감사드립니다. 그리고 도화 출판사의 김성달 사장님의 후의에 감사드립니다. 그리고 박지연 선생의 질정과 이형우 시인의 다함없는 우정에 감사드립니다. 끝으로 늘 곁에서 내 글을 정독하고 내 몸을 보살펴주는 아내 유정옥 시인에게 감사드립니다. 하늘로 날아오르는 새의 떠나감이 지나치지 않도록 경계하고 또 경계하겠습니다.

2020년 8월 한여름

안 수 환

이 시인 낮과 밤의 순환을 따르시게 이것이 호흡의
이치일세 한 번 공기를 들이마시고 한 번 공기를
내버리고 이게 호흡법이네 바닷물이 한 번 들어오고
한 번 빠져 나가고 이게 조석간만일세 사람도 숨을
쉬고 지구도 숨을 쉬네 주역에서는 이것을 수화기제
화수미제라고 부르네 즉 한 번 채우고 한 번 비우는
이치일세 우주도 그렇게 숨 쉬고 돌멩이도 그렇게
숨 쉬고 사람도 그렇게 숨 쉬고 있네 이것이 여여라는
진리일세 여여,

—나의 시 「호흡」 전문
안 수 환

제1장
영원은 없다. 잠깐일 뿐이다

누가 주역을 알았다고 말하는가. 그것은 자만일 것이다. 그럼에도 불구하고 왜 주역을 말하는가. 나는 어리석은 사람이다. 어리석은 입술로 주역을 안다고 말하고 있으니, 이는 필시 하늘을 속이고 내 자신을 속이는 일이 될는지도 모른다. 천벌은 있다. 하늘을 속이는 자가 천벌을 받는다. 물 한 모금을 목구멍에 넘기면서 나는 정숙해졌다. 물 한 모금까지도 실은 하늘이 내려주는 축복인 것이다. 그동안 나는 많은 시간을 허비했다. 지난 30년, 나는 몽매한 눈으로 찬찬히 주역을 읽어왔다. 이번에는 중얼중얼 혼자 중얼거리다가 문갑 위에 놓인 민춘란을 쳐다보고 말을 건넸다. 민춘란은 내 장황한 말귀를 단번에 알아듣는 듯했다. 이번에는 또 시선을 돌려 먼 산 능선稜線을 바라보았다. 능선은 제 등줄기가 구부러져있는 것을 조금도 탓하지 않는 듯했다. 이번에는 다시 또 하늘에서 하늘로 흘러가는 바람소리를 들었다. 바람은 그러니까 어떤 초자연적인 목적을 위해서 그렇게 불고 있는 것 같지는 않았다. 순간, 나는 만감에 휩싸였다. 세상사 옳고 그른 것을 어떻게 따져 물을 것인가. 진실은 어떻게 살아남는가. 무엇보다도 그동안 나는 내 자신에게 얼마나 어이없는 짓을 저질러왔던가. 문득, 이런 생각에 사로잡혔다. 민춘란이 내 이야기를 귀담아 듣고 있다면, 그리고 먼 산이 멀리서 내 이야기를 들어준다면, 그리고 또 하늘로 떠다니는 바람이 저토록 간절하게 내 눈썹을 간지럽히고 있다면[비록, 그것들이 무목적적인 결함일지라도] 그렇다면 책을 써보자. 어느덧 내 마음 한복판에서는 뜨거운 불꽃이 피어올랐다. 책을 써보자. 물론, 나는 지금 2600여 년 전 노자가 말한 그 경고를 잘 기억한다; "아는 자는 말하지 않고, 말하는 자는 알지 못한다"(지자불언 언자부지 知者不言 言者不知 『노자』 56장).

1. ䷞ 택산함澤山咸 / 나는 당신이다

나는 당신이다. 바야흐로 나와 당신의 마음이 만나게 된 것이다. 그런데 나와 당신의 관계는 분별의 단계를 훨씬 뛰어넘는다. 예禮는 분별이다. 공자는, 사람의 말이 사람의 말로 전달되는 실천적 근거는 예에 있다고 말했다(입어례立於禮 『논어』 「태백泰伯」). 좀 엉뚱한 말이지만, 사랑은 이렇게 고백한다; "나는 당신이다". 천지만물은 서로 만난다. 그러나 비위가 맞지 않는 것끼리는 서로 만나지 않는다. 비위는 비위脾胃에서 음식을 잘 삭여낸다는 뜻이다. 마음은 양기陽氣이다. 마음은 곡식으로 비유하자면 씨앗이다. 씨앗이 싹트게 되면, 싹은 자라난다. 정이程頤(이천伊川 1033년~1107년)는 이렇게 말했다;

> 양기가 나타나 싹이 텄으니 이를 두고 정[즉, 마음]이라고 부른다(양기발처내정야陽氣發處乃情也 『근사록近思錄』 재인용).

마음은 몸을 움직인다. 나와 당신의 몸이 하나가 되었다. 그래서 나는 당신이 되었던 것이다. 주역에서는 이 모양을 바라보고 ☱☶ 택산함澤山咸이라고 불렀다. 천지가 사랑을 느끼게 되면, 만물이 나오게 된다(천지감이만물화생天地感而萬物化生, 함괘咸卦「단전彖傳」). 특별히, 여자와 남자가 만나는 그 사랑[즉, 좋아할 '호好']을 바라보면서 주역은 ☴☲ 풍화가인風火家人을 이야기한다. 만물이 생겨난 이상, 이제는 '있음'과 '없음'의 상보성을 이야기할 때다. '있음'은 있다가도 없고, '없음'은 없다가도 있다. 좀 더 적극적으로 말해보자. '없음'이 '없'더라도 그 '없음'을 이기는 힘은 바로 '있음'에 있으니[즉, '없음' 속에도 '있음'이 있다], 세상에서는 그 '없음'에 대하여 더 정성을 기울일 필요가 있다. 그렇다. '있음'이 '있'더라도 그 '있음'을 이기는 힘은 바로 '없음'에 있으니[즉, '있음' 속에도 '없음'이 있다], 세상에서는 그 '있음'에 대하여 좀 더 겸손해질 필요가 있다. 한 번만 더 바라보면 그 순간 '없음'은 없다가도 있고, '있음'은 있다가도 없다. '있음'과 '없음'은 새끼줄처럼 꼬여 한 몸으로 서로 엉켜 있기 때문이다. 그것은 '있음'과 '없음'의 상보성이 한 몸 안에서 움직이는 과정인 것이다[이것을 두고 주역에서는 음陰

과 양陽의 상응相應이라고 부른다]. 보어 (N. Bohr 1885년~1962년)가 찾은 양자역학에서의 상보성의 원리도 딴은 이를 두고 하는 말이었다. 이와 같이 천지만물은 서로 만나고, 또 서로 떨어진다. 음과 양의 상응으로 볼 때 그래서 우리는 이렇게 말해도 좋을 것이다; "나는 당신이다".

그렇기는 하지만, 그러나 나는 내 자신을 통해 영원을 이야기하지 않을 수 없다. 나는, 내가 내 자신인 것만으로는 충분하지 않았다. 인간은 자기 자신이 인간인 것만으로는 충분하지 않은 법이다. 인간은 인간이 되기 위하여 언제나 자기 자신으로부터 한 발짝 더 앞으로 나아가야 했다. 달팽이는 달팽이가 되었다. 박쥐는 박쥐가 되었다. 인간은 인간이 되었다. 참나무는 참나무가 되었다. 청량산은 청량산이 되었다. 달팽이는 달팽이를 알고 있을 것이고, 박쥐는 박쥐를 알고 있을 것이다. 참나무는 참나무를 알고 있을 것이고, 청량산은 청량산을 알고 있을 것이다. 돌멩이는 영물靈物이다. 이 세상에 존재하는 것들은 모두 영물이다. 영물일 것이다. 영물이란 자기 자신의 품안에 영혼을 끌어안고 있는 존재를 가리키는 말이다. 영물은 제 혼자 편협하지 않으며, 제 홀로 독선적이지 않음을 여실히 보여준다. 영혼은 어디 있는가. 영혼은 어떤 것에 혹은 어떤 곳에 갇히지도 않는다. 달팽이의 영혼을 보라. 박쥐의 영혼을 보라. 참나무의 영혼을 보라. 청량산의 영혼을 보라. 영혼은 철두철미 자기 자신을 자각한다. 영혼은 빛이기 때문이다. 빛은 양陽의 모습을 띤다. 모든 물질 역시 빛을 숨기고 있다. 이 숨김[즉, 음陰]이야말로 가장 확실한 존재의 틀인 것이다. 물질을 보라. 물질의 숨김을 보라. 물질은 영도零度의 자리에 숨어 있다[즉, 물질이라는 것은 실은 속이 텅 빈 쭉정이일 뿐이다]. 불교의 우주관으로 본다면, 그것들은 공기층에 깔려 있는 풍륜風輪의 형상일 뿐이다. 우리는 왜 인간인가. 우리네 삶이란, 따지고 보면 물질의 자리로 내려온 허공인 셈이다. 형상세계의 숨구멍을 들여다보라. 우리는 물질의 겸허함을 보고 다시 깨닫게 된다.

2. ☰☰ 지뢰복地雷復 / 풀을 밟지 마라

몇 년 전, 나는 고열에 시달리다가 D대학병원으로 실려 간 적이 있다. 음압실陰壓室에 유폐된 채 생사를 넘나들었다. 중동호흡기증후군[즉, 메르스]에 걸렸던 것이다. 물론 죽지 않고 살아난 뒤 나는 다음과 같은 시 「천하天下」를 썼다;

길바닥에서 엄지발가락으로 튀어 오른 잔돌멩이가 날 살려냈다 먼발치 홀로 서있던 플라타너스 큰 손바닥이 날 살려냈다 선들바람이 날 살려냈다 119구급차 김상조군이 날 살려냈다 최길모군이 날 살려냈다 구급차 안에서 수액을 꽂아준 박호빈군이 날 살려냈다 D대학병원 응급실 메르스 검열팀이 날 살려냈다 어어 오른쪽 쇄골부위에 C라인을 삽입한 닥터 김이 날 살려냈다 눈이 슬픈 닥터 김동민군이 날 살려냈다 음압실 간호사 김한다한양이 날 살려 냈다 격리병동 호흡기내과 지영구박사가 날 살려냈다 류마티스내과 강미일교수가 날 살려냈다 화장실 청소용원 국화꽃할멈이 날 살려냈다 병원 공원 한복판 낙우송 아래 소크라테스처럼 무르팍을 꽃 꽃이 세운 화강암이 날 살려냈다 여보 난 내가 잘나서 지금 살고 있는 게 아니야 날 살려주신 저분들이 계셨어 하 저분들이 천하天下이시니

축복은, 무엇이겠는가. 생존이 축복이다. 생존을 결정하는 힘은 어떤 분의 손에 들어있는 것일까. 길바닥에서 튀어 오르는 잔돌멩이가 그분이다. 플라타너스 큰 손바닥이 그분이다. 선들바람이 그분이다. 음압실 간호사

김한다한양이 그분이다. 호흡기내과 지영구박사가 그분이다. 류마티스내과 강미일교수가 그분이다. 화장실 청소용원 국화꽃할멈이 그분이다. 병원 공원 한복판 낙우송 아래 소크라테스처럼 무르팍을 꼿꼿이 세운 화강암이 그분이다. 천하에 가득찬 모든 분들 한 분 한 분의 수중 속에 내 목숨의 금줄이 걸려 있었던 것이다. 인간이 죽고 사는 것은 실로 내 자신의 품에 든 의중과는 무관한 것이었다. 생사여탈권은 나에게 있는 것이 아니다. 누군들 오래 살고 싶지 않겠는가. 그러기에 다섯 가지 복 가운데서도 오래 사는 수와 건강하게 사는 강녕 그 둘을 한꺼번에 꽂아 넣었던 것이 아닐까(수壽·부富·강녕康寧·유호덕攸好德·고종명考終命『서경』「홍범洪範」). 어쨌든 나는 일상으로 다시 돌아오게 되었다.

풀을 밟지 마라. 풀밭은 천기天氣[즉, 양陽]가 내려오는 길목이다. 길을 막으면 마음과 몸에 병이 들어온다. 병이 들어오면 죽는가. 죽지 않는다. 풀을 뜯어먹고 기다리게 되면 병이 물러간다. 수달의 몸도 그럴 것이고, 까치의 몸도 그럴 것이다. 만물의 영장靈長이라는 인간으로서도 그와 같은 몸짓을 보이며 병을 이겨내고 있는 것이다. 풀을 뜯어먹으면 병이 낫는다. 병은 회복된다. 주역은 이를 가리켜 ䷗ 지뢰복地雷復이라고 했다[즉, 풀의 표상을 쏙 빼닮은 복괘復卦는 강건함이 돌아와 형통한다는 뜻이다(복형 강반 復亨 剛反「단전彖傳」)]. 풀을 밟지 마라. 풀꽃들의 생장이 시작되었으니 말이다. 풀은 약이다. 약은 치병초治病草인 것이다. 이것을 우리는 초주草稠라고 부른다. 주稠는 많다는 뜻이며, 풀이 무르녹았다는 뜻이다. 그러기에 풀을 모독해서는 안된다. 풀의 공헌을 들여다보라[즉, 풀 한 포기에도 영혼이 깃들어 있다]. 만물은 그렇지 않아도 어느 것이든 하늘과 땅을 한 꿰미로 꿰고 있는 품목들이다. 그러므로, 우리는 천기天氣를 함부로 훼방할 수 없다.

사람은 늙는다. 강아지도 늙는다. 왜 늙어 가는가. 절망 때문이다. 왜 절망하는가. 차별을 인지하면서부터 인간의 절망은 시작되었다. 믿음을 상실하면서부터 그의 절망은 시작되었다. 사랑하는 사람이 떠나면서부터 그의 절망은 시작되었다. 절망하게 되는 까닭을 열거하자면 끝이 없다. 기우杞憂라는 말도 있다(열어구列禦寇: 기원전 4세기경 인물. 『열자列子』). 기杞 나라의 어떤 우부愚夫는 하늘이 무너지고 땅이 꺼질까봐 걱정하던 중 식음을 전폐하고 자리에 드러눕게 되었다. 시간이 흘러가면 분명 하늘이 무너지고 땅이 꺼질 것이다. 그럴지도 모른다. 아마도 50억 년 정도가 더 지나고나면 우리가 살고 있는 온 세상이 그렇게 될지도 모른다[데모크리토스(Demokritos BC 460년경~BC 360년경)는 이렇게 말했다; "원자와 빈 공간을 제외하면 아무것도 없다". 그는 불멸의 영혼이나 불멸의 신 따위는 존재하지 않는 것이라고 확신한 듯했다(칼 세이건 『코스모스』)].

우리는, 그런데 어떤 의미로는 모두 기나라의 우부인지도 모른다. 시간을 이기는 방법이 없기 때문이다. 희망이 사라졌기 때문이다. 시간은 어떻게 흘러가는가. 그렇다면, 시간의 격조에 대하여 이야기해보자. 희망이란 무엇인가. 기다림이 희망이었던 것이다. 기다릴 줄 모르면 그는 절망하게 된다. 기다림은 빛의 속령屬領이었다. 빛은 언제 오는가. 기다릴 때 빛이 온다. 기다릴 줄 모르면 그는 절망하게 된다. 시간은 어떻게 흘러가는가. 시간의 축은 x축이 아닌 y축이다. 벽돌은 옆으로 쌓아가는 것이 아니라, 위로 쌓아올리는 것이다. ━ 양陽[즉, 공간]은 아래로 내려오는 것이지만, -- 음陰[즉, 시간]은 위로 올라가는 것이었다. 이것을 주역에서는 양종하陽從下, 음상행陰上行이라고 부른다. 태극太極[즉, -- 음陰과 ━ 양陽]이 움직이는 방향이 그렇다는 말이다. — 양陽[즉, 용구用九]은 아래로 움직이면서 창조를 주관하고, ▪▪ 음陰[즉, 용육用六]은 위로 움직이면서 화합을 주도한다. 하늘은 눈을 아래로 내리깔고 있고, 땅은 눈을 위로 치켜뜨고 있다. 그러므로 시간을 이기는 방법은 눈을 위로 치켜뜨는 데 있다. 위로 상승하는 시간을 보게 되면, 그는 마침내 시간을 이기게 된다. 옆으로 지나가는[즉, x축]시간을 그런데 벽돌처럼 위로 쌓아올리면[즉, y축], 시간은 멈출 수밖에 없다. 다시 말하자면, 과거와 현재와 미래를 한 공간 안에 가둔 다음[가령, 불교의 시간관인 삼세三世. 시간은 별체가 없다. 오직 법에 의해서만 세워질 뿐이다 (세무별체의법이입世無別體依法而立『화엄경華嚴經』)] 그런 다음 자물쇠로 꽉 잠가버리면 된다. 이 자물쇠가, 말하자면 기다림[즉, 희망]인 것이었다. 기다림을 가진 자는, 그러므로 이렇게 말한다; "영원은 없다. 잠깐일 뿐이다".

공자는 64괘卦 중 덕德의 관건 아홉[즉, 구덕九德]을 밝히면서 이렇게 말한다; "(덕을 행할 때는) 복復으로써 다시금 스스로 알아낸다" (복이자지 復以自知「繫辭傳下」제7장). 이 경우의 복復은 '돌아오는' 회복으로서의 복이다. 그렇지 않고 단순히 '되풀이되는' 반복은 역기능을 불러온다. 누구든지 잘못할 수는 있다. 그 잘못을 고치지 않는 것[즉, 되풀이] 그것이 잘못이다 (과이불개 시위과의過而不改 是謂過矣『논어』「위령공衛靈公」).

3. ☰☴ 천풍구天風姤 / 나는 나를 어떻게 이기는가

몸과 마음은 어디 있는가. 몸과 마음은 한 몸으로 붙어있다. 몸은 마음의 모양이었던 것이다. 마음의 출현[즉, 체體]은 성품[즉, 성性]이고, 마음의 진행[즉, 용用]은 사랑[즉, 정情]이다. 나는 나를 어떻게 이기겠는가. 내가 나를 이기는 방법은 사랑 그것 하나밖에 없다. 사랑은 자기가 자기 자신을 스스로 이겨내는 힘인 것이다. 공자가 말하는 온유溫柔는 이를 두고 하는 말이었으며 (『논어』「학이學而」), 또한 극기복례위인(克己復禮爲仁『논어』「안연顏淵」)이란 주장도 실은 이를 두고 하는 말이었다. 주역에서는 이 모양을 가리켜 ䷫ 천풍구天風姤라고 말했다. 몸은 마음을 받는 그릇이다. 앞장에서 지적했던 정이천程伊川의 말을 다시 한 번 상기해보자. 양기陽氣가 발아發芽하게 되면 정情이 된다. ䷗ 지뢰복地雷復의 6효를 모두 다른 음양陰陽으로 바꾸어 거꾸로 뒤집어보면 배합괘配合卦 ䷫ 천풍구天風姤가 나온다. 하늘 아래 바람이 다시 일어나기 시작했다. 하늘이든 바람이든 이 둘의 극점極點은 서로 뗄 수 없는 움직임을 숨긴 것들이다. 바람은 하늘의 끈을 놓지 않고 있다. 이 경우의 하늘은 단순한 공간이 아닌 소금과도 같은 순결한 결정체結晶體이다. 지금부터는 바람의 가속이 시작되었다. 입 다물고 있는 바람의 지향점은 사랑[즉, 순결한 충동]이었다. 사랑은 바람처럼 분다. 하늘로 날아오르는 바람을 보면, 내 마음은 벌써 당신의 풍요에 사로잡혀 있음을 깨닫는다. 인간의 마음은, 그런데 일곱 가지 정情으로 쪼개진다. 칠정七情이 그것이다[이른바 희喜·노怒·애哀·락樂·애愛·오惡·욕欲이 그것이다. 이때부터 인간의 마음은 도덕적인 덕목을 필요로 하게 된다]. 누구든지 마음을 함부로 바꾸게 되면, 그때부터 악이 찾아온다. 그러기에 노자는 선과 악을 따로 구분하지 않았다["선한 것을 나는 선하게 보고, 선하지 못한 것일지라도 나는 선하게 본다. 그것이 큰 선함이다" (선자오선지 불선자오역선지 덕선善者吾善之 不善者吾亦善之 德善)『노자』49장].

사랑의 힘은 그만큼 큰 것이었다. 사랑은 바른 길 안에서만 자란다. 정도正道가 아닐 때는 사랑은 가버린다. 사랑은 얼마나 많은 빛을 자신의 몸속에 끌어들이는가. 사랑은 물처럼 녹는다. 바슐라르(G. bachelard 1884년 ~1962년)는, 물은 가장 완전한 액체라고 말했다. 물은 자신의 풍부한 점액을 나무에게도 발라주고 풀에게도 발라주어 그것들의 생명을 살려낸다. 물은 지상으로 흘러 다니면서 동물에게 스며들고 식물에게 스며들고 심지어는 광물에게도 스며들어 그것들의 생명을 북돋아준다. 바람은 어떠한가. ☰☵ 천풍구天風姤의 바람을 보자. 하늘이 푸르른 것은 이 바람의 숨결 때문이다. 바람은 하늘로 흘러 다니며 활발한 힘을 퍼뜨린다. 바람은 인간의 무거운 마음을 높은 하늘로 이끌어 올린다[마음이 몸을 감싸고 있는 것인지 몸이 마음을 감싸고 있는 것인지는 분명치 않다]. 하늘을 향해 뻗어 올라가는 상승의 정신은 이 바람의 힘을 따라가는 각성이었다. 높은 산에 올라가면 그러므로 바람의 얼굴을 만날 수 있다. 산마루의 깊이가 바람의 얼굴이었던 것이다. 하늘의 입술에게 자기 자신의 입술을 붙이고 있는 이 바람을 보라. 이는 당신을 사랑하는 마음이 돌아왔다는 징표인 것이다. 당신[즉, 당신은 누구인가. 하늘에서 흘러들어온 유체流體는 모두 당신이다]앞에서 나는 옷고름을 풀어 제치고 벌거벗는다. 사랑의 빛은 '벌거벗은' 몸의 광채이다. 맹자는 이를 두고 적자지심赤子之心이라고 말했다. 그는 또 하늘이 내려주는 벼슬인 '천작天爵'을 이야기했다[낙선불권 차천작야樂善不倦 此天爵也『맹자』「고자장구상告子章句上」6편]. 사랑이야말로 '천작'의 임무를 수행하는 바람개비 풍향계風向計였던 것이다. 인간이 인간인 까닭은, 그러니까 그는 사랑을 가슴에 품고 있기 때문이다. 그렇다고 해서 우리는 늘 대기의 바람을 좇아 하늘 높이 날아오르는 것은 아니다. 저쪽 땅바닥으로 하강해야 할 중력[즉, 현실]이 은밀하게 우리들 심신을 억누르고 있기 때문이다. 위와 아래의 자리는 서로 어긋나있지만[즉, 모순되지만], 인간의 정신 속에서는 언제든지 화합할 수 있는 여분을 남긴다. 우리는 무거운 것을 가볍게 들어

올릴 수 있다. 니체(F.W. Nietzsche 1844년~1900년)도 그런 말을 했다; "상 승하기 위한 것이라면, 뛰어내려라"(『짜라투스트라는 이렇게 말했다』).

4. ䷥화택규火澤睽 / 사랑이 부족해도 깨지고 사랑이 넘쳐도 깨진다

사랑이 부족하면 갈라진다. 사랑이 지나치게 넘쳐도 갈라진다. 이러한 모양을 주역에서는 ䷥화택규火澤睽라고 했다. 한 몸이 두 동강으로 갈라져 흩어지게 되었다. 괴리乖離가 생긴 것이다. 불이 헛된 그림자를 따라가게 되고 물이 헛된 그림자를 따라가게 되면[즉, 비물질적인 움직임], 불과 물은 서로 어긋날 수밖에 없다. 이 모양에 나타난 음과 양을 반대로 뒤집은 배합괘配合卦 ䷃ 수산건水山蹇을 보더라도 그 어긋남의 험난함은 좀처럼 바뀌지 않는다. 이럴 때[즉, 험난함이 앞길을 가로막을 때]는 필히 내 몸을 제자리에 놓아두는 '그침'의 결루缺漏를 받아들여야 할 것이다. 그동안 사랑했던 임을 고이 보내주어야 한다[즉, 김소월(素月 1902년~1934년)「진달래꽃」]. 그와 같은 이별의 시간은 그래서 큰 것이었다. 따져보면 운명이란 것은 때때로 날벌레의 등때기처럼 변하는 것이었다. 방아깨비의 등때기는 초록이고, 물방개의 등때기는 검정이다. 방아깨비는 풀밭에서 살고, 물방개는 물속에서 살기 때문이다. 운명이란 이처럼 보호색을 띤다. 운명은 세습世襲이 아닌 현존現存인 것이다.

䷥화택규火澤睽의 밑그림을 다시 한 번 쳐다보자. 위에는 불이 타오르고 있고, 아래에는 연못의 물이 고여 있다. 불은 위로 타오르는 물질 [혹은, 정신]이다. 연못은 물이 한 쪽에 고여 있는 물질 [혹은, 정신]이다. 불은 불대로 높은데서 혼자 놀고 있고, 연못은 연못대로 낮은데서 제 홀로 풀이 죽어 있다. 이 둘의 접촉은 그러므로 서로 어긋날 수밖에 없었던 것이다. 연못은 사실상 물의 취합인바 불과 물의 다른 접촉인 호괘互卦 ䷾ 수화기제水火既濟 혹은 불과 물의 접촉이 여전히 반복되는 ䷿ 화수미제火水未濟를 보더라도 이 둘은 역시 서로 등을 돌린 채 각각 제 갈 길로 가고 있다. 불과 물의 어긋남이 반복되고 있었던 것이다. 천지 만물의 생성은 모두 미완성의 반복일 뿐이다. 그러나 그렇다고는 하지만, 반복을 힘차게 이끄는 움직임은 바로 제곱근의 확대였던 것이다. 이를 도식화하자면, $(x)^2$이다. 어긋남의 제곱[즉, $(어긋남)^2$]은, 그러니까 그 어긋남을 다시금 반듯함으로 새롭게 펼쳐놓는다. ䷥ 화택규火澤睽의 불행은, 다시 말하자면 도리어 우리네 일상사 새로운 도약을 위한 계기였던 것이다.

아아 타고 남은 재가 다시 기름이 됩니다(한용운韓龍雲 1879년~1944년 「알 수 없어요」).

마음은 큰 것이었다. 마음은 불과 물을 함께 품고 있기 때문이다. ☲ 불은 중심을 비운 물질이고, ☵ 물은 중심을 채운 물질이다. 불은 마음을 비운 형질이고, 물은 마음을 채운 형질이다. 한 마음속에 이 둘을 함께 품고 있는 것이야말로 주역의 기본 입장이었던 것이다. 불속에 물이 있고, 물속에 불이 있다. 불은 물과 같고, 물은 불과 같다. 빛나는 불은 기어이 어둠으로 변하니 음이고, 깜깜한 물은 기어이 밝음으로 변하니 양이다. 이를 일러 주역의 「계사전상繫辭傳上」 제5장에서는 "한 번 어둡다가 한 번 밝아지는 것을 도라고 부른다"(일음일양지위도一陰一陽之謂道)라고 했다. 낮과 밤의 교체가 그것이었다. 슬프면 그렇게 슬픈 다음에 반드시 기쁨이 온다.

[이른바 물질이 움직이는 표정을 우리는 물상物象이라고 부른다. 물상

은 상징을 벗어나지 않는다. 지금부터는 물질을 고요히 쳐다보라. 이러한 행위를 가리켜 우리는 관조라고 부른다. 관조의 울타리를 벗어나게 되면, 그곳에는 어떠한 상징도 다가오지 않는다. 상징을 잃어버릴 때는, 우리는 주역에 대하여 아무것도 이해할 수 없다. 그런데 관조의 핵심은 연상에 있다. 연상은 어떻게 오는가. 하늘을 보게 되면, 땅이 나타난다. 이것이 연상이다. 대문 앞에 차려놓은 흰 쌀밥을 보게 되면, 지붕 위에 올라앉은 영혼이 보인다. 물 댈 '주注'를 보게 되면, 글 뜻을 풀어낼 '주註'가 떠오른다. 이것이 연상인 것이다].

마음은 큰 것이었다. 어긋난 것을 바로잡는 것도 마음이며, 바로잡힌 것을 구부리는 것도 마음이다. 한용운의 「알 수 없어요」는 이렇게 끝을 맺는다; "그칠 줄을 모르고 타는 나의 가슴은 누구의 밤을 지키는 약한 등불입니까". 물론 마음은 변하는 것이었다. 그러나 변하는 것은 슬프지 않다. 보자. 사랑하는 사람은 날 버리고 저렇게 가버렸다. 그러나 그렇게 가버린 사람을 떠나보내는 숙연함은 내 마음속에 남아 있다. 숙연함이란, 슬픔이 슬픔을 이겨내는 이른바 제곱근의 힘이었던 것이다.

5. ䷂ 수산건水山蹇 / 겨울이 오면 봄도 머지 않으리

아플 때는, 아프다. 달팽이는 집을 빠져나와서도 집으로 들어가서도 달팽이다. 달의 동쪽 절반을 볼 수 있는 하현이거나 달의 서쪽 절반을 볼 수 있는 상현이거나 달은 결국 같은 달이다. ䷥ 화택규火澤睽의 ― 양陽을 ·· 음陰으로 뒤집고, ·· 음陰을 ― 양陽으로 뒤집으면 배합괘 ䷂ 수산건水山蹇이 나온다. 극단은 극단으로 통한다. 규睽와 건蹇[즉, 눈이 시리거나 발목이

시리거나|은 아프기로는 오십보백보인 셈이다. 건蹇은 찬 얼음을 맨발로 밟고 걸어간다는 뜻이다. 아픔이 나에게 온 것이었다. 누가 아픈가. 본질적으로는 천지가 아팠던 것이다. 내가 아프기 전에는 먼저 천지가 아프고, 천지를 떠도는 물이 아프고 산이 아팠을 것이다. 바위 덩어리가 부스러져 모래가 될 때까지는 얼마나 큰 고통이 있었을까. 수백 광년 저 너머 은하 중심부에서도 지금 작은 은하가 큰 은하와 충돌하는 고통이 있을지도 모른다. 어쨌든 ䷦ 수산건水山蹇의 겉모습을 보면, 아래에 있는 산이 위에 있는 물을 가로막고 있는 형국이다[그러나 현대물리학의 시선으로 볼 때는 '위'와 '아래'라는 개념은 그리 확실한 좌표로 보이지도 않는다]. 이 모양을 본 공자는 이렇게 말한다; "건은 어려움이다. 험난함이 앞을 가로막았다. 험난함과 마주치게 되면 멈출 수밖에 없다. 그것이 지혜인 것이다"(건난야 험재전야 견험이능지 지의재蹇難也 險在前也 見險而能止 知矣哉「단전象傳」).

먼 산을 보자. 먼 산은 누구를 기다리고 있을까. 물을 가로막고 있던 먼 산은 인색했다. 인색의 결함은 캄캄한 밤의 혼령들에 파묻힌 채 시간이 가면 갈수록 더 큰 피로감에 시달릴 것이다. 꿈은 악몽으로 변하고, 희망은 모순율 속에서 시들어갈 것이다. 불평을 털어놓은들 누가 들어줄 사람이 있겠는가. 내 자신은 맑은 연못이며, 그리고 높은 팽나무라는 꿈도 접어야 하리라. 그동안 따뜻하게 나를 애무해오던 그 무정형無定形의 그리운 손길도 뚝 끊어졌다. 나는 나로부터 갈라지기 시작했다. 집중력이 사라진 것이었다.

하늘과 땅은 하늘과 땅의 틀에 묶인 것이 아니다. 물상은 물상의 틀에 묶인 것이 아니다. 모든 물상이 서로 만날 때는 어느 한쪽이 다른 한쪽을 연인처럼 끌어안고 북돋아준다[즉, 오행의 상생: 목木 → 화火 → 토土 → 금金 →

수水 → 목木]. 그런가하면 모든 물상이 서로 부딪칠 때는 어느 한쪽이 다른 한쪽을 원수처럼 강압한다[즉, 오행의 상극: 목木 → 토土 → 수水 →화火 → 금金 → 목木]. 즐거움과 아픔[즉, 생극生剋]은 바퀴살처럼 함께 돌아간다. ☲ 불의 중허中虛와 ☵ 물의 중실中實을 가만히 들여다보라. 아프거나 아프지 않음의 영묘한 모습이 이렇게 나타나고 있었던 것이다. 아픔은 천지가 움직이는 그 묘유妙有의 문을 열고 들어갈 때 온다. 그래서 아픔의 때는 큰 것이었다(건지시용대의재蹇之時用大矣哉「단전彖傳」). 크다는 것은 감내한다는 뜻이다. 아픔과 큰 것은 함께 있는 것이었다. 건蹇의 상육上六의 효사는 이렇게 말한다; "가게 될 때는 아팠지만 돌아올 때는 커져버렸다"(왕건내석往蹇來碩). 그때쯤 우리네 생활 한복판에는 빛을 가슴에 품고 있는 자의 평온이 돌아온다.

　　슬퍼하는 자는 복이 있나니 저희가 위로를 얻을 것임이요(마태복음 5:4).

　　때마침 햇빛은 먼지를 가르며 천지사방으로 날아다녔다. 하늘에는 새가 날아다니며 바람이 불고 있는데, 지금부터는 나는 땅바닥에 서서 무엇을 더 쳐다보아야 할까.

6. ☳☵ 뇌수해雷水解 / 얼음이 녹으면 물이 된다

　　☶☵ 수산건水山蹇을 반대로 엎어 뒤집어놓으면 정반대의 관점이 드러나는 도전괘倒顚卦 ☳☵ 뇌수해雷水解가 나온다. 말하자면, 고난이 즐거움으로 변한 것이다. 고생 끝에 낙樂이 다가왔다. 험난함을 벗어났으니, 이제는 발을 뻗고 기지개를 켜도 무방하리라. 벼락이 캄캄한 물[습기濕氣는 어려움의

어혈瘀血이다]밖으로 빠져나왔으니, 햇살이 든 것이다. 벼락은 캄캄한 물반죽을 뚫고 공중으로 치솟아 올랐다[즉, 벼락은 물속의 용이 승천한다는 뜻이다]. 이때 한군데 뭉쳐있던 시간이 깨져버린 것이었다. 먼 산에는 무지개가 떠오르고 있고, 하늘 한가운데는 잠자리들이 상쾌한 공기를 입에 물고 높이 날아다녔다. 그러나 암울한 매듭이 풀렸다고 마냥 좋아할 일은 아니다. 인간의 욕망은 끝도 없는 것이므로 물살의 흔들림을 타고 다니는 자만심을 조심해야 한다. 나는 어디에 있는가. 내 자신의 행보는 좀 더 겸손해져야 한다. 겸손이란 과분한 이익을 덜어내고 스스로 부족함을 채우는 행위를 가리킨다[즉, ䷩ 풍뢰익風雷益이 그 점을 일러준다].

사실상, 그 겸손은 늘 내 몸 안에 붙어있어야 한다. 남에게 보여주는 겸손은 겸손이 아니다. 나무를 보라. 나무는 슬픔을 숨기고 있지 않은가. 나무는 건천으로 떠돌아다니지 않는다. 인간은 이 나무를 보고 내 마음을 다스려야 한다. 틈만 나면 바깥으로 달아나는 내 마음을 꼭 붙들어 앉혀야 할 것이다. 풀들을 보라. 나무들보다도 그 나무 밑에서 자라고 있는 풀들이 더 큰 공경심을 갖고 있다. 풀들이 저러한 예법을 따르고 있었던 것이다. 어떤 부연도 없이 풀들은 천리天理를 받들고 있었던 것이다. 풀들은 아무도 책망하지 않았다. 이만한 허정虛靜이 또 있겠는가.

시간은 명령이다. 시간은 오직 변하는 바를 좇을 뿐이다[즉, 유변소적唯變所適]. 시간은 어떻게 움직이는가. 효爻와 상象은 시간의 몸통 안에서 움직이고, 길吉 과 흉凶은 시간의 몸통 바깥으로 나타난다[즉, 효상 동호내 길흉 현호외爻象 動乎內 吉凶 見乎外「계사전하繫辭傳下」제1장]. 누구든 무엇이든 멀리 가버리면, 그것들은 다시 또 돌아온다[즉, ䷿ 화수미제火水未濟를 보라]. 시간은 불처럼 위로 상승하고, 시간은 물처럼 아래로 흘러내려간다 [그러나, 그렇더라도 옆으로 지나가는 시간 (즉, x축)을 벽돌처럼 위로 쌓아 올리면 (즉, y축), 시간은 멈출 수밖에 없다. 이때 시간은 통 큰 시간이 되는 것이다. 그 통 큰 시간이야말로 바로 희망인 것이다].

시간이 지나가버리면, ䷧ 뇌수해雷水解의 즐거운 시간은 ䷾ 수화기제水火旣濟의 완성된 결핍[즉, 불안]으로 다시 구부러지게 된다(여기서 말하는 시간이란, 상황에 따라 변하게 되는 본괘本卦로부터 지괘之卦[즉, 예기豫期]로 진행되는 그 변역變易의 실태를 지칭하는 말이 아니다. 이때의 시간이란, 문왕팔괘文王八卦에서 말하는바 시간상의 움직임에 대한 전모를 통칭하는 말이다. 움직임의 전모를 이해하기 위해서는 본괘 속에 파묻힌 내면적인 상황을 살필 수밖에 없다. 이른바 호괘互卦에 대한 식별이 그것이다. 호괘란 본괘의 초효와 상효를 배제한 뒤 이삼사 효를 내효괘로 삼고, 삼사오 효를 외효괘로 삼는 괘상卦象을 가리키는 말이다. ䷧ 뇌수해雷水解의 호괘는 ䷾ 수화기제水火旣濟이다). 시간의 충만[즉, 보름달]과 시간의 결핍[즉, 그믐달]은 반복된다.

인생사 모든 일을 다 이루어내면 좋을 것 같지만, 그러나 그렇지가 않다. 그 길은 다시 막히고야 만다. 그것이 ䷾ 수화기제水火旣濟인 것이다. 막다른 골목에 다다른 것은 그 길이 궁색해졌다는 뜻이다. 기제旣濟의 「단전彖傳」에 있는 말이다[즉, 종지즉난 기도궁야終止則亂 其道窮也]. 시간은 언제나 당연한 모습을 갖춘다. 그것이 기제旣濟인 것이다. 인간이 시간 앞에서 숙연해져야 하는 까닭은 여기에 있다. 시간을 거스르는 장사는 없다. 시간 앞에서 자만하지 말라. 자만은 금물이다. 영원은 없다. 잠깐일 뿐이다. 시간은 물처럼 차다. 물을 마실 때는 천천히 마셔야 한다. 시간은 천천히 소모되기 때문이다. 시간은 비단결이 아니다. 시간을 화려하게 장식하지 말라. 의복을 단정하게 입되 너무 비싼 옷감으로 휘감아서는 안된다. 음식을 먹을 때는 안회(顔回 BC 521년경~BC 491년경)의 단사표음簞食瓢飮이 제격이다. 소식素食해야 한다. 화려한 문명은 기어이 또 베스비우스 화산폭발 (즉, AD 79년)을 목도하게 될 것이다.

시간은 움직인다. 움직임이 태극太極이었다. 움직임은 어둡게도 움직이고[즉, 음陰], 밝게도 움직인다[즉, 양陽]. 하늘은 양의 모습으로 나타나고, 땅은 음의 모습으로 나타난다. 이른바 천지를 두고 하는 말이다. 이와 같은 천지는 풀뿌리 한 가닥에도 숨어 있고, 검은수염메뚜기의 더듬이 끝에도 붙어 있다. 작은 몸이든 큰 몸이든 천지가 한 몸에 붙어 움직이는 한 만물은 모두 빛과 어둠의 체액體液을 지닌 것들이다. 큰 몸은 큰 몸이니까 그렇다손 치고 이제는 작은 몸을 고요히 들여다보라. 『중용』은 이렇게 말한다;

숨어 있는 것은 숨어 있음으로 하여 더욱 환한 것이며, 작은 것은 자신의 작음으로 하여 더욱 더 환한 것이다(막현호은 막현호미莫顯乎隱 莫顯乎微. 제1장).

말하자면, 부분은 전체보다 '작은' 것이지만 자신의 작음으로 하여 더욱 곡진한 것이었다. 곡진함 속에는 남다른 공경이 깃들어 있기 때문이다. 지극한 정성이 어려운 난관을 이겨낸 것이다. 작은 것이 큰 것이었다. 작은 것을 우대하는 거동을 보라[주역은 이 모양을 보고 ䷎ 지산겸地山謙이라고 했다. 높은 산이 낮은 땅속으로 들어간 모습이다]. 겸손의 고도는 산정에 있지 않고 지하에 파묻혀 있었던 것이다.

7. ䷧ 산택손山澤損 / 덜어내라, 하늘을 지워내는 새들처럼

공자는 이렇게 말했다; "해解는 헐겁게 느즈러짐이니 헐겁게 느즈러지면 반드시 잃어버린다"(해자완야 완필유소실解者緩也 緩必有所失「서괘전序卦傳」). 느즈러진다는 것은 예禮를 벗어난다는 뜻이다. 예란 무엇인가. 벼락이 떨어지고 바람이 거세게 불면 두려운 표정을 짓는다. 이것이 예다. 장님을 보게 되면 비록 친한 사이일지라도 내 몸가짐을 먼저 고친다. 이것이 예다(견고자 수설필이모見瞽者 雖褻必以貌『논어』「향당鄕黨」).

䷧산택손山澤損은 연못의 물을 빼내어 큰 산을 가꾸는 형국이다. 연못은 물을 덜어냈으니[즉, '덜어낼' 손損], 그만큼 제 몸은 가벼워졌지만 그 대신 큰 산이 더 풍요로워진 것이었다. 크게 보면, 손損은 손실이 아니었다. 나는 내 자신을 덜어내 당신의 풍요를 채워줄 때 그때 거기서 더 큰 기쁨을 얻는다. 나는 내 자신을 덜어낼 때 더할 나위 없는 자유를 얻게 된다. 자유로운 정신은 공기의 순환을 본뜬 것이었다. 내 마음을 덜어낼 때는 창밖에 깔린 어둠마저도 사그라진다. 울새는 내 몸을 비우며 하늘로 날아올랐다. 새들은 그때야말로 하늘을 지워내고[혹은, 연장하고]있었던 것이다. 하늘은 무거운 추錘를 매달고 있지 않았다. 암울한 날 내 자신을 번제燔祭로 내놓은 죽음은 더 이상 무거울 것도 없었다. 1905년 그 해, 을사늑약이 체결되자 민영환(閔泳煥 1861년~1905년)과 조병세(趙秉世 1827년~1905년)는 자신들의 목숨을 비워내 조국의 비운 앞에 재齋를 올렸다. 이분들이 보여준 '덜어냄'은, 사실상 ䷳ 간산艮山의 의표인 '그침'[즉, 주역의 정신으로 말한다면 "흉을 피해 길 앞으로 다가앉는"(추길피흉趨吉避凶)]의 구현이었던 것이다.

우리는 늙어간다. 우리는 그렇게 하루하루 내 자신을 덜어내고 있는 것이었다. 나는 날마다 내 아내를 본다. 아내는 한 번도 자기 자신의 안일을 위해 어떤 불만도 내보인 적이 없다. 언제든지 차분했고 언제든지 솔직했다. 달과 별들의 속삭임을 간직한 아내의 눈빛은 늘 청량했다. 그러면서도 아내의 눈가에는 먼 먼 심연과도 같은 참을성이 잔잔히 감돌고 있었다. 저 사람은 혹시 천왕성에서 건너온 종달새가 아닐까. 나중에 붙잡은 생각이지만, 그러니까 우리 집 행복의 본연은 산 넘어 건너온 숨결이 아니었다. 행복은 머리카락을 단정히 매만지는 아내의 빗질에 붙어 있었다. 단순하게 말하자면, 그런데 우리 동네 아낙들 대부분은 내 아내와도 같은 기품을 지닌 사람들이었다.

생각에도 막상膜狀이 있다. 각피가 두꺼운 생각은 관념에 갇혀있을 뿐 좌망坐忘의 천연天然 속으로는 들어가지 못한다[즉, 『장자』「대종사大宗師」]. 천행天行의 강건함은 산기슭 돌 한 덩어리에도 박혀 있다. 그러나 불가에서는 그 돌덩어리를 가현假現으로 바라본다. 사람이 죽고 사는 일이 공空인만큼, 이제는 갈 곳도 없고 머물 곳도 없는 이른바 열반으로 들어갈 차례만 남아 있다. 좌망이든 열반이든 이러한 선향仙鄕은, 주역에서 틈틈이 일러주는바 "가는 것이 이롭다" (즉, 이유유왕利有攸往)는 그 '사라짐'의 행보를 두고 하는 말이다[즉, 좌망과 열반은 주역에서 말하는 길흉吉凶의 빗장일 뿐이다]. 우리는 문을 열고 어디로 가야 하는가.

'덜어냄'[즉, '돌아감'(이유유왕利有攸往)]의 평정심平靜心은 그렇게도 완만했다. 그것은 즉각적인 결단과는 다른 것이었다. 산정에 올라선 정복과도 또 다른 것이었다. 그것은 존재의 극소화 앞으로 사뿐사뿐 내려가는 최소치의 가치관이었던 것이다. '덜어냄'과 '돌아감'은 결국은 천행天行[즉, 자연의 이치]의 뜻을 따라가는 거동이다 (주역은 팔괘취상八卦取象의 움직임[즉, 괘상卦象의 표정을 해석하는 괘사卦辭·괘상의 변화를 진단하는 효사爻辭·괘상의 상징을 설명하는 상사象辭·괘상의 결과를 선언하는 단사彖辭]을 바라보며 그 천행의 뜻을 구체적으로 이야기한다).

☲ 산택손山澤損의 모습을 보라. 산 아래 연못의 물이 흘러내려간다. 노자는 이렇게 말한다; "하늘의 길은, 남는 것을 덜어내고 부족한 것을 보태어준다"(천지도 손유여이보부족天之道 損有餘而補不足 『노자』77장). 하늘은 높은 것을 찍어 누르고, 낮은 것을 들어 올린다(고자억지 하자거지高者抑之 下者擧之 『노자』위와 같은 장). 인간이 느끼는 궁극적인 자유는 이 '덜어냄'과 '돌아감'으로부터 온다. 무엇이든 덜어내고 또 지워내게 되면 그곳에는 오로지 하늘만 남는다. 만물과 하늘의 어울림은 그렇게 공손하게 움직였다. 이는, 만물은 하늘로 돌아갔다는 뜻이다. 만물이 하늘로 돌아간 모양을 우리는 득중得中이라고 부른다[즉, 주역은 시간에 따라 행동하는 시의時宜와, 바른 위치를 점유해야 하는 정위定位와, 그리고 하늘 한가운데처럼 그것은 적합한가를 묻는 득중得中 이것들을 가장 좋은 길吉이라고 설명한다]. 인간은 하늘을 얻을 때 그때 행복하다. 하늘은 멀고도 또 먼 것이기에 내가 그 하늘로 더 가까이 다가가기 위해서는 맨 먼저 내 자신을 덜어내지 않으면 안된다.

공자는 64괘卦 중 덕德의 관건 아홉[즉, 구덕九德]을 밝히면서 이렇게 말한다; "(덕을 행할 때는) 손損으로써 손해를 멀리한다"(손이원해損以遠害 「계사전하繫辭傳下」제7장). 우리는 맨 먼저 자기 자신의 결점을 덜어내야 한다.

8. ䷩ 풍뢰익風雷益 / 하늘은 의미의 편을 들지 않는다

'덜어냄'의 극단은 '채워짐'이다. ䷨ 산택손山澤損을 반대로 뒤집어 엎어
놓으면 도전괘倒顚卦 ䷩ 풍뢰익風雷益이 된다. 이는, 뫼비우스의 띠와도 같
은 시간의 이율배반에 기인한 것이었다. 괘상卦象을 보자. 바람과 우레가
공중에서 부닥쳤다. 괘상의 상징을 설명하는 상사象辭의 말을 들어보자;
"착한 것을 보면 그대로 옮기고, 잘못이 있을 때는 즉시 고친다"(견선즉천
유과즉개見善則遷 有過則改). 그렇더라도 ䷩ 풍뢰익風雷益의 '채워짐'은 도전
괘倒顚卦 ䷨ 산택손山澤損으로부터 온 '덜어냄'의 비결祕訣즉, 겸손로 말미
암은 것임을 잊어서는 안된다. 이것을 우리는 이중성의 간극이라고 부른다.

우리 집 문갑 위에는 민춘란 몇 포기가 놓여있다. 한동안 꽃이 피어있더
니 또 한동안은 꽃을 볼 수 없었다. 꽃이 있다가도 꽃이 없어져버렸다. 지금
인가 했지만 다시 어제가 되었다. 체體와 용用은 그렇게 한군데서 뒤바뀌고
있었다. 인연은 불변을 따라가고 있었고, 불변은 인연을 따라가고 있었다.
지止와 동動이 그렇게 한군데서 뒤바뀌고 있었다. 낙욕불이樂欲不二였던 것
이다. 유무불이有無不二였던 것이다. 손익불이損益不二였던 것이다.

그러므로 진정한 '채움'은 '물러남'에 있었던 것이다. 『논어』는 다음과
같이 말한다; "그림을 그린 뒤에는 하얀 바탕으로 색칠한다"(회사후소繪事
後素「팔일八佾」). 두말할 것도 없이 이는 유여遺與 [즉, 남겨줌]의 간격을 쳐
다보라는 말일 것이다. 『시경』에도 또한 이러한 표현이 나온다; "하얀 바탕

에 채색을 한다"(소이위현素以爲絢). 주역은 흰 바탕에 색칠하는 이 꾸밈을 보고 다음과 같이 말한다; "희게 꾸미면 허물이 없다"(백비무구白賁无咎, ䷕ 산화비山火賁 상구上九의 효사爻辭). 이 말을 음미해보자. 이미 익益을 얻은 자라고 한다면, 그는 저와 같은 하얀 꾸밈[즉, 백비白賁]의 유연함에 내 몸을 공손히 맡겨야 할 것이다.

하얀 꾸밈이라니. 공자가 태백泰伯을 크게 칭찬한 이야기를 들어보자 (『논어』「태백泰伯」); 태백은 주나라 태왕의 장남이었다. 태왕에게는 아들 셋이 있었는데 첫째가 태백, 둘째가 중옹中雍, 셋째가 계력季歷이었다. 태왕은 첫째에게 왕위를 물려주려고 했으나, 태백은 받지 않고 세 번이나 사양했다. 왕위는 셋째 계력에게 돌아갔고, 계력의 아들인 창昌으로 다시 이어졌다. 그가 바로 문왕이다. 문왕이 죽은 뒤 그의 아들 발發이 상나라의 주紂를 정벌하고 등극했으니, 그가 무왕武王이다. 태백은 그러니까 상나라와 주나라가 교체되는 시기에 왕이 될 수도 있었지만, 끝끝내 취하지 않고 동생 중옹과 함께 은거했던 것이다. 그가 지닌 덕은 그렇게도 은은隱隱했다.

나무를 보라. 바람과 우레의 결합을 보라. 꼬불꼬불한[즉, 바람] 나뭇가지와 꼿꼿한[즉, 우레] 나뭇가지가 한 나무의 몸통에서 함께 뻗어나고 있지 않은가. 나무는 그렇게 슬픔과 즐거움을 한 몸에 받고 있지 않은가. 나무는 또 어둠과 빛을 한 몸에 받고 있지 않은가. 이렇게 생각하고 다시 또 이렇게 생각하다가보면, 죽고 사는 것은 분명히 하나인 것이었다. ䷀ 중천건重天乾의 용구用九[즉, 용구는 양강陽剛한 구九 곧 여섯 마리 용龍들의 활약이 어떤 것임을 지켜보는 지혜를 두고 하는 말이다]의 효사爻辭에는 이런 말이 나온다; "용구는, 여러 용을 보게 될 경우 그때는 머리가 없어야 길하다"(용구 견

군룡 무수길用九 見群龍 无首吉). 이는, 양강陽剛[즉, 밝음]이라 할지라도 아무 때나 함부로 자신의 힘을 써서는 안된다는 점을 밝힌 말이다. 강한 것이 먼저 쓰러진다.

내가 쓴 글 「하늘은 의미의 편을 들지 않는다」에서 나는 다음과 같이 쓴 적이 있다; "인간은 물질에 대한 미혹을 벗어나는 찰나, 그때부터 그는 비로소 인간이 된다는 점을 깨닫는다. 인간은 자기 자신을 소유하며 동시에 자기 자신을 통제한다". 이는, 지금 내가 가진 생각에 따라서 성인이 되는 길을 걷게 되거나 혹은 축생이 되는 길을 걷게 된다는 점을 강조한 말이다. 하늘은 의미의 편을 들지 않는다. 정신은 의미의 편을 들지 않는다. 의미는 무잡無雜한 것이기 때문이다. 의미보다 더 좋은 것은, 그러니까 그것은 아무런 마디가 없는 무절無節의 정신인 것이다. 무절의 정신이야말로 대유大有의 크기였다. 주역에서 말하는 ䷍ 화천대유火天大有가 그것이다. 대유는 크나큰 정신으로서의 존재실현인 것이다. 앞서 말한 태백은 아마도 그런 사람이었을 것이다.

공자는 64괘卦 중 덕德의 관건 아홉[즉, 구덕九德]을 밝히면서 이렇게 말한다; "(덕을 행할 때는) 익益으로써 이익을 일으킨다"(익이흥리益以興利「계사전하繫辭傳下」제7장). 이익이야말로 도덕을 증진시키는 힘이다.

제2장

세상살이는 조금 흔뎅거려도 괜찮다

나는 우연한 존재인가. 해와 달은 우연한 존재인가. 바람과 연못은 우연한 존재인가. 산과 우레는 우연한 존재인가. 불과 물은 우연한 존재인가. 나무는 땅속에서 나와 하늘로 높이 올라간다. 땅속에서 나타나는 이 나무를 보고, 주역은 ䷭ 지풍승地風升이라고 불렀다. 승괘升卦를 쳐다보고 사는 사람은 아름답다. 그 사람이 군자君子인 것이다. 그러니까 군자는 그 괘상卦象을 보고 덕 앞에 순응해가면서 작은 것들을 차곡차곡 쌓아 더욱 크고 높다랗게 만든다(군자이순덕 적소이고대君子以順德 積小以高大 「상전象傳」). 이른바 그는 사람답게 살아가고 있는 것이다. 그러나 그렇더라도 우리네 인생은 세상살이 조금 흔뎅거려도 괜찮다. 주역의 목소리는 냉정하다. 그러면서도 주역은 세상 만물의 자리가 한결같지 않음을 명시적으로 보여준다(즉, 주역의 괘卦와 괘卦로 이어지는 필연은 늘 변괘變卦로 흔들린다. 예컨대, 「서괘전序卦傳」은 어떻게 흔들리고 있었던가. 「서괘전序卦傳」의 조합組合을 보면, 그것들은 배합괘配合卦(본괘本卦의 대성괘大成卦 6효 모두를 각각 다른 음양陰陽의 효로 바꾸어 놓고 바라보는 괘변卦變)와 도전괘倒顚卦(본괘를 정반대의 관점으로 뒤집어 서로 엇바꾸어 놓고 바라보는 괘변)와 그리고 호괘互卦(본괘의 초효初爻와 상효上爻를 제외한 이효二爻·삼효三爻·사효四爻를 내호괘內互卦로 하고 삼효三爻·사효四爻·오효五爻를 외호괘外互卦로 하여 만든 대성괘인 괘변)와 그리고 또 착종괘錯綜卦(6효로 이루어진 대성괘의 내괘 3효와 외괘 3효의 위치를 서로 바꾸어 놓고 바라보는 괘변) 등으로 얽히고설킨 모양을 보여준다. 주역은 때로는 미풍처럼 또 때로는 광풍처럼 움직인다. 바람에게는 틀이 없다. 주역은 어디 있는가. 주역은 64괘卦 바깥에 있다. 주역은 풀잎의 공간 안에 있고, 동시에 그 풀잎의 공간을 뛰어넘는 데 있다. 주역은 풀잎과 같다. 주역은 주역 바깥에 있다]. 태극太極은 인격적 근원으로 변하지 않는다. 역易의 골격은 상의象意에 있다. 어떤 생애든 오랜 시간은 없고, 거기엔 당분간만 있을 뿐이다. 세상에는 긴 것도 없고 짧은 것도 없기 때문이다. 다만 천상의 불을 가슴에 품어 안을 때, 나는 내 몸 구석구석으로 영기靈氣 몇 무더기가 흘러 다니는 것을 본다. 그것뿐이었다.

1. ☰ 중천건重天乾 / 하늘은 맨 먼저 움직인다

하늘은 움직인다. 하늘은 맨 먼저 움직인다. 왜냐하면 양陽은 앞으로 나아가고[즉, ― '1'], 음陰은 뒤에서 따라가기[즉, ˗˗ '2'] 때문이다[즉, 태극太極의 움직임은 이와 같다. 곧 양陽이 움직이면 음陰이 되고, 음陰이 움직이면 양陽이 된다]. 하늘이 하늘인 까닭은 하늘이 움직인다는 사실에 있었다[주역은 그래서 하늘의 움직임을 변역變易이라 칭했고, 땅의 움직임을 불역不易이라 칭했으며, 인간의 움직임을 교역交易이라 칭했다. 그리고 그 ☰ 양陽을 '9'라고 칭했으며, 그 ☷ 음陰을 '6'이라 칭했다. '9'는 음陰 ☷ '6'획 여섯에 양陽 ☰ '3'획 셋을 보탠 숫자였다. 주역은 6효가 움직이는 것 그 모양을 3극極의 도라고 불렀다(육효지동 삼극지도야六爻之動 三極之道也「계사전상繫辭傳上」제1장). 3극極은 3태극太極이라고도 하는데, 천태극天太極·지태극地太極·인태극人太極이 그것이다. 3태극太極에는 각각 음양陰陽이 있으니, 3×2=6이 되어 6효爻가 된다. 그러므로 대성괘大成卦의 상효上爻와 제5효五爻는 천상天上과 중천中天이 되고, 가운데 제4효爻와 제3효 爻는 인체 중 육체와 정신이 되고, 아래 제2효爻와 초효初爻는 지상地上과 지하地下가 된다]. 하늘이 하늘인 까닭은 하늘이 강건하다는 사실에 있었다. 강건함은 어디까지나 강건한 것이지만, 그러나 그 강건함은 늘 낮은 데로 흘러간다[즉, 강건함은 한 곳에 머무르지 않는다].

하늘이 하늘인 까닭은, 하늘은 하늘 바깥과 하늘 안쪽을 자기 몸속에 함께 끼워 넣었다는 점이다. ☰ 중천건重天乾의 하늘은 그래서 두 겹이었다. ☷ 중지곤重地坤의 땅도 그래서 두 겹이었다. 상괘上卦[즉, 통칭 남자를 가리킨다]와 하괘下卦[즉, 통칭 여자를 가리킨다]로 조합한 대성괘大成卦 64괘卦의 순열조합 또한 모두 두 겹이었다. 인간의 마음 역시 두 겹이었다[즉, 인간의 마음 속에도 음양陰陽 2의儀가 끼어든다]. 인간의 마음은 어떻게 움직이는가. 인간의 마음은 담배씨처럼 작게도 움직이며, 느릅나무가 천공을 향해 벋어 올라가는 것처럼 멀게도 움직인다. 이는, 하늘이 움직이는 괘상卦象 그것이 인간의 마음을 좇아 움직인다는 점을 가리킨다. 그러나 인간의 마음은 하늘의 마음과는 달리 마음틈바구니에 특慝[즉, 간특할 특慝. 상대방의 눈을 피해 나쁜 짓을 행하는 간사함]을 감추고 있다. 인간이 인간인 까닭은 그렇게도 허술했다.

하늘의 강건함은 늘 낮은 데로 흘러간다. 그런데 강건함이 허약함을 돌보지 않는다면, 그 강건함은 강건함이 아닌 것이다. 제왕은 강건한 자이다. 선정이 무엇인가를 묻는 양혜왕에게 맹자 (BC 372년경~BC 289년경)는 이렇게 대답했다;

늙어서 부인이 없는 남자를 홀아비 [즉, 환鰥]라고 하고, 늙어서 남편이 없는 여자를 과부[즉, 과寡]라고 하며, 늙어서 자식이 없는 사람을 홀몸[즉, 독獨]이라고 하고, 어려서 부모를 잃은 자를 고아[즉, 고孤]라고 합니다. 이 넷은 곤궁한 백성들로서 호소할 데가 없는 자들입니다. 왕께서는 정치를 하실 때 이 넷을 먼저 돌봐주십시오(『맹자』「양혜왕장구상梁惠王章句上」).

정치란 내 마음속에 하늘을 옮겨놓는 일이다. 오늘날 우리네는 말하자면, 작든 크든 백성이면서 또한 제후들이다. 우리네는 이제부터 자동차를 몰고 가면서 혹은 비좁은 버스 안에서 서로 어깨를 부딪쳐가며 어디로 옮겨가야 하는가. 맹자의 말이 나왔으니 한 마디만 더 들어보자; "마음을 다한다는 것은 그 본성을 안다는 뜻이다. 그 본성을 안다는 것은 하늘을 안다는 뜻이다"(진기심자 지기성야 지기성 즉지천의盡其心者 知其性也 知其性 則知天矣

『맹자』「진심장구상盡心章句上」).

　무슨 말인가. 나는, 내 마음을 다할 때 그때 비로소 하늘을 알게 된다는 것이었다. 진심盡心이 지천知天이었던 것이다. 하늘은 어디 있는가. 하늘은 인간의 머리 위에 있고, 땅은 인간의 발밑에 있다. 그러므로 하늘은 인간의 운명이 아닌, 인간의 거울이었다. 지금부터는 그 거울에 낀 먼지를 닦아낼 시간인 것이다. 4월 산기슭 나무들 연초록을 보라. 그런데 그 나무들이 지금 우리네보다도 먼저 하늘에 낀 미세먼지를 닦아내고 있지 않은가.

　밝음이 밝음으로 끝날 때는 그 밝음조차도 밝지 않게 된다. 그러기에 하늘은 '검다'라고 말한다[즉, 천자문의 첫 귀를 들어보라. 천지현황天地玄黃이라고 하지 않는가]. 천기天氣와 지기地氣가 뒤섞이면서 하늘은 검게 변하고, 땅은 누렇게 변한 것이었다. 하늘의 신묘한 모습을 바라보면서 그곳에서 허황된 망연茫然 혹은 환망幻妄에 사로잡힌다면, 그는 땅 위에 있는 어떠한 사물도 제대로 바라볼 수가 없을 것이다. 하늘과 땅은 서로 아득한 간격으로 떨어져 있는 것이지만, 그 둘은 벌써 한 몸인 태극太極의 무궁無窮이기 때문이다.

　우리는 우리가 살고 있는 이 땅[즉, ☷ 곤坤]위에 연못[즉, ☱ 태兌]이 있고, 불[즉, ☲ 리離]이 있고, 우레[즉, ☳ 진震]가 있고, 나무 혹은 바람[즉, ☴ 손巽]이 있고, 물[즉, ☵ 감坎]이 있고, 산[즉, ☶ 간艮]이 있는 것을 보고 비로소 하늘[즉, ☰ 건乾]이 있다는 것을 알게 된다[이 팔괘八卦의 이합집산離合集散을 통해 주역은, 인생의 길흉吉凶 그리고 회린悔吝이 다름 아닌 물질적인 토대와 깊이 연관된 것임을 설파한다]. 하늘은, 별들이 돌고 있는 그 은 하 한 귀퉁이에 틀어박혀 있다가 오늘 우리들 곁으로 달려왔다. 하늘은 어떤 혜성의 핵에도 붙어있으며, 산골짝 퇴적암의 얼룩 끄트러기에도 박혀있다. 무엇보다도 하늘은 내 마음속 층위의 폭풍 속에도 매달려 있다가 다채로운 빛깔로 무르녹는다.

그렇다면, 나는 하늘[즉, 양강陽剛함]을 바라보며, 이 하늘 한복판에서 어떻게 살아야 하는가. 낭만적인 행보라야 할 것인가. 그렇지 않다. 공자는 이렇게 말했다; "은둔할 줄 알아야[즉, 잠룡潛龍]하고, 드러낼 줄 알아야[즉, 현룡見龍]하고, 경계할 줄 알아야[즉, 건건乾乾 혹은 척룡惕龍]하고, 감행할 줄 알아야[즉, 혹약或躍 혹은 약룡躍龍]하고, 마무리할 줄 알아야[즉, 비룡飛龍]하고, 순응할 줄 알아야[즉, 항룡亢龍]한다"(「문언전文言傳」). 다시 말하자면 이는, 그때그때의 시기를 감안하여[즉, 여시해행與時偕行]하늘의 법도를 실행해야 한다는 것이었다. 다시 또 말하자면, 그러니까 하늘의 법도는 정해져 있는 것이 아니었다. 그렇다면 도대체 누가 성공한 사람이겠는가. 성공한 사람 그는 온당한 시간, 그리고 온당한 자리에서 멈출 줄 알았던 자가 아니겠는가. 그런데 지금 모든 사물은 그렇게 제자리에 앉아 있는 것이었다. 바람에 흔들리는 나뭇잎들까지.

2. ☷ 중지곤重地坤 / 나는 사랑하기 위해 산다

땅은 불역不易이라고 하지만, 그러나 그렇지 않다. 음양陰陽의 움직임 속에는 사상四象이 들어 있었던 것이다[즉, 사상은 건곤감리乾坤坎離 천지수화天地水火의 분화이다. 팔괘 또한 천지수화의 분화이다]. 땅의 움직임을 보라. 봄[즉, ⚏ 소양少陽]→ 여름[즉, ⚌ 태양太陽]→ 가을[즉, ⚍ 소음少陰]→

겨울[즉, ☷ 태음太陰]로 이어지는 시간의 매듭을 보면, 땅의 움직임이 얼마나 주도면밀한 것인가를 알 수 있다. 땅의 움직임은 그토록 곡진했다. 이때부터 인간은 천지와 더불어 덕을 쌓고[즉, 여천지합기덕與天地合其德], 춘하추동 사시와 더불어 그 차례를 알아내어[즉,여사시합기서與四時合其序]사업을 진행한다.

하늘과 땅은 그동안 '큰' 눈을 뜨고 서로 마주보고 있었던 것이다[즉, 음양陰陽은 이렇게 만나 서로를 얼싸안으며 기뻐한다]. 하늘이 입술을 내밀면, 땅은 그 입술을 받는다. 사랑의 교감은 그렇게도 '큰' 것이었다. 나는 땅 위에서 산다. 나는 하늘과 땅의 사랑을 본받으며 살아간다. 나는 사랑하기 위해 산다. 가을 들판을 보라. 황금물결이 출렁거린다. 황黃은 중덕中德의 미학을 갖춘 색채였다. 오색으로 본다면 중앙의 토土는 노랑 황黃이며, 북쪽의 수水는 껌정 현玄이며, 남쪽의 화火는 붉은색 주朱이며, 동쪽의 목木은 파랑 청靑이며, 서쪽의 금金은 하양 백白이다. 가장 복 있는 색채는 노랑이다[☷ 중지곤重地坤의 "육오 노랑 치마는, 크게 길하리라"(육오 황상원길 六五 黃裳元吉「효사爻辭」)]. 왜냐하면, 노랑[즉, '황상黃裳']은 천지자연과의 조화를 구현하는 색채이기 때문이다.

땅속에서는 모란이 싹을 내밀었다. 주역은 이 모양을 보고 ☷ 지뢰복地雷復이라 했다. 땅은 아무런 형태도 없는 허허벌판에서[즉, 무형無形]우레의 진동을 본받으며 일양一陽의 생장을 개시한다. 우레뿐이겠는가. 땅은 불을 받아들인다. 땅은 산을 받아들인다. 땅은 물을 받아들이고, 바람을 받아들이고, 연못을 받아들인다. 땅은 요컨대 하늘을 받아들인다. 땅은 그동안 자신의 몸에 천근天根을 감춰두고 있었던 것이다. 그럴더라도 지기地氣의 움직임은 요란하지 않았다. 땅의 마음은 고요했다.

만일 모란이 이리저리 몸을 거세게 흔들었다면, 모란은 꽃잎은커녕 잎사귀 한 점도 피우지 못했을 것이다. ䷁ 중지곤重地坤 용육用六의 이영정利永貞[즉, 오래오래 곧음이 이롭다]언사는 바로 그와 같은 고귀한[즉, 황상黃裳의 노랑]자태를 일러주는 말이었다. 용육의 눈망울에 모인 효사 6단계의 눈금을 좀 더 살펴보자; '이상履霜'[즉, 단련]→ '불습不習'[즉, 천연]→ '함장含章'[즉, 성찰]→ '괄낭括囊'[즉, 검증]→ '황상黃裳'[즉, 존중]→ '용전龍戰'[즉, 단념]의 언표가 그것들이다. 이는, ䷀ 중천건重天乾의 감응인 원元[즉, 출발]→ 형亨[즉, 진행]→ 이利[즉, 공로]→ 정貞[즉, 저장]의 순행질서와도 맥을 같이하는 규율이었던 것이다. 하늘은 명령하고, 땅은 그 명령을 받아들인다. 그런가하면 인간은 땅을 잊는다. 배은망덕이 시작되었다[주역 64괘 384효사는 이 배은망덕을 보고 그 배은망덕을 바로잡으려한 단장斷腸의 아픔이었다]. 나는 어떤 자리에 서야 할 것인가.

배은망덕은 왜 오는가. 한계가 있음을 모르기 때문에 온다. 배은망덕은 왜 오는가. 가현假現[즉, 가현은 내가 없다는 망실이다]에 짓눌려 있기 때문이다. 그렇다면 배은망덕은 언제 사라지는가. 하나가 만개라는 것을 깨닫게 되면 그때 배은망덕은 사라진다. 현대물리학은 이렇게 말한다; "우리의 몸을 구성하는 원자의 총수는 대략 10^{28}개이다". 인간은 음양의 흐름을 알게 되면서부터, 사상四象을 그리게 되었고 팔괘八卦를 그리게 되었다. 음양[즉, 태극太極]이 있기 전에는 무극無極이 있었다. 무극은 보이지 않기 때문에 무극이 있다는 것을 모른다. 무극은 침묵이다. 침묵은 아무것도 말하지 않기 때문에 전체를 이야기한다. 시인은 이 침묵을 보게 될 때 시를 쓴다.

시인은 이 무극의 손을 잡는 순간 그때부터 시를 쓴다[시인과 무극의 손 그 둘은 ䷌ 천화동인天火同人의 사이였다].

감응의 확실성은 빛으로부터 온 것이지만, 나는 그 감응을 통해 대지를 꿈꾼다. 바슐라르(G. Bachelard 1884년~1962년. 『물과 꿈』)의 말이다. 이 말은, 인간은 나무들처럼 자기 자신을 돌이켜보는 영양분을 땅으로부터 받는다는 뜻이리라. 좀 더 경건하게 말한다면, 나는 흙으로부터 온 몸이다["너는 먼지이니 먼지로 돌아가리라"「창세기」 3:19]. 인간은 땅위에서 숨쉬고, 명상하며, 이치에 맞는 사업을 진행한다. 지진이 오지 않는 한, 땅은 흔들리지 않는다. 어머니가 흔들리지 않는 것은, 어머니는 땅이기 때문이다. 불순한 물은 있어도 불순한 땅은 없다.

3. ䷟ 뇌풍항雷風恒 / 나는 누구인가

정신이 맑으면, 마음도 맑아진다. 내 마음이 맑아지면, 나는 천상의 음악 소리로 노래를 부른다. 천상의 음악은 용이 하늘로 솟아오르는 모양을 띤다. 이 노래의 모양을 보자. 아래는 소슬바람이 불고, 위로는 우레가 치솟는다. 주역은 이 움직임을 가리켜 ䷟ 뇌풍항雷風恒이라고 불렀다. 항은 '항상' 항恒이다. 사랑은 그러니까 하늘로 날아오르는 우레소리를 닮는다. 하늘의 정체를 보라. 물질의 정체를 보라. 하늘의 움직임은 누구에게나 평등한 혜택을 준다. 물질의 움직임 또한 누구에게나 평등한 혜택을 준다. 그것을 일컬어 천지자연의 평상심이라고 부른다.

나무를 보라. 나무의 직립은 너무도 완강한 나머지 천궁의 어떤 별자리보다도 훨씬 더 강인해 보이며 신선해 보인다. 무엇이 부족하단 말인가. 나무의 풍요 곁에 있는 이상 나는 아무것도 더는 바라지 않는다. 도는 나무의 수직을 타고 내려오는가보다. 석가모니불의 보리수나무가 그 도를 보존해 온 것이 분명하지 않은가. 야훼를 위해 모세가 브살렐에게 시켜 만든 분향단도 실은 아카시아나무였던 것이다(「출애굽기」 37:25). 나무는 이제 단순한 존재의 발현이 아니다. 나뭇잎의 당당한 숨결을 들어보라. 바람[즉, 나무]은 이제 저 천둥소리의 고함이 없을지라도 자기 자신 머리맡에 떠도는 허공을 무찌를 만큼 충분히 풍성해졌다. 이때부터는 멈춰야 하리라. 우두커니 제자리에 서있는 휴지休止가 도리어 내 삶을 상승시키는 숨결이 된다.

☳☴ 뇌풍항雷風恒을 반대 입장이 되도록 뒤집으면 도전괘倒顚卦 ☶☱ 택산함澤山咸이 나온다. 함咸이란, 사랑의 느낌을 두고 하는 말이다. 사랑을 나눌 때는 오래오래 지속되어야 한다. 그것이 항恒인 것이다. ☳☴ 항恒은 밑에 있는 여자[즉, ☴ 풍風인 장녀]가 위에 있는 남자[즉, ☳ 뇌雷인 장남]를 따라가는 모양새를 보인다. 이 모양을 본받을 때 사랑은 오래간다. 사랑에는 휴식이 없다. 양陽의 속도는 빠르고, 음陰의 속도는 느릴 뿐이다[그렇다면, 밑에 있는 여자는 안에서(즉, 내괘內卦) 더욱 정숙해야 할 것이고, 위에 있는 남자는 밖에서(즉, 외괘外卦) 더욱 활달해야 할 것이다. 그러나 그 속도와는 달리 감응으로 볼 때는 서로 정반대라는 것을 주역은 이렇게 강변한다; 남자는 ☳ 뇌雷에 나타난 것처럼 음陰이 많고 (즉, 양다음陽多陰), 여자는 ☴ 풍風에 나타난 것처럼 양陽이 많다(즉, 음다양陰多陽). 「계사전하繫辭傳下」 제4장].

만화경萬華鏡으로 비추어보면, 항恒의 물체[즉, 우레와 바람]는 그리 끈끈

한 접착성을 갖고 있는 것도 아니었다. 우레와 바람은 쉽게 부스러진다. 항상심을 지나치게 고집하면, 이로울 것이 없다. 항恒이 깊으면 꼿꼿해서 흉한 법이다[초육 준항 정흉初六 浚恒 貞凶]. 딱딱하면 쉽게 부러진다. 고체를 오래 쳐다보면 우리네 눈은 쉽게 피로를 느낀다. 요지부동은 살바도르 달리 (S. Dali 1904년~1989년)의 적이었다. 그의 시계는 책상 모서리와 고목나무 가지에 걸린 채 수세미처럼 축 늘어져 있었다. 시간은 더 이상 움직이지 못했다. 그러므로, 인간의 마음에 연결된 굳은 물체의 공격을 깨지 않는 한 우리는 자유로울 수 없다.

꽃을 보라. 길바닥에 붙어있는 제비꽃은 왜 아름다울까. 그것들 진보라 의태擬態는 푸른 하늘에 대한 눈물겨운 그리움에 닿아 있었다. 이는, 딴딴한 바위 얼굴 그 물체들의 보색補色에 대한 경멸 때문이 아닐까. 사랑을 나홀로 나를 위해 보관해서는 안된다. 사랑은 너와 내가 연관된 색상色相의 통일이지만, 그러나 멀고먼 저쪽 하늘의 내면을 함께 내다보게 될 때 길이 열린다. 길은 아무데나 있는 것이 아니다. 넓은 하늘에도 새들이 날아다니는 길이 따로 있다. 새들은 그러니까 딴딴한 물체의 강도强度를 피해 날아다닌다. 이제는 문발을 걷어올리듯 새들의 비상을 가로막은 그 항恒을 가꿔내는 진항振恒[즉, 항상심의 떨침]의 시간이다.

공자는 64괘卦 중 덕德의 관건 아홉[즉, 구덕九德]을 밝히면서 이렇게 말한다; "(덕을 행할 때는) 항恒으로써 덕을 한결같이 지켜내야 한다"(항이일 덕恒以一德「계사전하繫辭傳下」제7장). 우리네 일상은 조잡한 일들로 섞여 있지만, 그러나 그와 같은 것에는 싫증내지 않고 잘 이겨내야 한다. 물론, 영원한 것은 없다. 구름이든 이슬이든 사랑이든 영원한 것은 없다. 무無는 비천한 것이 아니다. 요컨대, 무無는 그러기에 우리네 삶의 궁극적인 경건이었던 것이다.

4. ䷛ 택풍대과澤風大過 / 바람은 아무데서나 일어난다

풍성함으로 말하자면, ䷛ 택풍대과澤風大過만한 것이 없다. 대과의 시간은 거대할 수밖에 없다[대과지시 대의재大過之時 大矣哉, 「단전彖傳」]. 괘의 모양은, 가운데 있는 네 개의 양이 유약한 초효初爻의 음을 찍어 누르고 또한 유약한 상효上爻의 음을 밖으로 밀어내는 형국인바 너무 지나친 까닭에 대들보[즉, 양陽은 들보이다]가 흔들리고 있다[즉, 대과 동요大過 棟橈 「괘사卦辭」. 동요棟橈: 들보 동棟, 흔들릴 뇨橈]. 크게 지나치게 되면 큰 허물이 생긴다는 뜻이다. 타락이다[즉, 일국의 치자도 그랬고, 일국의 재벌도 그랬다]. 바람은 아무데서나 일어난다. 풍기風氣는 스스로 그 풍성함의 대과를 무너뜨린다. 그러기에 이때는 내가 걸어온 길을 다시 돌이켜볼 수밖에 없다. ䷛ 택풍대과澤風大過의 6효를 모두 다른 음양陰陽의 효爻로 바꾸어 놓으면 배합괘配合卦 ䷚ 산뢰이山雷頤가 된다[즉, 이頤는 턱 이. 음식을 입에 물고 천천히 씹어 삼킨다는 뜻이다. 우리는 몸을 이렇게 길러낸다]. 무엇을 길러낸다는 것은 큰 것이었다(이지시 대의재頤之時 大矣哉「단전彖傳」). 그러나 그렇게 방대尨大하다는 것은 또 그 자체로 독선에 물들기도 쉽다는 뜻이 된다. 바람이 분다. 그동안 내 몸 안에 잠겨 있던 독선을 바람이 무찌른다. 바람의 손길이 닿지 않는 곳에서는 어떤 지혜도 날개를 달지 못한다. 유족有足의 독이 가시게 되면, 이때 날벌레들도 바삐 날아다닌다. 한쪽으로 기울어졌던 세상이 다시 몸매를 세우고 일어났다.

☱ 택풍대과괘澤風大過卦 구삼九三의 효사는 이렇게 말한다; "기둥이 흔들리고 있으니 흉하니라"(동요 흉棟橈 凶). 대과괘大過卦의 초효初爻와 상효上爻를 떼어낸 다음 제2효, 제3효, 제4효를 내호괘內互卦로 그리고 제3효, 제4효, 제5효를 외호괘外互卦로 삼아 대성괘大成卦를 만들면 호괘互卦 ☰ 중천건重天乾이 된다. 건乾은 하늘이다[즉, 건乾은 양陽으로 강강하게 움직인다는 뜻이다]. 그러므로 대과大過는 거세게 움직이는 태과太過의 모습이니, 좋을 것이 없다. 기둥이 흔들리면 흉할 수밖에 없다. 무엇이든 지나치게 되면 흉할 수밖에 없다. 공자는 이렇게 말했다; "지나친 것은 모자란 것과 같다"(과유불급過猶不及 『논어』 「선진先進」).

주역은 또 말한다; 크나큰 방대함으로 본다면, ☶ 산천대축山天大畜만한 것이 없다(즉, 이는 위에는 큰 산[☶ 간艮]이 있고, 아래엔 강건한 하늘[☰ 건乾]이 있는 모습이다). 그럼에도 불구하고 대축괘大畜卦 초구初九의 효사는 이렇게 말한다; "위태로움이 있으니 멈춤이 이로울 것이다"(유려이이有厲利已). 이는, 비록 크나큰 축적을 쌓았다손 치더라도 그것이 정당한 위엄을 갖춘 것이 아니라면 끝내는 하루아침에 무너지고 만다는 뜻이다. 이때는 재난을 자초해서는 안된다(불범재야不犯災也 「상전象傳」).

강고强固의 크기로 말한다면 ☳ 뇌천대장雷天大壯이 또 있다. 모양을 보면, 안쪽에 있는 하늘 (☰)이 밖에 있는 천둥 (☳)의 어깻죽지를 붙들고 앞으로 뻗어나가는 형국이다. 천둥은 하늘과 불을 품고 있다. 이는, 세상에 두려울 것이 없는 장엄한 기상이었다. 맹자가 말한 '호연지기浩然之氣'란 바로 이 모양을 바라보며 그리 지적했을지도 모른다(「공손추장구상公孫丑章句上」 제2장). 인간의 마음은 바로 저와 같은 하늘의 기상[즉, ☳ 뇌천대장雷天大壯

天大壯의 당당한 위엄]을 그대로 본받아야 한다는 것이었다. 그 기운은 지극히 크고 지극히 강한 것이다(기위기야지대지강其爲氣也至大至剛). 맹자의 말이다. 스스로 마음의 허약함을 달래면서 의義를 찾아 달려갈 때는 물론 그와 같은 지대至大를 내 몸에 붙여놓아도 좋을 것이다. 그러나 거기까지다. 밤은 여전히 우리의 마음을 짓밟고 있다.

예수는 제자들에게 이렇게 물었다; "빵이 몇 개나 있느냐?" "빵 일곱 개와 생선 몇 마리뿐입니다" "사람들에게 나누어주어라" 그 음식을 먹은 사람들이 여자와 어린이들 외에 남자만도 4천명이 넘었고, 먹고 남은 조각을 모으니 일곱 바구니나 되었다(「마태복음」 15:32~39, 「마가복음」 8:1~10). 이는, 기적이 아니다. 수평선이다. 수평선은 혼자 군림하지 않는다. 나 홀로 배불리 먹으면, 음식은 장악掌握이다[즉, 음식은 '배고픈' 사람들에게 골고루 나눠주어야 한다]. 밥을 함께 나눠먹을 때 우리의 영혼은 비로소 깨끗한 꿈을 꾸게 된다.

사실, 정말로 착한 일을 할 때는 궤적을 남기지 말아야 한다(선행무철적 善行無轍迹 『노자』 27장). 달빛을 받는 연못은 무슨 이야기를 하고 있던가. 달빛은 존재의 근원으로부터 와서 존재의 근원으로 흘러들어간다. 달빛은 명백한 목적을 갖지 않는다. 연못 위에는 달빛의 흔적이 남아있지 않았다. 그렇다면 군이 달빛과 연못의 거처를 물을 것도 없다. 이 세상에는 긴 것도 없고 짧은 것도 없다. 옳은 것도 없고 옳지 않은 것도 없다.

5. ䷍화천대유火天大有 / 자연은 때때로 물속에 모인 강도래의 편이 된다

콩은 콩이고 팥은 팥이다(즉, 콩은 콩으로서 꼼짝도 하지 않았고, 팥은 팥으로서 꼼짝도 하지 않았다). 한강은 서해로 흘러간다(즉, 한강은 서해로 흘러들어가 거기서 죽는다. 한강의 운명은 언제든지 서해에서 완성되었다. 운명은 장엄한 침묵이었다). 삶은 삶 자체로 실질이다. 죽음은 죽음 자체로 또한 실질이다. 만물은 어둠[즉, 음陰]을 등짝에 지고, 밝음[즉, 양陽]을 가슴에 품고 있다. 텅 빔 속에서 기운을 내뿜어 조화를 이루어낸다(만물부음이포양 충기이위화萬物負陰而抱陽 沖氣以爲和 「노자」 42장). 하늘이 불을 피우면 만물은 살아나고, 하늘이 불을 꺼뜨리면 만물은 죽는다. 주역은 이 모양을 ䷍화천대유火天大有라고 했다.

해가 중천에 떠올랐으니, 만물은 저마다 땅위에서 새롭고도 이로운 기지개를 펼치며 일어났다[즉, 만물은 건곤감리乾坤坎離 천지수화天地水火의 작용에서 일어난다. 이때의 건곤은 기체基體이며, 감리는 그 기체의 작용이었던 것이다]. 노자는 이렇게 말했다; "하늘은 말하지 않는데도 (만물과) 잘 응하고, 부르지 않는데도 저절로 당겨든다"(천지도 불언이선응 불소이자래天之道 不言而善應 不召而自來 「노자」 73장). 대유의 괘사卦辭는 그래서 크게 형통한다는 것이었다(대유 원형大有 元亨). ䷍화천대유火天大有를 정반대의 관점에서 바라보거나[즉, 도전괘倒顚卦], 외괘와 내괘의 위치를 서로 바꾸어 바라보면[즉, 착종괘錯綜卦] ䷌천화동인天火同人이 나온다. 동인은, 천하 만물이 불을 앞가슴에 품고 있는 모습이다. 불과 하늘이 만나면 바람이 일어난다. 그러니까 이는, 만물은 천도와도 잘 상응한다는 뜻이었다. 대유는 동인과 함께 자연을 공유共有한다는 뜻이었다. 모든 사물은 자연의 법칙에 순응한다.

담 모퉁이 남새밭에는 촉규화가 활짝 피어 있었다. 하늘은 자신의 혼령을 풀잎에게도 나누어 주었다. 나는 내 자신으로부터 저들 촉규화꽃을 어떻게 나누어놓을 수 있을까. 나는 대기 중 중간 정도의 적당한 공기를 마시면서 남새밭을 어슬렁거렸다. 촉규화꽃의 정일靜逸을 보라. 만물 한 겹 한 겹에 따라붙는 하늘의 진동을 보라. 저토록 포근하고 부드러운 꽃들의 고요에 비해 내 몸은 그런데 너무 무거워지고 있었던 것이다. 무슨 연유인가. 저쪽 월악산 하늘에는 뭉게구름이 피어올랐다. 그토록 부드럽고 따뜻했던 대유大有의 숨결이 조금씩 흐늘거리기 시작했다. 길은 그 길을 가는 절실함이 사라질 때 별안간 끊어져버린다. 하늘 먼 끝에서 타오르던 불은 연기를 토해내고 있었다. 연기는 검은 물방울인 뭉게구름으로 피어올랐다. 대유大有의 중후함이 흔들렸던 것이다. 강하고 굳센 것들은 실은 제명대로 살지 못한다(강양자부득기사強梁者不得其死『노자』42장).

대유大有는 때때로 사람의 정신을 빗방울로 적셔놓는다. 그는 물속[즉, ☵ 감坎의 험난함]에 잠긴 채 자신의 영혼을 부표浮標처럼 흔든다. 물은 슬픔의 장력張力이었던 것이다. 그는 더 이상 슬퍼하지 않았다. 그의 정신 속에는 이미 만물의 형체가 혼합되어 있는 까닭에 물질이 그를 사로잡고 있는지 혹은 그 자신이 물질을 사로잡고 있는지 굳이 나눌 필요도 없게 된 것이었다. 그는 이렇게 말한다;

"가끔 부처님은 내 발등을 밟고 있다가 혼자 천리 밖으로 떠나신다 / 그럴 때는 내 가슴속에 박힌 돌을 빼내어 다른 부처를 만들고 싶지만 / 허리 굽은 달팽이와 토당귀와 멧송장개구리가 나온 것을 보면 / 아무도 인생을 낭비한 것 같지는 않다 / 저것들 아득한 눈썹이 빗줄기에 젖는 것을 보면 /

아무도 인생을 낭비한 것 같지는 않다 / 정말이지 이는 빗물소리가 아니라 / 멧송장개구리가 부처님과 화답하는 소리라는 것을 // 마당 귀퉁이에 서 있는 금록수국의 천연한 웃음소리" (안수환의 「빗물소리」 전문).

장자는 이렇게 말했다; "천하에는 털끝보다 더 큰 것이 없으며, 그리고 태산보다 더 작은 것이 없다"(천하막대어추호지말 이대산위소天下莫大於秋毫之末 而大山爲小 『장자』「제물론齊物論」). 무슨 말인가. 극소와 극대는 같은 것이었다. 모래땅 속에 굴을 뚫고 살아가는 나나니벌이 극대인지도 모른다. 냇물을 헤집고 살아가는 강도래의 애벌레가 극대인지도 모른다. 대유大有의 대칭이 바로 이런 것들이었다. 자연은 때때로 물속에 모인 강도래의 편이 된다. 밤에는 별들이 냇물 속으로 떨어지기 때문이다. 그런가하면 물까마귀는 강도래의 애벌레를 잡아먹고 살아간다. 우주의 층계는 그래서 생각보다도 단순했다. 그러면서도 우주[즉, 자연]와의 동화同化는 작디작은 만물의 회로回路 속에 한껏 영적靈的인 발목을 담근다.

6. ☲ 중화리重火離 / 내 몸은 내 자신만이 아닌 더 멀고먼 수평선이다

☲ 중화리重火離는, 불이 하늘에도 있고 땅에도 있는 모습이다. 이離는 걸려있다는 뜻이다. 해와 달이 하늘에 걸려있고, 백곡百穀과 초목이 땅위에 걸려있다(이이야 일월이호천 백곡초목이호토離麗也 日月麗乎天 百穀草木麗乎土「단전象傳」). 하늘에서도 땅에서도 불이 밝게 빛나고 있으니, 그 바르게 걸려있는 불로 하여 천하는 똑바로 움직이게 되었다(중명이리호정 내화성천하重明以麗乎正 乃化成天下「단전象傳」). 하늘에서나 땅위에서나 유순한 음陰이 중정中正을 차지하고 있으니 형통하며, 이로써 암소를 기르면 더 좋

을 것이다(유이호중정고 형 시이휵빈우길야柔麗乎中正故 亨 是以畜牝牛吉也「단전象傳」). 이는, 여기저기 밝은 세상이 열렸다는 뜻이다.

☲ 중화리重火離의 육오六五의 위치는 그 자리가 임금의 자리다. 육오六五의 효사는 이렇게 말한다; "육오六五는 비 오듯이 눈물을 흘리고 슬퍼하며 또 슬퍼하니 길하다"(육오 출체타약 척차약 길六五 出涕沱若 戚嗟若 吉). 이는, 누구든지 지도자의 자리에 오르게 되면 눈물을 흘리며 슬퍼하고 또 슬퍼하는 자세로 제 마음부터 먼저 다스려야 한다는 뜻이다. 그런 다음 백성들 앞에 서서 덕을 가지고 그들을 이끌어야 한다는 말이다. 공자는 『논어』「위정爲政」편에서 이렇게 말한다; "덕으로서 다스려야함은, 비유컨대 북극성은 제자리에 있고 많은 별들이 그 북극성을 향하여 돌아가는 것과 같은 것이다"(위정이덕 비여북신 거기소 이중성공지爲政以德 譬如北辰 居其所 而衆星共之). 노자는 한 걸음 더 나아가 이렇게 말한다; "덕을 거듭거듭 쌓게 되면 못이루는 것이 없다"(중적덕 즉무불극重積德 則無不克『노자』59장). 노자는 또 이렇게 말한다; "지혜를 가지고 나라를 다스린다는 것은 그 나라를 해치는 일이며, 지혜를 가지고 나라를 다스리지 않는다는 것은 그 나라에 복을 만드는 일이다"(고이지치국 국지적 불이지치국 국지복故以智治國 國之賊 不以智治國 國之福『노자』65장). 이는, 치자는 나를 크게 드러내서는 안된다는 말이다(부자현 고명 不自見 故明『노자』22장).

불은 자기 몸을 물로 적시지 않는 한 꺼지지 않는다. 물은 나무를 낳고[즉, 수생목水生木], 나무는 불을 낳는다 [즉, 목생화木生火]. 불은 나무의 영혼이다. 이때부터는 불은 뜬눈으로 빛과 열을 응시한다. 그러는 사이 불은 모든 존재의 내면을 들여다본다. 인간이든 사물이든 그 불의 시선을 벗어나서는 살 수 없다. 불과 물의 지평이 내 몸을 휘감고 있다는 것을 깨닫는 순간 나는 비로소 하늘의 음성을 듣게 된다. 말하자면, 하늘은 내 몸 한복판에 내재된 초월이었던 것이다. 그런가하면 이 현실의 용량은 내 몸에 딱 맞는 입성이었다. 자연은 문 밖에 있지 않았다. 자연과 인위의 시간은 둘이 아니었다. 형태와 허공의 간격 또한 먼 것이 아니었다. 불은 자기 자신을 스스로 태우고 있지만[즉, 불은 자기 자신이 언제 어떻게 될는지 묻지 않는다], 그러나 불은 결코 자기 자신의 공허한 내부를 태우지도 않는다. 무無의 변증법은 이때 열린다. 어둠을 감내하는 것도 무無이며, 밝음을 지켜내는 것도 무無이다[즉, 무無는 어둠에게도 감응하고 밝음에게도 감응한다]. 그러면서 무無는 더 큰 무無의 먹이가 되기도 한다. 그 순간 무無는 유有의 자승멱自乘羃[즉, (유有)²]으로 자리를 바꾸어 앉는다. 이때는 무無는 무無가 아니다. 그러니까 무無는 다른 유有와의 연장선에 가로놓인 연기緣起였던 것이다(『잡아함경雜阿含經』). 그러기에 인간은 깜깜한 어둠 속에서 자기 자신을 더 아프게 찾아낸다. 말하자면, ☲ 중화리重火離의 불은 변화의 극치였던 것이다. 우리는 변해야 산다. 이 변화를 잘 타고 살아가는 힘 그것을 가리켜 주역은 ☱ 풍택중부風澤中孚라고 했다[즉, 연못 위에 바람이 불고 있는 모습이다]. 마음을 비우는 자가 크게 변화하는 사람이다. 내 몸은 내 자신만이 아닌 더 멀고먼 수평선이다. 이러한 내 마음을 해체해버리면, 내 몸 한복판에 남아있는 관련은 차연差延 Différance의 속령 그것뿐이다(데리다 J.Derrida 1930년~2004년). 내 몸 한복판에 남아있는 관련을 그런데 딜타이 (W. Dilthey 1833년~1911년) 는 인식의 연관聯關이라고 했다[즉, A와 B와는 약간의 연관이 있다].

나는 지금 어디쯤 있는 것일까. 어느 날 나는 무언가 모를 어떤 존재가 내 귓볼을 잡고 이렇게 속삭이는 소리를 들었다; "산에 오르지 마라. 정점에 서있는 것은 좋은 일이 아니다". 지금 생각해보니, 그 소리는 주역 ☲ 이 괘離卦를 쳐다보다가 내 나름대로 얻은 직관이었던 것 같다. 사실상 정점에 서있다는 것은 좋은 일이 아니다. 그것은 변동을 쫓아가는 지괘之卦의 출발점이기 때문이다. 배가 부른 다음에는 으레 허기진 때가 온다. 불의 상승을 바라볼 때 우리가 먼저 유념해야 할 가치는 평등이며, 포용성이다. 지평선을 넘는 해가 그것이었고, 수평선을 넘어가는 배가 그것이었다. 유무有無를 뛰어넘는 세계가 그것이었다. 체상體相·행상行相을 건너가 유식무경唯識無境의 깨달음을 얻는 조감鳥瞰이 그것이었다(가령, 법상종法相宗). 하늘은 어떻게 살아 있었던가. 하늘의 풍기風氣는 불이었다[즉, 인간은 신감응神感應의 점사占辭를 보고 그 하늘의 뜻을 살핀다: "수가 지극하여 다가올 일을 알아낼 수 없는 것을 점이라 하고, 통변하는 것을 사업이라고 하며, 음양陰陽으로 헤아릴 수 없는 것을 신이라고 한다"(극수지래지위 점 통변지위 사 음양불측지위 신極數知來之謂 占 通變之謂 事 陰陽不測之謂 神「계사전상繫辭傳上」제5장)]. 하늘의 풍기를 보자. 하늘의 풍기는 불이었다. 불의 통변은 만물의 내면 속으로 파고들어가 그 존재의 실체성을 시시각각 제어한다. 신神은 누구인가. 신神은 어디 있는가. 한 번 음陰하고 한 번 양陽하는 것을 도라고 부른다(일음일양지위도一陰一陽之謂道「계사전상繫辭傳上」위와 같은 장). 음양陰陽의 상관적 변화는 도저히 헤아릴 수 없는 것이므로 주역은 그것을 일러 신神이라고 했던 것이다. 점을 칠 때 인간은 신神의 마음을 헤아리게 된다.

인간은 어디로 흘러가는가. 우리는 어떤 삶을 살아야 초연해질 수 있는가. 나는 못난 사람이다. 나는 이제 ☲ 중화리重火離에서 소멸[즉, 죽음]에

관한 명상을 이야기하는 제3효의 효사를 특별히 주목하고자 한다; "구삼은 날이 저물어 해가 서산에 걸려있는 모양이다. 물동이를 뚜드리며 노래하지 않으면 칠팔십 노인이 크게 울부짖는다. 흉하다. 상이 말한다. 날이 저물어 해가 서산에 걸려있으니 어찌 오래갈 수 있겠느냐"(구삼 일측지리 불고부이가 즉대질지차 흉 상왈 일측지리 하가구야九三 日昃之離 不鼓缶而歌 則 大耋之嗟 凶 象曰 日昃之離 何可久也). 해가 저물었다. 이별[즉, 소멸]이 코앞으로 다가왔다. 죽음이 코앞에 와 있었던 것이다. 이때는 (슬퍼하지 말고) 물동이를 뚜드리며 노래를 불러야 하리라[그래야 칠팔십 노인이 되어 세상을 버리게 되더라도 크게 울부짖는 일이 없을 것이다]. 장자가 그랬다. 그는 죽은 아내의 머리맡에 앉아 물동이를 뚜드리며 노래를 불렀다. 그는 어리둥절해하는 혜자惠子에게 이렇게 말한다; "그 사람은 거대한 방[즉, 하늘과 땅] 안에서 편안히 잠들고 있다네. 그런데도 내가 엉엉 울면서 그 사람의 죽음에 따라 곡을 한다면 운명을 거스르는 일이 되지 않겠나. 그래서 곡을 그쳤다네"(인차언연침어거실 이아교교연 수이곡지 자이위불통호명 고지야人且 偃然寢於巨室 而我噭噭然 隨而哭之 自以爲不通乎命 故止也『장자』「지락至樂」). 인생은 이슬방울이었다. 나와 내 아내의 몸은 그 이슬방울을 잠깐 빌려 쓴 대체代替였을 뿐이다.

7. ☲☷ 화지진火地晉 / 사람은 하지 않는 일이 있어야 후에 좋은 일을 하게 된다

들불처럼, 해가 대지를 밟고 '나아가는' 모양을 주역은 ☲☷ 화지진火地晉 이라고 불렀다. 밤새 어두웠던 대지 위에 방금 해가 솟아오른 것이다. 그러기에 군자는 이 모양을 보고 자신의 덕을 밝게 비추지 않을 수 없다(상왈 명

출지상 진 군자이자소명덕象曰 明出地上 晋 君子以自昭明德「상사象辭」). ䷢
화지진火地晋의 이 상쾌함을 보라. 태양이 떠오르는 순간 바로 이때는 어둠
의 불복종이 사그라진다. 하늘 아래 만물이 정립되었다. 우연은 존재하지
않는다. 대지 위에 있는 모든 필연이 하나로 병합되었다. 어떤 수단도 존재
하지 않는다. 만물의 몸은 그 자신이 목적이었다. 인간의 본성은 이러한 대
명천하의 충만으로부터 오는 것이지만, 그러나 어느 순간 이 돌출은 무無의
결여로 함몰되는 위험도 있음을 유념할 필요가 있다. 악은 다른 것이 아니
라, 무無의 결여였던 것이다.

　　䷢ 화지진火地晋 구사九四의 효사를 보자; "구사는 앞으로 나아가는 모습
이 다람쥐와도 같다. 고집부리면 위태롭다"(구사 진여 석서 정여九四 晋如
鼫鼠 貞厲). 어느 날 나는 아내와 함께 소백산 희방폭포에 오른 적이 있다.
다람쥐 한 마리가 우리 주변을 맴돌았다. 놈은 날렵한 거동을 보이면서 카
메라 앵글 안에 들어오지 않았다. 놈은 잉걸불을 밟고다니는 듯이 행동했다
[즉, 놈은 불처럼 변덕스러운 동물이었다]. 다람쥐의 재빠른 진행을 보고 나
는 아내에게 이렇게 말했다; "여보, 사랑이 저렇게 격렬해지면 망하는 거야.
격렬해지면 가벼워지는 거야" "활발한 것이 좋지 않아요" 아내는 내가 하는
말에 동의하지 않았다. 그런 다음 우리 두 사람은 다람쥐를 가운데 놓아두
고 그냥 웃기만 했다. 물론 소백산 떡갈나무는 누구의 편도 들지 않았다.

　　우리네 몸놀림은 언제든지 응집력이 있어야 한다. 표면을 장식하는 위장
僞裝이 악이었던 것이다. 불의 정령精靈은 한사코 표면 밖으로 나오지 않는
다. 자기 자신을 태우는 불은 자기 자신과 대립하는 법이 없다. 불은 자신
의 몸놀림 속에서 자신의 화주火酒를 삼키면서 살아간다. 불과 같은 응집력

을 갖고 있을 때 우리네 거취는 그만큼 풍만한 빛을 발하게 마련이다. 그러기에 ䷢ 화지진火地晉 구오九五의 효사는 이렇게 말한다; "후회가 없을 것이니, 잃거나 얻게 됨을 근심하지 말고 진행하라. 길해서 이롭지 않은 것이 없을 것이다"(구오 회망 실득물휼 왕 길무불리九五 悔亡 失得勿恤 往 吉无不利). 그러나 그렇더라도 큰일이든 작은 일이든 그 일을 손에 쥘 때는 마치 무거운 짐을 들고 있는 듯이 행해야 한다. 아무 일이건 마구 손에 쥐어서는 안된다. 맹자는 이렇게 말했다; "사람은 하지 않는 일이 있어야 후에 좋은 일을 하게 된다"(인유불위야 이후가이유위人有不爲也 而後可以有爲 「이루장구하離婁章句下」).

진괘晉卦 초육初六의 효사는 또 이렇게 말한다; "나아갈 때나 물러날 때나 지조를 지키면 길하다. 믿음을 얻지 못하더라도 너그럽게 행동하면 허물은 없을 것이다"(진여최여 정길 망부 유무구晉如摧如 貞吉 罔孚 裕无咎). 특히 이곳에서 말하는 '유裕'[즉, '너그러울' 유]를 직시할 필요가 있다. 내 행실의 너그러움 그것이야말로 재앙을 피해가는 꽃길이었던 것이다. 불의 생기는 열량에 있다. 부드러움이 내 행실의 내면을 채워가는 열량이다.

8. ䷣ 지화명이地火明夷 / 꽃들은 물웅덩이 늪지의 재앙 속에서도 수면 위로 떠오른다

천안 북면 납안리納安里 산골짝 찔레덩굴 속에 숨어있던 참새떼 수백 마리가 일제히 공중으로 날아올랐다. 별안간 공중에는 원뿔 모양의 운무雲霧가 펼쳐졌다. 천상의 미묘한 불덩어리가 그렇게 떠돌고 있었던 것이다. 그러나 이 불덩어리가 천상을 버리고 땅속에 잠겨버리면, 세상은 송진 같은 어둠의 지배를 받게 된다. 이를 가리켜 주역은 ☷☲ 지화명이地火明夷라고 했다.

앞장에서 나는 줄곧 불의 영기靈氣에 관한 이야기를 해왔다. 금강석과 청옥靑玉의 빛이 그토록 눈부신 것일지라도 불의 공명共鳴을 몸에 싣지 못한 것이라면 그것들은 한낱 죽은 물건에 불과할 것이다. 불은 때때로 내 몸에 화상火傷을 입힌다. 이례적인 일이긴 하지만 내 몸은 그 화상에 대하여 호들갑을 떨거나 혹은 좀 더 과묵한 침묵을 지킬 수도 있을 것이다. 어쩌면 나는 내밀한 사람이 되어 불의 영기靈氣에 닿은 자로서의 침착함을 곁들이면서 몸에 달라붙은 불똥을 떨어내는 일에 골몰하는지 모른다. 주周나라의 문왕文王이 그런 사람이었다. 그는 유리옥羑里獄에 갇힌 채 지상의 화염火焰이 땅속에 잠겨버린 그 ☷☲ 지화명이地火明夷의 어둠을 애써 감내하고 있었던 것이다.

세상이 깜깜해졌다. 수數와 수數의 결합이 해체되었다. 어디든지 깜깜해졌으니 하늘에서 펼쳐지던 삭朔[즉, 초승달]과 망望[즉, 보름달]이 사라지고, 상현上弦달과 하현下弦달도 사라졌다. 다시 말하자면, 시작과 소급이 사라져버렸다. 광명의 세계에 살고 있던 염마대왕閻魔大王이 눈을 찔끔 감고 있는 것이었다. 염마대왕은 언제 재판을 열어야할지 갈팡질팡했다. 점성술astrology이 사라졌다. 도량형의 기준인 오칙五則[즉, 규規 (동그라미-그림쇠)와 형衡(저울대)과 승繩(먹줄)과 구矩(곱자)와 권權(저울추)]이 사라졌다. 칠초七草[즉, 냉이·미나리·쑥·광대나물·별꽃·순무·무]가 사라졌다. 사방위四方位[즉, 동서남북]가 사라졌다. 사기四氣[즉, 습濕(초승달부터 상현달까지)→열熱(상현달부터 보름달까지)→건乾(보름달부터 하현달까지)→냉冷(하현달부터 초승달까지)]가 사라졌다. 불이 땅속에 묻혀버렸으니, 세상은 그저 불똥에 파묻힌 채 아무것도 확연히 드러나는 것이 없었다.

어둠이란 물론 빛의 결손이다. 어둠의 지대 한복판에서는 이미 오래전부터 불길한 반칙이 굽이치고 있었다. 상上은 하下의 적이었다. 우右는 좌左의 적이었다. 백白은 흑黑의 적이었다. 사람들은 자신의 편견과 무지를 도무지 인정하려 들지 않았다. 그들은, 무無가 인간의 마음을 도리어 경건하게 만든다는 것을 깨닫지 못했다. 그들은, 그러니까 삶에 대한 경탄할만한 가치는 언제나 유有로부터 온다는 점을 강조했다. 그들은 또 무의식의 규칙에 대하여 더는 들으려고 하지도 않았다. 불의 농축이 필요할 때는, 사는 데 지쳐 콤플렉스 만개가 다가올 때는 부여 궁남지宮南池로 나가보아라. 무안 회산지回山池로 나가보아라. 거기 가서 연꽃들의 만개滿開를 바라보면 된다. 연꽃들은 물웅덩이 늪지의 맹독猛毒과 필멸必滅을 밟고 수면 위로 떠올랐다. 꽃들은 물웅덩이 늪지의 재앙을 밟고 수면 위로 떠오른 것이었다. 꽃들을 보면, 그러므로 흉한 일 만근이 발목을 잡더라도 얼마든지 피할 수 있다는 표지標識[즉, 피흉추길避凶趨吉의 방편]를 건네받게 된다.

날이 저물었다. 공기마저도 차갑게 식어버렸다. 이때는 어둠을 밟고 가야 한다. 어둠이 실질이기 때문이다. ䷣ 지화명이地火明夷의 상전象傳은 이렇게 말한다; "어둠을 써서 그 어둠을 밝게 하라"(용회이명用晦而明). 촛불은 저 어둠을 상대로 밤새 타오르고 있었던 것이다. 지렁이는 감자밭 어둠 속에서도 그 어둠을 뚫고 다니면서 농사를 짓는다. 고행승의 무상無常 또한 그러니까 그 어둠을 밟고 다니는 광명이었으리라. 공자는 이렇게 말했다; "사람이 도를 넓혀가는 것이지, 도가 사람을 넓혀주는 것이겠느냐"(인능홍도 비도홍인人能弘道 非道弘人『논어』「위령공衛靈公」). 어두운 밤길을 걸을 때는 그 어둠을 밟고 가야 한다. 그렇다면, 어떤 사람이 진실한[즉, 강인한] 사람일까. 나는, 내 시집 『지상시편』 「II-7」에서 저쪽에 앉아있는 대머리 팽서방에게 다음과 같이 말한 적이 있다;

"응달 깊숙이 숨어들어 나오지 말게 / 그것이 자네가 지켜 줄 자제력인바".

제3장

이 세상에는 무無는 없다

어느 날 밤 나는 갈대꽃이 무성한 논둑을 걷다가 물웅덩이에 빠지는 꿈을 꾸었다. 웬 물속인가. 물의 밑바닥은 캄캄했다. 잠에서 깨어났을 때 내 몸은 무슨 영문인지 사람들에게 희롱을 당한 듯한 불쾌감에 빠져들었다. 나는 관능적인 사람이다. 나는 낭만주의자였다. 지금 생각해보니 물은, 그동안 내가 저지른 과오 하나하나를 모조리 수첩에 적어놓은 듯이 칙칙하게 내 몸을 핥고 있었던 것이었다. 물웅덩이의 물은 물론 정결하지 않았다. 나는 이제 더 이상 아무데도 숨을 곳이 없다는 것을 안다. 꿈결이기 때문이다. 꿈이 복잡한 자는 착하지 않다. 내가 꿈꾸는 꿈 그것은 내 자신이었으며, 내 현실이었다[카를 융(Carl Gustav Jung 1875년~1961년, 「무의식에 대한 접근」)]. 내 몸은 무거웠다. 내 생각보다도 내 몸은 항상 무거웠다. 언제 나는 내 자신으로 돌아갈 것인가. 저 아득한 그림자를 보라. 아무런 테두리도 없는 그림자[즉, 망량罔兩 『장자』「제물론齊物論」]를 보라. 그림자처럼 움직이는 이 시공時空의 자발성을 보라. 덧없는 순간이다. 덧없는 순간, 나는 내 자신으로 돌아간다. 이때는 어떤 것이 허상이며 또 어떤 것이 실체인지 굳이 그것을 따져 물을 것도 없다. 다만 한 번만 세상을 힐끗 쳐다보기만 하면 된다. 세상은 저렇게 저기 서있지 않은가. 세상에는 무엇이 들어있는가. 유有인가. 무無인가. 어떤 세상이든 그러나 나와 무관하지 않은 것은 없다. 나는 여전히 낭만주의자의 꿈을 꾸고 있다. 이 세상에는 무無는 없다.

1. ䷂ 수뢰둔水雷屯 / 봄날, 바람은 별과별을 밟고 날아다닌다

䷂ 수뢰둔水雷屯은 물속에 우레가 들어있는 모습이다. 이때는 만물이 태동하는 시기이므로, 우레가 물 밖으로 솟아오를 때까지는 한참 어려울 수밖에 없다[즉, 둔屯은 '어려울' 둔 혹은 준이다(난야難也)]. 미물들은 이제 겨우 칩복蟄伏의 자세를 풀기 시작했다. 천지가 문을 열어놓은 것이다. 때가되었으니, 모든 무정형無定形의 활력은 자신들의 내면 깊숙이 숨겨놓은 생장의 꿈을 밖으로 드러내려는 것이었다. 누가 그 성장을 재단裁斷하고 있는가. 우레의 움직임을 보자. 물속을 파고드는 우레는 지금 만물의 생장을 돕

기 위해 제 몸에 붙은 동력을 모조리 소비하고 있다. 이때부터 물의 축축한 체액體液[즉, 생식력]은 식물의 형질 속에서 혹은 동물의 체내에서 새롭게 숨을 쉬었다. 봄은 그렇게 꿈틀거리고 있었다. 둔屯의 「상전象傳」은 이렇게 말했다; "우레가 구름 속에 들어있는 것을 준屯이라고 하니, 군자는 이 모양을 바라보며 세상일에 대처한다"(운뢰둔 군자이경륜雲雷屯 君子以經綸). 구름은 천체의 꽃씨였다. 물의 형질形質이 무겁게 되면 천체의 꽃씨들은 단번에 흩어진다. 늪 가까이 지상 밑바닥에는 어둔 빗물소리가 흘러 다니면서 개구리 도마뱀 달팽이 두꺼비들의 감응을 모조리 적셔놓는다. 물방울은 죽은 듯이 슬픔을 끌어안고 뜨거운 벼락의 혼비백산魂飛魄散을 기념할 따름이었다. 비오는 날, 내가 내 자신을 빼앗기는 것은 당연한 일이다.

물질을 건성으로 바라보면, 그 물질은 단순한 권태의 껍질일 뿐이다. 도자기는 언제까지나 덧없는 도자기일 뿐이다. 한 발짝 뒤로 물러나 바라보더라도 도자기는 여전히 도자기일 뿐이다. 좀 더 신중하게 바라보면 도자기는 환영幻影의 경계선을 오르락내리락한다. 그러나 도자기에 금은을 발라 상감象嵌시키면, 그때부터 그 도자기는 다른 꿈을 꾸게 된다. 저 바람소리를 들어보라. 봄날, 바람은 별과 별을 밟고 날아다닌다. 우주적 시선으로 바라보면, 물질은 바깥에 존재하는 것이 아니라 물처럼 그 물의 격랑과도 같은 활력으로 아무 때나 아무데서나 출렁거린다. 나는 특별히 ䷂ 수뢰둔水雷屯의 육삼六三의 효사를 주목하려고 한다; "육삼은 사슴을 좇는데 안내인이 없이 오직 숲속으로 들어갈 뿐이다. 군자는 이 조짐을 보고 어떤 일이든 그만둬버릴 때 더 좋다. 앞으로 계속 나아가게 되면 곤란한 일을 당한다"(육삼 즉록무우 유입우임중 군자기 불여사 왕인六三 卽鹿无虞 惟入于林中 君子幾 不如舍 往吝). 이는, 폭연爆煙과도 같은 물의 농도가 우리네 삶의 지평을 혼탁하게 흐려놓을 수도 있다는 점을 미연未然에 알려주는 표지標識이다.

봄에는 땅속의 굼벵이도 꿈틀거린다. 봄에는 나뭇잎 뒤에 숨은 독거미도 독을 뿜어내지 않는다. 꽃들이 와자지껄 떠들어댔다. 시간은 홀로 우두커니 서있지 않았다. 물방울은 조금 있으면 벌레가 되어 땅바닥으로 기어나올 것이다. 이런 이유로 산골짝의 곡신谷神은 죽지 않는다고 했다[노자는이 모양을 보고 이렇게 말했다; 곡신은 죽지 않는다. 이를 신비스러운 암컷이라고 한다. 암컷의 문이야말로 하늘과 땅의 뿌리인 것이다. 이어지고 또이어진다. 그것은 아무리 쓰더라도 소진되지 않는다(곡신불사 시위현빈 현빈지문 시위천지근 면면약존 용지불근谷神不死 是謂玄牝 玄牝之門 是謂天地根 緜緜若存 用之不勤『노자』6장)]. 그렇더라도 봄에는 여기저기 묻어있는 꿈의 안개를 잘 거두어야 하리라. 물론 소식素食을 해야 할 것이며[즉, 우리는때때로 식욕부진에 시달릴 때가 있다], 푸른 하늘 청량한 공기를 들이마실때도 그 공기의 애틋한 뼈 한 조각[즉, 영기靈氣의 활력]을 잘디잘게 씹어 삼켜야 하리라. 필연코 이때는 누가 어디서 고통을 받고 있는지 먼저 물어야할 것이다. 구름은 그래서 뭉게뭉게 피어올랐다[즉, ䷂ 수뢰둔水雷屯 상괘上卦의 ☵ 감坎은 구름이다]. 먼 산 가시덤불 건너편 상수리나무들은 그래서푸른 손바닥을 펼치며 바다물결처럼 흔들리고 있었던 것이다.

나는 ䷂ 수뢰둔水雷屯의 상육上六의 효사를 다시 주목하려고 한다; "말을탔다가 내려서 보니 피눈물이 흐르는구나"(승마반여 읍혈연여乘馬班如 泣血漣如). 상육上六의 「괘상卦象」은 또 이렇게 말한다; "피눈물이 흐르는구나.어찌 오래 가겠는가"(상왈 읍혈연여 하가장야象曰 泣血漣如 何可長也). 생명의 본원은 어디에 있었던가. 하늘과 땅이 아니었던가. 산천이 아니었던가.

내 나라 고국산천을 한 번 돌아다녀보라. 오늘 저쪽에 있는 큰 산 한 모서리가 또 깎여나갔다. 산천이 지금 피눈물을 흘린다. 우레 속에 파묻힌 물방울이 사실상 죽음의 혈흔이었던 것이다. 산골짝을 샅샅이 뒤져가며 땅을 파헤치는 분서鼢鼠[즉, 두더지]들아. 들어라. 오늘 산골짝 곡신에게 독毒을 뿌리는 자들아. 들을지어다. 고국산천을 개발하지 말라. 이는 개발이 아닌 패악悖惡이다. 패류悖類의 무리들아. 중단하라. 우리 동네 산골짝 곡신이 붉은 피를 흘리고 있다. 어찌된 일인가. 하늘의 별자리도 피를 흘린다. 황소자리 천칭자리 전갈자리 물병자리가 죽어 넘어졌다. 한겨울 한복판 그 염소자리가 죽어 넘어졌다. 하늘과 땅과 우리 동네 산천초목이 모두 다 한 식솔인바. 한 식구인바.

2. ䷃ 산수몽山水蒙 / 내 마음은 뚱그랬다

䷂ 수뢰둔水雷屯을 정반대의 관점에서 바라보면 도전괘倒顚卦, ䷃ 산수몽山水蒙이 나온다. 몽蒙은 산 아래 샘물이 솟아나는 모양이다. 몽蒙[즉, 몽蒙은 '어린' 벼이다(치야稚也)]의 「괘사卦辭」는 이렇게 말한다; "몽은 형통함이니 내가 몽매한 어린이를 구하는 것이 아니라, 몽매한 어린이가 나를 구하는 일이다. 처음 물으면(점치면) 알려주고 두 번 세 번 물으면(점치면) 나를 모독하는 것이니, 알려주지 말고 바르게 함이 이롭다"(몽형 비아 구동몽 동몽구아 초서곡 재삼독 독즉불곡 이정蒙亨 匪我 求童蒙 童蒙求我 初筮告 再三瀆 瀆則不告 利貞). 이는 사제 간의 관계를 바르게 정립할 것을 깨우치는 말이다. 그렇다면 우리는 무엇을 묻고, 또 무엇을 점쳐야 하는가. 하늘은 어디 있는가. 인간은 어디 있는가. 하늘은 목성을 품고 있다. 맞는 말이다. 하늘은 인간을 품고 있다. 맞는 말이다. 목성을 처음 본 사람은 갈릴레

오(Galilei, Galileo 1564년~1642년)다. 망원경을 통해서 목성을 살펴보던 그는, 목성이 달과 마찬가지로 초승달 모양에서 둥그런 보름달로 그 모양이 바뀐다고 말했다. 하늘이 둥글다는 것을 그는 그렇게 증명해냈던 것이다. 우리는 그래서 우주가 둥그런 것이라고 믿게 되었다. 둥그런 것들이 하늘을 채우고 있으니, 물방울이 뚱그랬고 눈망울이 뚱그랬고 우리네 마음이 또한 뚱그랬다. 둥그런 것들은 쉽게 굴러다닌다. 하늘은 물구덩이 험난함 속에서 잠들어 있다가도 잠을 깬 다음에는 아무 때나 아무 곳으로나 마음대로 굴러다닌다. 하늘은 그렇게 내 마음속으로 재빨리 흘러들어왔다.

미몽迷夢은 잠깐 동안이다. 볼기짝에 살집이 오른 오리새끼는 어미 꽁지에 붙어 물속을 헤집고 다니면서 스스로 먹이사냥을 했다. 숲속 고라니새끼들도 어미를 좇아 산비탈로 내려와 고구마 감자밭을 이리저리 헤적여놓았다. 나는 무엇을 먹을까. 나는 어디로 나가볼까. 나는 누구와 함께 놀까. 무슨 생각을 하며 뒤를 핼끔핼끔 돌아다볼 필요도 없었다. 누구에게 무엇을 묻고 싶은 질문도 그리 많지 않았다. 나는 나 자신으로부터 멀찍이 도망칠 필요도 없었다. 저쪽 어딘가 아주 깨끗하고 조용한 지성소至聖所가 있다는 소문에 귀를 쫑긋 세울 일도 아니었다. 별안간 머리가 띵하며 어지러운 것은 저것들 복숭아꽃잎을 한꺼번에 떨구어대는 바람 때문이었다. 말을 굳이 끄집어낼 것도 없는 일이었다. 내 등 뒤 먼 산 계곡으로 떠도는 구름 속에 어떤 시즙屍汁[즉, 시체에서 흐르는 물]이 묻어있더라도 그쪽에는 더 이상 머리를 조아릴 것도 없었다. 마음은 어둡다가도 밝아졌다.

䷃ 산수몽山水蒙 육사六四의 효사는 이렇게 말한다; "어리석음에 잠겨 있다. 곤궁할 수밖에 없다"(곤몽 인困蒙 吝). 왜 어리석은가. 배움을 게을리 한

탓도 있지만, 그것보다도 더 큰 원인은 내 마음속 독선과 편견으로 인한 태만 때문이다. 결국은, 나는 진실의 실체적 상황을 외면한 채 나 홀로 내 안에만 갇혀있었던 것이다[즉, 독원실야獨遠實也 「상전象傳」]. 내 자신의 내면과 외부는 둘이 아니었다. 안개인지 미세먼지인지 날은 날마다 뿌연 갈멍덕을 쓰고 있었다. 새벽이든 한낮이든 다저녁때든 날은 어떤 상반도 없이 줄곧 묵지근한 황톳물로 물들어 있다. 그 날 나는 아무런 수기水氣도 없이 꺼슬거리는 들판 둔덕을 가로질러 걷고 있을 때 내 발걸음 뒤쪽으로 빠져나가는 빛살 하나와 마주친 일이 있다. 그것은 짐승의 뼈였는지도 혹은 흩뜨려진 무덤에서 튀어나온 해골이었는지도 모른다. 어디선가 누가 흐흐흐 웃고 있는 소리도 들리는 듯했다. 나뭇잎은 나뭇잎대로 돌멩이는 돌멩이대로 벌거벗은 몸을 더 이상 감추려고도 하지 않았다. 들판 둔덕 가시덤불은 시시각각 자신들의 염통 속으로 파고드는 어둠에게 훨씬 더 외경스러운 장옷을 입혀줄 요량인 듯했다[박상륭朴常隆 1940년~2017년 『죽음의 한 연구』]. 그렇다면, 우리는 이와 같은 미망迷妄으로부터 어떻게 벗어날 수 있겠는가. 몽괘蒙卦 구이九二의 효사에서는 포몽包蒙이라고 말했다. 어리석음을 끌어안는 깨끗한 순결성 말이다. 몽괘蒙卦 구오九五에서도 동몽童蒙을 이야기하고 있는데, 이는 자기 자신을 버리는 겸손을 두고 하는 말이었다[즉, 순이손야順以巽也 「상전象傳」]. 맹자는 이를 두고 어린애의 마음가짐이라고 말했다 (『맹자』 「등문공장구상滕文公章句上」).

어둠이 다가올 때는 우리는 여기서 비유非有를 느낀다. 우리네 살 속으로 파고들어온 유有[즉, 사물]와 무無[즉, 공空]의 입맞춤을 보자. 빛과 그늘의 상호 융점融點 안에서는 유든 무든 그것들은 서로의 똥집에 코를 박은 신기루였다. 유는 한 찰나 유인 까닭에 더는 유라고 우겨댈 것도 없었다. 유는 유인 까닭에 그 유를 떠안고 있는 이상 내내 우유부단한 반복을 지속할 따름이었다. 유는 검불처럼 무기력한 냄새를 풍기고 있을 뿐이다. 그러나 무는 유와는 달리 무 본래의 아득한 발광發光을 통해 내 목구멍에 들러붙은 권태까지도 살갑게 물어뜯는다. 저와 같은 무를 보아라. 이 세상에 무無는 없다. 내 마음속 집착은 저 달빛의 수축으로부터 온 것이었고, 내 마음속 온 유는 저 빛살의 상승으로부터 온 것이었다. 나는 이제 아무것도 묻지 않는다. 내 정신이 조금 뾰족해져 있는지도 모른다.

3. ䷄ 수천수水天需 / 우리는 누구를 기다리고 있는가

창공으로 흘러가는 구름을 보라. 구름은 ☵ 물이었던가 ☰ 바람이었던가. 구름은 한 순간도 제자리에 가만있지 않았다. 하늘 위에 떠있는 구름을 보고 주역은 ䷄ 수천수水天需라고 했다. 수需는 '기다릴' 수이다(즉, 대야待也). 구름은 '기다림'의 변환이었던 것이다. 구름이 뭉쳐 비가 내릴 때까지는 더 기다릴 수밖에 없다. ䷄ 수천수水天需의 「상전象傳」는 이렇게 말한다; "구름이 하늘위로 떠오르는 것이 수需이니, 군자는 이를 보고 음식을 먹으며 잔치를 벌이고 즐겁게 산다"(상왈 운상어천 수 군자이 음식연락象日 雲上於天 需 君子以 飮食宴樂). 대지는 언제 소생하는가. 음식을 먹고 난 다음이다. 우주적 생기의 발원은, 그러니까 기다림의 탄력[즉, 먹고 마시며 잔치를 벌이는 즐거움(음식연락飮食宴樂)]에 있었던 것이다. 우리는 공기 속에서 살아간다. 물방울을 데리고 다니는 공기는 '기다림'의 속도를 조절한다. 순간 우리네 마음속에 탐욕이 붙게 되면, 그때부터는 '기다림'이 사라진다. 그곳에는 우주적 지향이 없다. 중압감만 꿈틀거릴 뿐.

시간의 응력應力을 만져보라. 맑은 시간이 있는가 하면 탁한 시간도 있다. 꽃의 숨결만 향기롭겠는가. 시간의 숨결도 향기롭다. 시간은 아무데나 파고들어간다. 하늘이 땅으로 내려오고, 시간이 땅으로 내려오는 것은 중력 때문이다. 하늘이 땅 속으로 들어가[사실상, 이때의 하늘은 쪼그라들 수밖에 없다. 하늘은 무시로 고유성이 죽는 자리이다(권덕하, 「화광동진和光同塵의 시」)], 시간이 땅 속으로 들어가는 것도 중력 때문이다. 땅은 하늘을 잡아당기고, 땅은 시간을 잡아당긴다. 명리학에서 말하는 지장간地藏干이란 이를 두고 하는 말이다. 예컨대 인목寅木의 경우, 튼튼한 나무인 인寅에는 무병갑戊丙甲의 큰 나무 갑목甲木과 태양처럼 이글거리는 병화丙火와 그리고 그 불로부터 빠져나온 무토戊土가 한 곳에 모여앉아 서로간 힘을 내뿜으며 으드등거린다. 인목寅木인 큰 나무는 그렇게 성장하고 있었던 것이다. 강물이거나 별똥이거나 어중간한 광풍이거나 해바라기이거나 이것들 모두는 중력을 떠나서는 살 수 없는 것들이다. 중력은 그렇게 땅 속에도 들어있는 것이었고, 우리들 양미간에도 걸려있는 것이었다. 중력에게 돌을 던져서는 안 된다. 허기진 다음에도, 배부른 다음에도. 그동안 그 많은 시간들은 한 봉지 속에 든 순간들로 흘러내렸다. 밤하늘을 보라. 상현달이 떴다. 우리가 상현달을 버리고 보름달을 취하려면 오늘부터는 7일을 기다려야 한다.

말이 많으면 자주 궁색해진다. 속을 비우고 그 텅 빈 중을 지켜가는 것만 못하다(다언삭궁 불여수중多言數窮 不如守中『노자』5장). 말이 많으면 왜 궁색해지는가. 말이 많으면 기다림이 사그라지기 때문이다. 물은 흐른다. 시간은 쌓인대[즉, y축]. 연못은 고인다. 시간은 행동이었다. 시간은 업적이었다. 공간은 고여 있다. 연못은 공간이다. 공간은 그릇이었다. 그런데 시간은 공간 속으로 흘러들어갔다. 마침내 시간과 공간은 한 몸으로 뭉쳐버린 것이었다. 공간은 자신의 몸속에 시간을 쌓아둔다. 이때부터 시간은 흘러 가지 않는다. 시간은 벽돌처럼 쌓이게 된다. 주역은 이 모양[즉, ☱ 연못에 담긴 ☵ 물]을 보고 ䷻ 수택절水澤節이라 했다. 그릇에 행동을 담아놓은 것을 주역은 절節[즉, 예절禮節]이라고 불렀다. 음陰[즉, 공간]은 양陽[즉, 시간]을 등에 지고 있다[즉, 음부양陰負陽]. 음부양이란 무슨 말이었던가. 음[즉, 몸]은 양[즉, 정신]을 제 품속에 붙잡아 앉힌다. 그렇다면, 과거로 흘러들어 간 시간은 '소멸된' 시간이 아니다. 공간 속에 담긴 시간은 '소멸되지' 않는 다. 그릇 속에 담긴 행동은 부스러지지 않는다[이를 가리켜 힌두교에서는 다른 말로 업業 Karma라 했다]. 그러기에 생명 속에 깃든 단 한 토막의 시간 은 얼마나 투명하고도 맑은 영명체靈明體이랴. 그토록 청정한 시간은 돌멩 이에게도 붙어있고, 빗방울에게도 붙어있다. 그것들 말고 우리는 또 무엇을 만나보아야 할 것인가. 누구를 만나보아야 할 것인가. 운명인가. 운명을 기 다려야 할 것인가. 운명은 내 몸에 쌓인 시간일 뿐이다.

4. ䷅ 천수송天水訟 / 하늘의 장대함도 험한 물속에 잠기게 되면 초라 해진다

䷅ 천수송天水訟의 모양을 보자. 위에 있는 '강한' 건乾[즉, 하늘]이 아래 에 있는 '약한' 감坎[즉, 물방울]을 찍어 누른다. 이 연관에는 친함이 없으니 [즉, 불친不親「잡괘전雜卦傳」], 송사訟事가 일어날 수밖에 없다. 천수송天水 訟의 「괘상卦象」은 이렇게 말한다; "하늘과 물이 서로 어긋난 방향으로 움 직이는 것을 송訟이라고 한다. 군자는 이 모양을 보고 무슨 일을 하든 그 시 초부터 조심스럽게 행한다"(천여수 위행 송 군자이 작사모시天與水 違行 訟 君子以 作事謀始). 불화를 해결하기 위해 송사를 벌인다는 것은 그러나 결

국은 득이 되는 일이 아니다. 천수송天水訟의 「괘사卦辭」는 이렇게 말한다;
"송사는 피차 신뢰가 막혀 일어나는 일이니, 이를 두려워해 중간에서 그만
두면 좋겠지만 끝까지 가면 흉해진다. 현명한 사람을 만나면 이로울 것이
지만, 대천을 건너는 일은 이로울 게 없다"(송 유부 질 척 중길 종흉 이견대
인 불리섭대천訟 有孚 窒 惕 中吉 終凶 利見大人 不利涉大川). 내 생각은 옳고 당
신의 생각은 틀렸다는 판단이 다툼의 원인이 된다. 부부간의 이혼도 그래서
일어나고, 국가 간의 전쟁도 그래서 발발勃發한다. 베를린 필 오케스트라의
라흐마니노프 곡을 들어보라. 득중得中의 선율이 거기 붙어있지 않은가. 공
자가 말했던바 화이부동和而不同의 정신이 거기 붙어있지 않은가(『논어』
「자로子路」). 하늘이 장대한 것일지라도 그 하늘이 물속에 잠기게 되면 초
라해진다. 햇빛이 험한 물속으로 떨어져 굴절되기 때문이다. 나와 당신이
서로 다투게 되면, 우리네 삶은 종당 피폐해질 수밖에 없다[즉, 종흉 송불가
성야終凶 訟不可成也 「단전象傳」]. 큰 강물을 건너가지 말라. 물굽이 속으로
빠지게 될 것이다[즉, 불리섭대천 입우연야不利涉大川 入于淵也 「단전象傳」].

망량罔兩은 그림자 밖의 그림자(그림자)를 가리키는 말이다(『장자』「제
물론齊物論」). 그림자는 실물의 그림자[즉, 허망한 존재]일 뿐이다. 따지고
보면, 인생이란 것도 그 그림자 밖의 그림자일는지도 모른다. 그렇다면 존
재의 근거는 어디 있단 말인가. 주역은 존재의 본원적인 가치를 믿지 않는
다. 괘상卦象은, 말하자면 어떤 존재에 대한 결정론적인 설명을 배제한 채
다만 그 존재의 현행성現行性이 어디 있는가 그것만을 묻고 있다. 그림자 밖
의 그림자[즉, 망량]는 다른 그림자에게 이렇게 물었다; "자네는 조금 전에
는 걸어가다가 지금은 멈추었네. 조금 전에는 앉아있더니 지금은 또 일어나
있으니 어찌 그렇게도 조바심을 하는가" 그림자가 대꾸했다; "내가 무언가

기대는 게 있어서 그러는 걸까. 내가 기대고 의지하는 게 있어서 그러는 걸까. 내가 기대고 있었던 것은 뱀 껍질이나 매미의 날개 같은 게 아니었을까. 내가 그렇게 된 걸 어찌 알겠는가. 또 그렇지도 않다는 것을 어찌 알겠는가"(망량문경왈 낭자행 금자지 낭자좌 금자기 하기무특조여 경왈 오유대이연자야 오소대 우유대이연자야 오대사부조익야 오지소이연 오지소이불연 罔兩問景日 曩子行 今子止 曩子坐 今子起 何其無特操與 景日 吾有待而然者邪 吾所待 又有待而然者邪 吾待蛇蚹蜩翼邪 惡識所以然 惡識所以不然). 나는 지금 '뱀 껍질'과 '매미의 날개' 하나를 붙들고 있다. 이게 다인가. 물론 편견을 지우는 일은 쉽지 않다. 어떤 것이 옳고 또 어떤 것이 옳지 않다는 판단을 내리는 일도 쉽지 않다. 만물의 지극함을 보라. 신명神明[즉, 정신과 마음]의 극함으로 바라본다면, 만물은 모두 '같은' 것이었다 (노신명위일勞神明爲一). 장자는 그래서 다시 이렇게 말한다; "옳고 그른 시비가 드러난다는 것은 도가 일그러지는 까닭이다"(시비지창야 도지소이휴야 是非之彰也 道之所以虧也「제물론齊物論」).

☰☷ 천수송天水訟의 제2효 구이九二가 지효之爻로 바뀌게 되면[즉, 양陽이 음陰으로 움직이면], ☰☷ 천지비天地否가 된다. 비否는, 하늘이 높은 상단으로 올라가 있고 땅은 낮은 하단에 내려와 있으니 아무 일도 성사되지 않는 것이었다. 비否의「괘사卦辭」는 이렇게 말한다; "단절은 사람의 길이 끊긴 것이다. 군자가 꼿꼿하기만 하면 어려움을 겪는다. 큰 것이 가버렸고 작은 것이 도래했기 때문이다"(비지비인 불리군자정 대왕소래否之匪人 不利君子貞 大往小來). 그러기에, ☰☷ 천수송天水訟의 구이九二의 효사 또한 이렇게 말한다; "(구이는) 송사에서 이길 수는 없다. 그 자리에서 물러나 피하는 것이 좋다. 그리하면 고을 사람들 3백 가호가 화를 면할 수 있을 것이다"(불극송

귀이포 기읍인 삼백호 무생不克訟 歸而逋 其邑人 三百戶 无眚). 그렇다면, 우리는 언제 옳고 그른 것을 따져야 할 것인가. 꿈을 꾸는 동안인가. 꿈을 깬 다음인가.

하늘의 근본은 어디에 있었던가. 하늘의 몸은 움직여도 역시 하늘의 몸이었다. 하늘의 덕은 본시 텅 비고 고요한 것이었다. 만물은 이 하늘의 몸을 자신들의 몸속에 끌어들인다. 만물은 그래서 만물이었던 것이다. 하늘의 즐거움은 어디 있는가. 하늘의 즐거움은 만물의 몸속에 들어있다. 우리는 왜 인간인가. 우리는 모두 하늘의 즐거움을 안다. 그럼에도 불구하고 우리는 하늘의 그 신령스러움을 잊은 채 말단의 일에만 매달리다가 신명神明을 놓쳐버렸다. 하늘과 땅의 운행은 어디로 흘러가고 있었던가.

5. ䷆ 지수사地水師 / 국민으로부터 불신임을 받는 정치는 기어이 그 나라를 망쳐놓는다

주역은 물질과 정신의 혼합을 일목요연하게 이야기한다. 물질과 정신의 잡난雜亂[즉, 비대칭]이 우리네 삶의 확장을 어질러놓거나 혹은 우리네 삶의 탄력을 아무 때나 오그라뜨려 놓기 때문이다. 공자는 이렇게 말한다; "송사를 하다가 보면 그 싸움은 나중에는 군대를 동원한 집단적인 대결 양상으로 번지게 된다. 그래서 송괘에서 사괘로 넘어가게 되었다"(송필유중기 고수지이사訟必有衆起 故受之以師 「서괘전序卦傳」). ䷆ 지수사地水師의 「괘상卦象」은 이렇게 말한다; "땅속에 물이 고여 있는 것이 사師의 표상이다. 치자는 이를 보고 백성을 포용하고 병력을 양성한다"(지중유수 사 군자 이 용민 휵중地中有水 師 君子 以 容民畜衆. 여기 고여 있는 물이란, '무리' 혹은 '군사'

師를 뜻한다). 치자는 누구인가. 그는 백성을 포용하고 병력을 양성하는 자다. '용민휵중容民畜衆'이 치자의 길이었던 것이다.

어떤 정치가 좋은 정치인가를 묻는 자공의 질문에 공자는 이렇게 대답한다; "국민을 배불리 먹게 해주고, 군사력을 더 강화해주고, 국민이 서로 신뢰하며 살아갈 수 있도록 하는 일이다" 자공이 다시 여쭈었다; "만부득이 한 가지를 버리라면 그 셋 중 어느 것을 버려야 합니까" 공자가 대답했다; "군사력을 버린다" 자공이 다시 여쭈었다; "만부득이 한 가지를 더 버리라면 그 둘 중 어느 것을 버려야 합니까" 공자는 결연히 대답했다; "양식을 버린다. 사람은 자고로 누구든지 죽는다. 허나 국민 모두가 서로를 믿지 못하게 되면 어찌 나라가 존립할 수 있겠느냐"(자공문정 자왈 족식 족병 민신지의 자공왈 필부득이이거 어사삼자하선 왈 거병 자공왈 필부득이이거 어사이자하선 왈 거식 자고개유사 민무신불립子貢問政 子曰 足食 足兵 民信之矣 子貢曰 必不得已而去 於斯三者何先 曰 去兵 子貢曰 必不得已而去 於斯二者何先 曰 去食 自古皆有死 民無信不立『논어』「안연顔淵」). 이는, 그러니까 양식과 군사력이 가볍다는 말이 아니다. 족식足食 · 족병足兵 · 민신民信은 국가건설의 충분조건일 수밖에 없다. 그중에서 가장 중요한 것이 민신이라는 것이었다. 국민으로부터 불신임을 받는 정치는 기어이 그 나라를 망쳐놓는다.

법술法術을 주창한 한비자(韓非子 BC ?~BC 233년)까지도 이렇게 말한다; "상上이 하늘과 같이 높지 않으면 아래를 골고루 덮지 못하고, 마음이 땅과 같이 두텁지 않으면 만물을 전부 실을 수 없다. 큰 산은 좋고 나쁨을 내세우지 않고 그 높이를 유지하며, 강과 바다는 작은 물줄기를 마다하지 않고 그 풍부함을 견지한다. 그러므로 대인은 하늘과 땅에 자신의 몸을 의 탁한 후 만물이 완비되도록 하며, 산과 바다에 자신의 마음을 얹어둠으로써 나라가 부강해지도록 한다. 위로는 노여움의 독이 없도록 하고, 아래로는 원한의 후한이 없도록 한다. 상하가 순박해지니 도로써 큰 집을 삼는다. 그리되면 장구한 이득이 쌓일 것이며, 큰 공을 이루어내 생전에 이름이 드날리게 되고 그 덕은 후세에까지 드리우게 될 것이다. 이것이 다스림의 지극함인 것이다"(상불천즉하불편복 심부지즉물불필재 태산불립호오 고능성기고 강해불택소조 고능성기부 고대인기형천지이만물비 역심어산해이국가부 상무분노지독 하무복원지환 상하교박 이도위사 고장리적 대공립 명성어전 덕수어후 치지지야 上不天則下不徧覆 心不地則物不畢載 太山不立好惡 故能成其高 江海不檡小助 故能成其富 故大人寄形天地而萬物備 歷心於山海而國家富 上無忿怒之毒 下無伏怨之患 上下交撲 以道爲舍 故長利積 大功立 名成於前 德垂於後 治之至也 『한비자』「대체大體」). 다시 한번 말하자면 정치의 근원은 민신民信에 있었던 것이며, 민신의 근원은 천지의 몸속에 있었던 것이다. 정치는 무엇이었던가. 정치는 천지의 몸속에서 '그렇게 그렇게' 흘러오는 대자연의 심덕心德을 본받는 데 있었던 것이다. 그러므로 치자는 자기 자신의 이익을 위해서는 아무것도 바라지 않는다. 치자일진대 그는 자기 자신을 위해서는 아무것도 하지 않는 무위無爲의 철학을 배워야 한다. 이를 주역에서는 ☲ 천뢰무망天雷无妄이라고 했다. 이때의 망妄은 망望이다. 치자는 자기 자신을 향해서는 오로지 무망無望의 자세를 취하는 것 그것 하나면 족하다. 불행한 일이지만, 분단 75년을 지나오면서 이 나라에는 오늘까지 저와 같은 치자를 만나본 적이 없다. 갈 길은 먼데. 통일은 먼데.

6. ䷇ 수지비水地比 / 도와주어라, 도움이야말로 생명운동의 본분이다

䷇ 수지비水地比의 비比는 서로 '도우라'[즉, 비比는 '도울' 비는 뜻이다. 이는, 강물이 대지 위로 흘러가는 모습이다. 대지를 밟고 서있는 생명은 물로부터 나온다. 생명은 본래 물의 순결로 가득 차있는 것이었다. 하늘과 땅의 성합性合 sexualisation[즉, 생명운동]속에서는 수액水液의 장력張力이 본능적으로 죽은 자들의 잠[즉, 무無의 팽창]을 깨워 일으킨다. 만물의 근원은 물이며, 대지는 물 위에 떠있었던 것이었다(탈레스 Thales of Miletus. BC 625년경~BC 546년경). 생명의 체액體液이 물이었던 것이다[즉, 땅위에 있는 물의 토대로부터 만물은 생겨난다]. 생명이란 '도움' 없이는 존재할 수 없다. 그래서 ䷇ 수지비水地比의 「단전彖傳」에서는, 비比는 길한 것이라고 말한다[즉, 비길야比吉也].

그러므로 우리가 바르게 살고자 할 때는 필히 해와 달의 움직임[가령, 24절기節氣]에 의존하지 않을 수 없다. 해는 동쪽에서 나오고, 달은 서쪽에서 생겨나 음양陰陽의 장단과 종시終始로 순환하면서 천하의 화평을 이루어낸다(일출어동 월생어서 음양장단 종시상순 이치천하지화 日出於東 月生於西 陰陽長短 終始相巡 以致天下之和 『예기』 「제의祭義」). 왜냐하면 우리네 정신은, 저와 같은 천연의 조상彫像[즉, 예용禮容]을 바라보면서 거듭거듭 꿈을 꾸기 때문이다. 다시 말하자면, 무無의 소여所與는 결코 저쪽 객체로서 머물러 있는 것이 아니기 때문이다. 역易이 상象이라는 말 역시 그것은 형상에 갇힌 질서를 말하는 것이 아니라, 현상저명懸象著明[즉, 상을 걸어놓아 일월日月로서의 밝음을 드러낸다]의 이치를 밝히기 위함인 것이었다. 태극太極[즉, 음陰과 양陽]과 오행五行[즉, 목木 · 화火 · 토土 · 금金 · 수 水]의 뒤섞임은 형상의 틀에 묶인 것이 아니라, 그것들은 서로를 끌어안거나 뿌리치면서 바퀴살처럼 돌아갈 뿐이다. 혼돈은 그렇게 깨어난다. 우주는 어디 있는가. 우주는 물 한 방울 안에도 있다. 신명神命이든 정령精靈이든 우주적 존재의 필연은 그렇게 존재했으며, 그러므로 모든 존재는 자기 존재의 한계를 그렇게 뛰어넘고 있었던 것이다. 고래 뼈는 고래 뼈 이상이다.

존재는 어떻게 움직이고 있었던가. 존재는 시간의 이동일 뿐이다. 음양陰陽을 보라. 음양의 대대待對를 보라. 음양은 서로 마주보지 않는다. 음다양陰多陽이었다. 양다음陽多陰이었다. 이것이 음양의 호혜성[즉, 상보성]인 것이었다. 24절기節氣[즉, 입춘立春→우수雨水→경칩驚蟄→춘분春分→청명淸明→곡우穀雨→입하立夏→소만小滿→망종芒種→하지夏至→소서小暑→대서大暑→입추立秋→처서處暑→백로白露→추분秋分→한로寒露→상강霜降→입동立冬→소설小雪→대설大雪→동지冬至→소한小寒→대한大寒(입춘일이 2월 3일 혹은 4일 혹은 5일로 시작되어 15일 간격으로 돌아가면 대한일은 다음해 1월 20일 혹은 21일이 된다). 24절기는 달력으로 만든 태양력인 셈이다를 보라. 예컨대 입춘立春은 2월 4일 무렵으로 이때부터 봄이 시작되며, 그것은 또한 한 해의 시작이기도 했다[말하자면, 입춘을 1년의 시작으로 본 계산은 중국 한나라시대부터였다]. 음의 기운이 극에 달하면 양의 기운이 싹트고[즉, 동지冬至. 12월 22일 무렵. ䷗ 지뢰복地雷復], 양의 기운이 극에 달하면 음의 기운이 싹튼다[즉, 하지夏至. 6월 21일 무렵. ䷫ 천풍구天風姤]. 나무를 보라. 나무그늘을 보라. 나무는 나무그늘을 돕는다. 나무그늘은 나무를 돕는다. 나무와 나무그늘의 공복空腹은 이렇게 움직이면서 서로를 돕고 있었던 것이다. 존재가 존재를 품고 있었던 것이다. 존재의 폭은 이와 같은 것이었다. 존재의 이중구조[(존재)²]는 이렇게 밖으로 팽창하거나 혹은 안으로 오므라들고 있었던 것이다. 시간은 이렇게 시간을 덮어 누르고 있었다. 존재는 이렇게 존재를 덮어 누르고 있었다. 이렇게 덮어 누르는 도움이야말로 상보성의 구현이었던 것이다. 존재의 깊이와 그 존재의 행방은 언제나 그것들이 암묵적暗黙的이라는 사실에 있다.

그렇다면, 인류의 사유체계는 그 존재의 깊이를 어떻게 확장해내고 있었던가. 그것은 '용서'였다. 공자와 예수는 공히 용서를 이야기한다. 자공이 스승 공자에게 여쭈었다; "한마디로 말해 평생 지켜야 할 것이 있다면 그것은 무엇입니까". 스승이 대답했다; "그것은 용서라는 말이다"(자공문왈 유일언이가이종신행지자호 자왈 기서호子貢問曰 有一言而可以終身行之者乎 子曰 其恕乎『논어』「위령공衛靈公」). 베드로가 스승 예수에게 여쭈었다; "주님, 형제가 저에게 잘못을 저지르면 몇 번이나 용서해 주어야 합니까. 일곱 번이면 되겠습니까". 스승은 이렇게 대답했다; "일곱 번뿐 아니라 일곱 번씩 일흔 번이라도 용서해주어라(「마태복음」 18:21~22)". 이때의 '용서'와 '7'은 각각 존재의 지극至極[즉, 성수聖數]이었던 것이다.

7. ䷺ 풍수환風水渙 / 바람은 감정의 경계를 허물어뜨린다

䷺ 풍수환風水渙은, 물 위에 바람이 불어 물결이 흩어지는 모양이다[즉, 환渙은 '흩어질' 환이다]. 바람은 수심水深을 흔들어 물결을 일으킨다. 바람은 또한 인간의 마음을 흔들어 칠정七情을 일으킨다. 인간의 감정이입이 그 바람의 기화현상氣化現象이었던 것이다[즉, 바람은 우리네 감정의 경계마저 허물어뜨린다]. 바람의 힘은 그런데 물질의 탈脫물질화를 촉매할 뿐 아니라, 그렇게 그렇게 바람의 열감熱感이 타오르는 동안 우리네 삶의 무목적성 그 미망迷妄의 압정押釘들 하나하나는 남김없이 소거되고 있었던 것이다

[즉, ䷺ 풍수환風水渙 속에는, 말하자면 본괘의 6효 전부를 다른 음양의 효로 바꾸어놓는 배합괘配合卦 ䷶ 뇌화풍雷火豊이 들어 있었던 것이다. 풍豊은 삶을 풍요롭게 한다는 뜻이다]. 인간의 정신은, 그러니까 그 바람의 불빛[즉, 기화氣化의 조합調合]이 데리고 온 전사轉寫들이었던 셈이다. 인간의 정신은 나무처럼 탑처럼 서있다가도 그러나 인간의 정신은 물결처럼 구름처럼 흩어진다. 말하자면 바람의 산망散亡을 겪고 난 다음, 그러나 인간은 진실로 착하게 되면서부터 그는 또 다른 집중의 원심圓心을 되찾게 된다. 공자는 그래서 ䷺ 풍수환風水渙을 형통함이라 불렀던 것이다(환형渙亨「괘사卦辭」).

　　䷺ 풍수환風水渙의 「괘상卦象」은 이렇게 말한다; "바람이 물 위로 흘러가는 모습이 환渙이다. 선왕들은 이를 보고 상제에게 제사를 지내고 종묘를 세웠다"(상왈 풍행수상 환 선왕이향우제 입묘象曰 風行水上 渙 先王以享于帝 立廟). 상제에게 제사를 드리고 종묘를 세운다는 것은 무슨 뜻인가. 이는 지도자의 품행을 가리키는 말이다. 그것은 또 우리네 마음의 격조[즉, 실재實在]를 가리키는 말이다. 마음을 어떻게 두어야 할 것인가. 『근사록近思錄』은 이렇게 말한다; "천둥 번갯불이 백리를 놀라게 하더라도 제사를 드릴 때는 숟가락과 술잔을 놓쳐서는 안 된다. 두렵고 놀라운 일을 당하더라도 마음을 편안히 지키며 자기 자신을 잃지 말아야 한다. 정성스럽고도 공경스러운 마음을 보여야 한다. 그것이 천둥 번개에 대처하는 길이다"(진경백리 불상시창 임대진구 능안이부자실자 유성경이이 차처진지도야震驚百里 不喪匕鬯 臨大震懼 能安而不自失者 惟誠敬而已 此處震之道也『이천역전伊川易傳』「진괘震卦」). 인간은 왜 인간인가. 인간은 자기 자신의 마음을 스스로 지켜낼 때 그때부터 인간이 된다.

☰☵ 풍수환風水渙 육삼六三의 효사는 이렇게 말한다; "내 몸이 나라는 점 그것을 해체해버리면 후회하는 일은 없을 것이다"(환기궁 무회渙其躬 无悔). 공자가 말하는 극기복례克己復禮는 바로 이 환기궁渙其躬에서 비롯된 말이었다; 안연이 인仁에 관해서 스승께 여쭈었다. 스승이 대답했다. "자기 자신을 이겨내고 예로 돌아감이 인仁인 것이다. 하루라도 자기 자신을 이겨내고 예로 돌아가게 되면, 천하가 인으로 돌아오게 된다. 나 자신부터 먼저 인을 성취할 일이지, 그 인을 남에게 따로 미룰 일이겠느냐" 안연이 여쭈었다; "그렇게 실천할 세목을 말씀해 주십시오" 스승이 대답했다; "예가 아니면 쳐다보지도 말고, 예가 아니면 귀담아듣지도 말며, 예가 아니면 말하지도 말고, 예가 아니면 거동하지도 말라" 안연이 다시 아뢰었다; "제가 비록 불민합니다만 스승님의 말씀을 따르겠나이다"(안연문인 자왈 극기복례위인 일일극기복례 천하귀인언 위인유기 이유인호재 안연왈 감문기목 자왈 비례물시 비례물청 비례물언 비례물동 안연왈 회수불민 청사사어의顏淵問仁 子曰 克己復禮爲仁 一日克己復禮 天下歸仁焉 爲仁由己 而由人乎哉 顏淵曰 敢問其目 子曰 非禮勿視 非禮勿聽 非禮勿言 非禮勿動 顏淵曰 回雖不敏 請事斯語矣『논어』「안연顏淵」). 공자는 다시 이렇게 말한다; "내 몸이 나라는 점 그것을 해체해버린다는 것은 마음의 향방을 세계를 향해 열어둔다는 뜻이다"(환기궁 지재외야渙其躬 志在外也「상전象傳」). 나는 누구인가. 언제든지 어디서나 나는 나라는 자의식[혹은, 자기애自己愛]으로부터 먼저 자유로울 때 비로소 참다운 자기 자신으로 돌아갈 수 있음을 알아야 하리라. '나'를 이겨내고 예禮로 돌아가는 힘 그것이 나였던 것이다. 그 예禮가 바로 나를 '흩어놓는' 기쁨이었던 것이다.

8. ☵☱ 수택절水澤節 / 인간의 마음은 천도의 생장生長을 본받는다

☵☱ 수택절水澤節의 괘상卦象은, 물줄기가 흘러내려 아래에 있는 연못을 다 채운 형상이다. 군자는 이 모양을 보고 예법과 역수를 만들며 덕행을 상의한다(상왈 택상유수 절 군자이 제수도 의덕행象日 澤上有水 節 君子以 制數度 議德行 「상전象傳」). 본괘의 「단전象傳」은 다시 이렇게 말한다; "천지가 절도 있게 변화하여 사계절을 이루어내듯이 치자는 제도를 만들어 백성의 재물을 빼앗거나 그들에게 패악을 저질러서는 안된다"(천지절이사시성 절이제도 불상재 불해민天地節而四時成 節以制度 不傷財 不害民). 여기서 말하는 절도[즉, '마디' 절節]란 우주적인 시간을 가리키는 말이며, 그것은 곧 절기節氣를 두고 하는 말이다. 말하자면, 우주적인 시간에도 저와 같은 마디가 있었던 것이다. 그 마디가 바로 예법[즉, 도덕]의 가름대였던 것이다.

왜 인간인가. 인간의 행실은 흩어져 멀리 떠나버린[즉, 환자이야渙者離也] 마음을 또 다시 불러들이는 법도[즉, 마디]를 지켜간다. 인간의 마음은 천도의 생장生長을 본받고 있었던 것이다. 절괘節卦 육삼六三의 효사는 이렇게 말한다; "절제하지 않으면 곧 탄식에 잠기리라. 남을 탓할 수도 없다"(부절약 즉차약 무구不節若 則嗟若 无咎). 권태는 언제 오는가. 불행의 발단은 쾌락이 아닌 무절제에 있었던 것[사실상, 불행의 발단은 결핍이 아닌 권태였다]. 생각해보라. 무절제의 끝은 황홀이 아닌 환멸이라는 사실을 누가 알고 있을까. 나는 어떤 글에서 이렇게 쓴 적이 있다;

"내면적인 욕구의 재가도 없이 권태를 극복하려고 한다면, 이 경우의 적폐는 비겁하고도 문란한 쾌감에 발목을 적시며 거짓말을 밥 먹듯이 하게 된다는 사실이다. 권태의 꼬리를 밟게 되면, 가장 은밀하게는 신성에 대한 내적 삶의 경건을 잃게 되거나 혹은 가장 자연스러워야 할 본능에 대해서는 가장분면假裝粉面으로서의 혐오감[즉, 위선]을 더 크게 키울 뿐이다. 권태가 비록 심리적인 압박 이전의 생리적인 장애로부터 오는 충동일지라도 그것은 우리 마음 한복판에 남아 있는 모순율 중 가장 염치없는 혼선이라는 점에서 쉽게 해지할 수 있는 부분이 아니다. 어둠의 극. 권태는 어둠의 극이었다. 권태가 죽음을 불러온다. 이때야말로 예법을 준수할 때다."(『문학마당』「권태와 황홀」 2004년, 가을호).

권태를 다른 말로 말하자면, 그것은 삶에 대한 회한인 동시에 크나큰 공허감인 것이다. 그러나 주역은 그 공허를 극복하는 길에 대하여 명쾌하게 대답한다; "평안한 마음으로 절제하라. 형통하리라"(안절 형安節 亨. ䷬ 수택절괘水澤節卦의 육사六四의 효사). 공자는 다시 이렇게 말한다; "편안한 절제 속에서 형통한다는 것은 그것이야말로 삶을 격조 있게 끌어올리는 길이기 때문이다"(안절지형 승상도야安節之亨 承上道也「상전象傳」). 인생은 왜 아름다운가. 마음의 심연을 가득 채운 사랑 때문이리라. 그러나 그것보다도 인생이 더 아름다운 것은 사람마다 그러니까 희망의 부질없음까지 꿋꿋이 견뎌내는 절조[즉, 인내력]를 품고 있기 때문이다. 절조를 품은 그 심성이 그토록 아름답고도 유장한 숨결로 다가온다고 하더라도 그러나 극단적인 조심성은 위험하다.

그러기에 절괘節卦 상육上六의 효사는 이렇게 말한다; "고통스러운 절제를 끝끝내 고집하면 흉하다. 이를 뉘우치게 되면 흉은 면하리라"(고절 정 흉 회망苦節 貞 凶 悔亡). 공자는 그 고절苦節이 왜 흉한 것인가를 이렇게 설명한다; "고통스러운 절제를 끝끝내 고집하다가는 그 흉함이 삶의 길을 궁색으로 물들이기 때문이다"(고절정흉 기도궁야苦節貞凶 其道窮也「상전象傳」). 물론 무절제의 방종을 삭제하는 데는 큰 고통이 따라온다. 단장斷腸의 아픔을 외면한 절조가 있었던가. 그러나 그렇더라도 지나친 고행은 위험하다. 극단주의의 폐해[즉, 편벽偏僻] 때문이다. 지나친 절제가 위험하듯 지나친 선심[즉, 지나친 친절]도 위험하다. 과잉은 위험하다[즉, 과유불급過猶不及『논어』「선진先進」].

어느 날, 어떤 친구가 미생고微生高의 집에 찾아와 식초를 꾸어달라고 했다. 미생고의 집에도 식초가 없었다. "기다리게" 미생고는 이웃집으로 달려가 식초를 얻어 친구의 손에 들려주었다. 이 일화를 듣게 된 공자는 다음과 같이 말했다; "미생고 그 사람. 누가 그를 정직하다고 하겠는가. 그는 이웃에게까지 가서 그 식초를 빌어다가 주었으니"(숙위미생고직 혹 걸혜언 걸저기린이여지孰謂微生高直 或 乞醯焉 乞諸其隣而與之『논어』「공야장公冶長」). 공자는, 미생고의 그 선심이 위선적일 수 있음을 그렇게 일깨웠던 것이다. 미생고는 결손缺損 앞에서 정직하지 못했다. 그것도 그럴 것이 삶 그 자체는 이미 정직한 실행이 아니고 무엇이겠는가.

제4장
존재는 존재 없이도 존재한다

꽃이 피었다. 꽃이 떨어졌다. 세상은 이렇게 꽃처럼 피어나고, 다시 꽃처럼 떨어진다. 세상은 항상 제 자리에 있는 법이 없다. 존재의 처소는 이와 같다. 주역은 이 존재의 그림자를 따라다닌다. 존재는 상象에 매달려 있는 것도 아니며, 사辭에 매달려 있는 것도 아니다. 그럼에도 불구하고 주역은 그 상象[즉, 64괘卦]에 매달려 있고, 그 사辭[즉, 「계사전繫辭傳」 혹은 「설괘전說卦傳」]에 매달려 있다. 그것이 주역의 역리逆理였던 것이다. 이 역리는, 달리 말하자면 이중부정의 대긍정[즉, 무실무허無實無虛]과도 빈틈없이 만난다. 부처는 이렇게 말했다; "비움이 뭉쳐 흙덩어리가 되면 흙덩어리는 참이 아니며, 흙덩어리가 흩어져 비움이 되면 비움 또한 먼지일 뿐이다" (단공위괴괴비진 분괴위공공역진搏空爲塊塊非眞 粉塊爲空空亦塵 『금강경金剛經』 제17품. 위 몇 문장은 필자의 글 「시, 내 몸과 하늘의 별자리」에서 인용). 이 경우의 먼지는 단순한 먼지가 아닌 '비움'[즉, 큰 공허] 그 자체이다. 주역에서는 이를 ䷍ 화천대유火天大有라고 말한다. 대유는 하늘에 응하면서 때에 따라 행함이니, 이로써 크게 형통한다는 뜻이다 (응호천이시행 시이원형應乎天而時行 是以元亨 「단전象傳」). 그 '큰 공허'가, 말하자면 대유大有로서 움직이는 실체[즉, 형통의 본보기]였던 것이다. 존재는 존재 없이도 존재한다. 왜냐하면 존재는 상象과 사辭 없이도 존재하는 것이기 때문이다. 주역은 이 존재의 영역을 거침없이 건너다닌다. 그러면서도 주역은 그 존재의 말단에 매달린 채 조용히 흔뎅거린다. 내 생각 안에서 흔들리는 그 세계의 전모는 그러나 너무도 초라한 것이었다. 다시 말하자면, 주역은 주역 그 자체로 하나의 개념일 뿐이다. 내 생각이 빠져나간 주역은 이미 주역이 아니다. 주역은 유물론唯物論인가. 주역은 유물론이 아니다. 유물론은 물질적인 존재만을 문제 삼는다. 유물론의 궁극은 입자이며, 입자의 궁극은 허공일 뿐이다. 요컨대, 물질이 다는 아니었다. 무無가 있기 때문이다. 그 무無는 실로 사실에 입각한 무일뿐이다. 작은 것은 큰 것 속으로 들어가지 않는다. 큰 것이 작은 것 속으로 들어온다. 하늘은 어디 있는가. 하늘은 땅속에도 있다. 하늘은 물질 속에도 있다. 하늘은 인간의 마음속에도 있다. ䷡ 뇌천대장雷天大壯[즉, 웅혼]과 ䷙ 산천대축山天大畜[즉, 축적]과 ䷍ 화천대유火天大有[즉, 순천順天]와 ䷪ 택천쾌澤天夬[즉, 용단]와 ䷄ 수천수水天需[즉, 수요需要]와 ䷊ 지천태地天泰[즉, 화합]를 보면, 그것들은 모두 하늘이 '낮은' 땅 혹은 '작은' 부분 속으로 파고 들어와서 이번에야말로 그것들 대상을 더 크게 받들고 있지 않은가. 하늘은 그렇게 움직였다. 하늘은 자기 자신의 몸을 낮춘다. 대장大壯이 그래서 큰 것이고, 대축大畜이 그래서 큰 것이고, 대유大有가 그래서 큰 것이고, 쾌夬가 그래서 큰

것이고, 수需가 그래서 큰 것이고, 태泰가 그래서 큰 것이었다. 하늘은 그래서 아름
다웠다. 인간은 이때부터 그 하늘의 움직임을 본받는다. 다시 묻는다; 음양陰陽은 어
디 있는가. 음은 양 속에 들어 있고, 양은 음 속에 들어 있다. 음이 땅으로 내려올 때
는 양은 하늘로 올라간다. 양이 땅으로 내려올 때는 음은 하늘로 올라간다. 음양은
바야흐로 널빤지 위에서 널뛰기를 한다. 음양의 길은 서로 반대편 방향으로 움직인
다[즉, 반자 도지동反者 道之動 『노자』 40장]. 만일, 음양의 균형이 한 마당에 나란히
서있게 되면 그 순간 천지는 죽는다. 주역은 결코 균형을 말하지 않는다. 주역은, 대
동大同을 말할 뿐이다[즉, ䷌ 천화동인天火同人과 그 동인同人의 착종괘 혹은 도전괘
䷍ 화천대유火天大有의 조합이 그것이다].

1. ䷲ 중뢰진重雷震 / 벼락이 떨어져도 제주祭主는 숟가락과 술잔을 놓쳐서는 안된다

䷲ 중뢰진重雷震은, 천지가 천둥 번갯불로 뒤덮인 형상이다. 진震은 '벼
락 칠' 진이다. 하늘의 장막帳幕을 찢는 것은 천둥 번갯불이다. 이 장엄한 움
직임을 보고 놀라지 않는 사람이 있을까. 천둥은 하늘과 지상의 간격을 일
시에 씻어냈다. 천둥 번갯불은 자기 자신의 정점頂點을 스스로 허물어뜨린
다[즉, 번갯불의 끝은 소멸이었다]. 그것이야말로 무無로서의 팽창을 견뎌
내는 적연寂然이었던 것이다. 적연 다음에는 경건이었다. 이때부터 인간은
정숙해진다[즉, 예법을 따른다]. 그러니까 예禮[즉, ䷻ 수택절水澤節]는 본질
적으로는 무無의 적실성的實性 앞에서 내 자신을 다시 매만지는 적연이었던
것이다.

䷲ 중뢰진重雷震의 괘사는 이렇게 말한다; "천둥 번개는 형통함이다. 벼
락이 치면 놀랍고도 또 놀라워서 웃으며 떠들어댈 수 있다. 천둥 번갯불이

백 리를 덮을지라도 제주는 숟가락과 술잔을 놓쳐서는 안 된다"(진 형 진
래 혁혁 소언액액 진경백리 불상시창震 亨 震來 虩虩 笑言啞啞 震驚百里 不喪
匕鬯). 천지신명天地神明에게 지극한 마음을 보이면 이때 인간은 천복을 받
는다. 자기 자신을 이겨낸 그 사람이 대인이기 때문이다. 소인은 자기 자
신을 앞질러 드러내려고 하지만, 대인은 자기 자신을 뒤로 감추려고 한다.
대인은 자기 자신의 명성이 사실보다 넘치는 것을 부끄러워하기 때문이다
(성문과정 군자치지聲聞過情 君子恥之『맹자』「이루장구하離婁章句下」). 이
럴 때는 천둥 번갯불의 '액액啞啞'이 땅으로 내려와 꽃이 된다. 경건이 꽃이
었던 것이다.

그러나 벼락이 떨어질 때는 누구든지 혼비백산魂飛魄散하지 않을 수 없
다. 평상심은 그렇게 움직인다. 그러나 그렇더라도 이때 우리는 놀란 가슴
을 쓸어내리며 천지신명에게 제사를 드리는 마음으로 돌아가야 하리라. 공
자는 이렇게 말한다; "천둥칠 때 웃으며 떠들어대는 것은 두려운 마음을 추
슬러 복을 일으키기 위함이며, 경건을 지켜내려는 준칙이 있기 때문이다"
(진래혁혁 공치복야 소언액액 후유칙야震來虩虩 恐致福也 笑言啞啞 後有則也
「단전象傳」). 유약한 자는 위엄을 지켜내지 못한다. 심기心氣를 바로잡지
못하면 생각을 지켜갈 수 없다. 그는 감정 한 매듭에 갇힐 뿐이다.

번갯불은 경건의 꽃이다. 번갯불이 거듭되는 ䷲ 중뢰진重雷震을 바라보
면서, 우리는 소언액액笑言啞啞의 그 기쁨을 더 넓게 펼쳐야 하리라. 그럼에
도 불구하고 본래 구사九四의 효사는 이렇게 변주된다; "천둥 번갯불에 놀
란 나머지 결국은 진흙탕 속으로 굴러떨어졌다"(진수니震遂泥). 예토穢土의
저와 같은 불운은『구약성경』「시편」에도 또 이렇게 문신처럼 탄주된다;

여호와여 내가 깊은 데서 주께 부르짖었나이다

주여 내 소리를 들으시며 나의 간구하는 소리에 귀를 기울이소서

여호와여 주께서 죄악을 감찰하실진대 주여 누가 서리이까

그러나 사유하심이 주께 있음은 주를 경외케 하심이니이다

나 곧 내 영혼이 여호와를 기다리며 내가 그 말씀을 바라는도다

파수꾼이 아침을 기다림보다 내 영혼이 주를 더 기다리나니

참으로 파수꾼의 아침을 기다림보다 더하도다 (130: 1~6).

내 마음은 지금 어디 있는가. 진흙탕[즉, 깊은 구렁]인가. 암흑은 두렵다. 하늘에는 왜 별이 떠있는가. 별은 우주율의 체액體液이다. 별은 허공[즉, 태허太虛]의 체액이다. 그 허공에 뿌리를 내리지 않는 우리네 삶이란 때때로 번잡하기 이를 데 없다. 그럴 때는 어슬렁어슬렁 형形이 없는 물외物外의 산책으로 큰 즐거움을 찾아내야 하리라 (『장자』「소요유逍遙遊」). 다시 또 무엇을 의심한단 말인가. 사실상 풍대豊大의 불은 그렇게 움직이고 있지 않았던가[즉, ䷶ 뇌화풍雷火豊의 번갯불]. 새들은 그 풍대의 하늘로 높이 날아올랐다.

2. ䷳ 중산간重山艮 / 쓸데없는 말이 내 마음을 어지럽힌다

䷳ 중산간重山艮은, 산 너머 또 산이 있는 모습이다[간艮은 '그칠' 간이다]. 간괘艮卦의 상전象傳은 이렇게 말한다; "간艮은 머무름이다. 머물러야 할 때는 머무르고 가야 할 때는 가서 움직이고 머무르는 시기를 놓치지 않을 때 그때 행실은 빛나게 된다. 머물러야 할 곳에 머무르는 것은 곧 올바

른 적기에 머무르는 일이다. 상하가 적대로 기울어지면 서로 어울리지 못한다"(간지야 시지즉지 시행즉행 동정불실기시 기도광명 간기지 지기소야 상하적응 불상여야艮止也 時止則止 時行則行 動靜不失其時 其道光明 艮其止 止其所也 上下敵應 不相與也).

나는 시간을 알 때 내 마음을 안다[즉, 이는 시간의 마디를 똑바로 본다는 뜻이다]. 말이 급해지면 그 말을 '멈출' 시간을 놓쳐버린다[즉, 말을 절제할 시간을 놓쳐버린다]. 말이 많아지면 또 내 자신을 이겨낼 여유마저 놓쳐버린다. 말이 많은 자는 제자리에 '머무를' 줄 모른다. 급기야 쓸데없는 생각에 매몰된 채 번잡을 떨쳐버릴 수 없게 된다[즉, 마음을 어지럽힐 때 그는 조급한 사람이 된다]. 내가 내 마음을 이기지 못할 때 나는 절제를 놓쳐버린다. 맹자는 이렇게 말했다; "제 마음을 다할 때 자기 천성을 알게 된다. 자기 천성을 알면 그것이 하늘을 아는 것이다. 자기 마음을 살피고, 자기 천성을 길러내면 그것으로써 하늘을 섬기는 것이 된다. 요절하거나 오래 사는 것은 둘이 아니다. 내 몸을 닦아내며 천명을 기다리는 것은 그것으로 그 천명을 세워나가는 일이다" (진기심자 지기성야 지기성 즉지천의 존기심 양기성 소이사천야 요수불이 수신이사지 소이립명야盡其心者 知其性也 知其性 則知天矣 存其心 養其性 所以事天也 夭壽不貳 修身以俟之 所以立命也『맹자』「진심장구상盡心章句上」). 머물러야 할 곳에 머무를 줄 아는[즉, 동정불실기시動靜不失其時]그 시기란 것도 따지고 보면, 부박浮薄한 말을 줄여나가는 그 시의時宜를 두고 하는 해석이었다. 그렇다면 우리가 정작 경계해야 할 것들은 부실不實이 아닌 부적절한 말이었던 것이다.

문제는 희언希言이었다. 노자는 이렇게 말한다; "자연은 말을 하지 않는다. 회오리바람은 아침나절 내내 불지 않는다. 소낙비는 하루 종일 쏟아지지 않는다. 누가 이렇게 하던가. 하늘과 땅이다. 천지도 그렇게 지속할 수 없거늘 하물며 사람에게 있어서랴" 희언자연 고표풍부종조 취우부종일 숙위차자 천지 천지상불능구 이황어인호希言自然 故飄風不終朝 驟雨不終日 孰爲此者 天地 天地尙不能久 而況於人乎『노자』23장). 메뚜기는 하늘 높이 날아오르기 위해 풀잎 위에 앉는다. 머물러 있을 때 그때 우리는 다시 비약할 수 있다. 제자리에 멈추어 있는 것은 실추失墜가 아니다, 상실喪失이 아니다. 상실인 것 같지만 그 상실이 즐거움을 준다. '멈추는' 시간은 그 멈춤[즉, 휴식의 공간]자체만으로도 충분히 즐거운 일이다. 즐거울 때 '멈출' 줄 아는 사람, 그 사람이 행복을 본다. 그런 점에서 간괘艮卦의 '지止'는 절괘節卦의 '절節'과 같은 천리天理로 함께 결합되기도 했다.

간艮은 영측盈昃의 밑널[즉, 밑각角]이다. 간은 그 영측을 조절한다. 간은 지나친 욕망을 억누른다. 해가 차오르면 영盈이고[즉, 양陽], 해가 기울어지면 측昃이다[즉, 음陰]. 음양은 늘 그렇게 변주된다. 그럼에도 불구하고 왜 멈추어야 하는가. 간艮은 음양의 변주 사이를 오락가락한다. 마음은 움직인다. 마음은 음양의 그 변주를 따라다닌다. 그러므로 마음의 심기心氣를 바르게 유지하기 위해서는, 우선 그 마음을 '멈출' 줄 알아야 한다. 동작을 멈추게 되면, 내가 하는 말도 그런데 그 동작을 따라 멈추게 된다. 행동과 말은 저와 같은 '멈춤'의 밑널을 함께 밟고 있다. 사물을 보라. 사물은 멈추어 있다. 그러나 사물은 움직인다. 그 움직임은 사물의 말단末端이다. 사물의 근본은 멈춤에 있었다. 내 마음도 그런데 이 사물의 종시終始처럼 움직인다. 『대학』은 이렇게 말한다; "멈춤을 안 뒤에야 정함이 있음을 알고, 정함을 안 뒤에야 능히 고요하게 되고, 고요하게 된 뒤에야 능히 편안하게 되고, 편안하게 된 뒤에야 생각할 수 있고, 생각한 뒤에야 비로소 얻을 수 있다"(지지이후 유정 정이후 능정 정이후 능안 안이후 능려 여이후 능득 知止而后 有定 定而后 能靜 靜而后 能安 安而后 能慮 慮而后 能得). 마음의 동요를 다스리는[즉, 지선至善을 체현해가는]이 과정을 보라. 생각 자체도 지지이후 知止而后의 문제였던 것이다.

3. ䷴ 풍산점風山漸 / 첫 숟갈엔 배부르지 않는다

䷴ 풍산점風山漸은, 산 위에 있는 나무가 차츰차츰 자라나는 형상이다[점漸은 '차차' 점이다. ☴ 손巽은 '바람' 혹은 '나무'를 가리키며, ☶ 간艮은 '산'을 가리킨다]. 간艮에서 '멈춘' 다음, 다시 움직일 때는 천천히 점진해야 한다(「서괘전序卦傳」). 점괘漸卦의 단전彖傳은 이렇게 말한다; "점漸은 점진한다는 뜻이다. 여자가 시집을 가면 바른 자리를 얻고, 더 바르게 나아가면 공을 이룰 수 있다. 바르게 나아가면 나라도 바로잡을 수 있다. 바른 자리를 얻는다는 것은, 강건함이 중을 얻기 때문이다. 멈출 줄 알고 또 공손해지니 그 움직임은 궁하지 않다"(점지진야 여귀길야 진득위 왕유공야 진이정 가이정방야 기위 강득중야 지이손 동불궁야 漸之進也 女歸吉也 進得位 往有功也 進以正 可以正邦也 其位 剛得中也 止而巽 動不窮也). 산적山積은 밑으로부터 차근차근 쌓아올린 결과물이다. 밑으로부터 차근차근 쌓아올리는 그 동작은 멈춘듯해 보이지만 실은 겸손으로 가득 찬 행실이다. 궁색할 리 없다(지이손 동불궁야 止而巽 動不窮也). 대업은 차츰차츰 이루어진다. 이러한 움직임이 적극積極인 것이다. 첫 숟갈엔 배부르지 않는다.

䷴ 풍산점風山漸 육사六四의 효사는 이렇게 말한다; "기러기가 나뭇가지

로 날아 앉으니, 혹 그 나뭇가지가 평평하면 허물이 없으리라"(홍점우목 혹 득기각 무구鴻漸于木 或得其桷 无咎). 왜 그런가. 물갈퀴가 있는 기러기는 평평한 나뭇가지라야 편히 앉을 수 있다. 육사六四의 상전象傳은 또 이렇게 말한다; "그 평평한 나뭇가지는 순하면서도 공손하기 때문이다"(혹득기각 순이손야或得其桷 順以巽也). 삶의 품격은 어떻게 이루어지는가. 그러한 품격은 우간于干[즉, 물가 쪽으로 (초육初六)]→ 우반于磐[즉, 반석 위로(육이六二)]→ 우륙于陸[즉, 뭍 위로 (구삼九三)]→ 우목于木[즉, 나뭇가지 위로(육사六四)]→ 우릉于陵[즉, 언덕 위로(구오九五)]→ 우규于陸(여기서는 규逵)[즉, 하늘로 가는 길 위 (상구上九)]로 나아가는 향상[즉, 점진적 향상]으로부터 온다. 점진적 향상과 순손順巽의 교착交着이야말로 삶의 품격을 바르게 드러내는 바탕색이었던 것이다. 공으로 물려받은 유여遺與[즉, 유업]는 불경不敬이다. 불손不遜이다.

물론 이때의 향상은 그러나 하향의 감화感化 없이는 안 된다. 앞장에서 나는 '멈출' 줄 아는 지지知止를 이야기했다. 그 지지는 앎을 알아내는 치지致知의 문제였다. 무엇을 알아내야 한다는 것인가. 마음은 움직인다. 그것은 이것과 저것 · 참과 거짓 · 선과 악 · 성聖과 속俗에 대한 반사면反射面들이다. 팔괘八卦의 괘상卦象을 보라. 하늘[즉, 건乾]은 하늘의 이치가 있고, 연못[즉, 태兌]은 연못의 이치가 있고, 불[즉, 이離]은 불의 이치가 있고, 우레[즉, 진震]는 우레의 이치가 있고, 바람[즉, 손巽]은 바람의 이치가 있고, 물[즉, 감坎]은 물의 이치가 있고, 산[즉, 간艮]은 산의 이치가 있고, 땅[즉, 곤坤]은 땅의 이치가 있다. 이를 가리켜 격물치지格物致知라고 한다. 『대학』은 이렇게 말한다; "옛날 명덕을 천하에 펼치려는 이는 먼저 자신의 나라를 잘 다스렸다. 자신의 나라를 다스리려는 이는 먼저 자신의 집안을 바로 잡았다. 자신의 집안을 바로 잡으려는 이는 먼저 자신의 몸을 가다듬었다. 자신의 몸을 가다듬으려는 이는 먼저 자신의 마음을 바르게 했다. 자신의 마음을 바르게 하려는 이는 먼저 자신의 뜻을 성실하게 했다. 자신의 뜻을 성실하게 갖고자 하는 이는 먼저 자신의 앎을 투철히 궁리했다. 자신의 앎을 투철하게 궁리한다는 것은 사물의 이치를 밝게 구명함에 있다"(고지욕명명덕어천하자 선치기국 욕치기국자 선제기가 욕제기가자 선수기신 욕수기신자 선정기심 욕정기심자 선성기의 욕성기의자 선치기지 치지재격물古之欲明明德於天下者 先治其國 欲治其國者 先齊其家 欲齊其家者 先脩其身 欲脩其身者 先正其心 欲正其心者 先誠其意 欲誠其意者 先致其知 致知在格物). 명명덕明明德은 격물치지[즉, 사물에 대한 통찰]로부터 온다. 괘상卦象을 바라보는 자는 격물格物[즉, 사물의 원초적 동인動因]을 본다.

나무는 어디 있는가. 산비탈에 서있는 나무의 저 당당한 기품氣稟을 보라. 진열장에 올라앉은 목각인형과는 다른 얼굴이다. 하늘로부터 내려온 바람이 높은 나뭇가지에 매달린 새둥지를 흔들고 있다. 새둥지는 이곳 지상과 먼 곳 천상의 세계를 하나로 연결해놓은 그 아르케 arkhe[즉, 원질原質]였다. 새둥지는 그런데 저쪽 창궁을 향해 이와 같은 청원을 외치는 듯했다; "바람이여 / 불러다오 / 내 영혼을 불러다오 / 나는 무엇이 되고 싶구나 / 나 아닌 무엇이 되고 싶구나 / 어떤 통념과는 달리". 바람이 거세게 불어대도 새둥지는 제자리에 붙어 까딱도 하지 않았다. 가끔 산비탈로 내려온 하늘이 그 새둥지 속에서 새와 함께 놀고 있는 모습이 눈에 띄곤 했다. 만사萬事는 점진했다. 하늘도 바람도 나무도 새들도 서두르지 않았다.

4. ☳☱ 뇌택귀매雷澤歸妹 / 인간은 인간을 물질화할 수 없다

☳☱ 뇌택귀매는雷澤歸妹는 ☶☴ 풍산점風山漸의 또 다른 짝이다. 점괘漸卦의 6효 전부를 다른 음양의 효로 바꾸어 놓고 바라보거나[즉, 배합괘]혹은 상괘와 하괘의 위치를 뒤집어 놓고 정반대의 관점으로 바라보면[즉, 도전괘]귀매괘歸妹卦가 된다. 두 괘는 모두 남녀의 결합을 나타낸다. 귀매歸妹의 괘상卦象을 보면, "연못 위로 천둥소리가 울려 퍼져나가는 것이 귀매이다. 군자는 이 모습을 보고 사랑의 종말이 오지 않을까 염려한다"(택상유뢰 귀매 군자이 영종지폐澤上有雷 歸妹 君子以 永終知敝). 파탄破綻이 어쩌면 우리네 이성간 사랑의 전제일는지도 모른다. 본괘의 단전象傳은 또 이렇게 말한다; "귀매는 천지의 대의이다. 천지가 사귀지 않으면 만물이 발흥하지 못한다. 귀매는 사람으로 살아가는 데 있어서 마침인 동시에 시작인 셈이다"(귀매 천지지대의야 천지불교이만물불흥 귀매 인지종시야歸妹 天地之大義也 天地不交而萬物不興 歸妹 人之終始也). 남녀가 만나 결혼한다는 것은 그런데 그것은 단순한 결합일 수는 없다. 그것은 인격의 결연結緣이면서도 영혼의 융합인 것이다. 결혼은 뇌동雷同[즉, 연못을 흔들고 지나가는 일시적인 천둥소리]이 아니다. 부부는 한 몸·한 마음·한 뜻을 가진 꽃술의 광원光源이다.

귀매歸妹 육삼六三의 효사는 이렇게 말한다; "여자가 시집가려고 못난 계집처럼 처신하다가는 필경 아무에게나 출가하게 된다"(귀매이수 반귀이제歸妹以須 反歸以娣). 그것은 시집가는 여자의 행실이 단정하지 못하기 때문이다(귀매이수 미당야歸妹以須 未當也 「상전象傳」). 귀매歸妹 구사九四의 효사는 또 이렇게 말한다; "누이동생이 시집가는 혼기를 놓쳐버렸다. 결혼은 늦었지만, 그러나 때가 있으리라"(귀매건기 지귀유시歸妹愆期 遲歸有時). 결혼하는 인연에는 딱히 혼기란 없다. 공자는 그래서 이렇게 말한다; "혼기를 놓쳤다는 것은 좋은 배필을 만나 시집가라는 뜻이 있어서다"(건기지지 유시이행야愆期之志 有時而行也「상전象傳」).

귀매歸妹 육오六五의 효사는 다시 이렇게 말한다; "제을[즉, 은殷 왕조의 천자]이 딸을 시집보내는 것이니, 딸의 옷소매는 따라가는 잉첩[즉, 잉첩媵妾: 옛날 귀인에게 시집가는 여인을 따르며 시중을 들던 시첩侍妾. 신부의 질녀나 여동생으로 정했다]의 옷소매보다 화려하지 않았다. 달은(보름달에 가까운) 열나흘이니, 길하도다"(제을귀매 기군지몌 불여기제지몌양 월기망길帝乙歸妹 其君之袂 不如其娣之袂良 月幾望吉). 지체 높은 집안의 여자가 지체 낮은 집안의 남자와 혼인하는 경우, 이때는 그러니까 시가媤家의 예법을 따르는 것이 상례였다. 열나흘은 보름을 채우지 않은 날이다. 신부의 겸손을 상징한다. 아내의 덕목은 겸손함에 있다. 아내의 자리란 중심을 잡고 그 가정의 존귀함을 실천해내는 태도를 가리킨다(기위재중 이귀행야其位在中 以貴行也「상전象傳」). 친정어머니는 시집가는 딸을 불러 앉히고 이렇게 훈계한다; "네 시댁에 가서는 반드시 시어른들을 공경하고, 네 자신을 삼가며, 네 남편에게 덤비지 마라"(왕지여가 필경필계 무위부자往之女家 必敬必戒 無違夫子『맹자』「등문공장구하滕文公章句下」). 맹자가 한 말이다.

이제 결혼하는 남녀를 향해, 귀매歸妹 상육上六의 효사는 이렇게 말한다; "아내는 광주리를 이고 있지만, 그 안에는 실물이 없다. 남편은 양을 찔렀지만, 피가 나오지 않았다. 좋은 일이 없다"(여승광무실 사규양무혈 무유리女承筐无實 士刲羊无血 无攸利). 두 사람 사이 실물이 없으니, 빈 광주리만 들고 있구나. 그렇다면 그 광주리 안에 무엇을 담아야 할까. 부부는 두 인격의 결합[즉, 존엄의 지평]인 만큼 서로 사랑하는 화합을 담아야 하리라. 광주리가 비어 있다는 그 승광무실承筐无實은 그러니까 부부간 화합하지 못하는 충돌을 두고 하는 말이다. 부부란 서로가 서로를 점유하는[즉, 물권物權과도 같은]계약이 아니었다(칸트 I. Kant 1724년~1804년). 달리 말하자면, 가정이란 인륜적 생명의 결합이었던 것이다(헤겔 G.W.F.Hegel 1770년~1831년). 사랑 없는 결혼[즉, 가정]에는 상호간 자율도 없으며 존중도 없으니, 이때는 승광무실일 수밖에 없다. 부부는 상호간 삶을 지배하려고 해서는 안 된다. 인간에게는 누구든지 실천적 자유가 있는 법이다[그런 점에서 칸트는 순수이성보다는 실천이성을 더 높게 평가하려고 했다]. 본질적으로 말하자면, 인간은 인간을 대상화[즉, 물질화]할 수 없다.

5. ䷶ 뇌화풍雷火豐 / 인생의 목표는 풍요에 있지 않다

생명이란 생명 그것만으로도 이미 풍성한 것이었다. 풍성한 것들이 없을지라도 인생은 본래 그 자체만으로도 충분히 풍성한 것이었다. ䷶ 뇌화풍雷火豐은 천둥 번갯불이 짝 터지는 모습이다. 군자는 이 모양을 보고 송사를 판결하며 형벌을 (엄중히) 집행한다(뇌전개지 풍 군자이 절옥치형雷電皆至豐 君子以 折獄致刑「상전象傳」). 소돔과 고모라(아브라함 시대에 등장하는 팔레스티나의 두 도시)는 환락의 도시였다. 천둥 번갯불은 그 도시의 방종을 단칼에 베어버렸다. 환락은 죽음의 매염제媒染劑였다.

공자는 이렇게 말한다; "풍은 커진다는 뜻이다. 밝은 가운데 움직이니 풍성해진다. 왕이 왕다운 것은 그 큰 것을 숭상한다는 뜻이다. 근심치 않아도 해가 중천에 떠있으니, 온 천하를 비추고 있다. 해가 중천에 떠오르면 곧 기울고, 달도 차면 이지러진다. 천지가 차올랐다가 비었다가 하는 것도 때를 맞추어 줄어들고 불어나는 것이니, 하물며 사람에게 있어서랴. 하물며 귀신 [즉, 만물]에게 있어서랴"(풍대야 명이동 고풍 왕격지 상대야 물우의일중 의 조천하야 일중즉측 월영즉식 천지영허 여시소식 이황어인호 황어귀신호豊 大也 明以動 故豊 王假之 尙大也 勿憂宜日中 宜照天下也 日中則昃 月盈則食 天地盈 虛 與時消息 而況於人乎 況於鬼神乎). 천지의 운행의 역수易數는 줄어들었다가 불어나는 그 영허盈虛의 주기적인 전사轉寫 그것 뿐이었다. 중천에 떠있는 태양도 그리고 인간도 그리고 또 만물도 모두 저와 같은 영고성쇠榮枯盛衰 의 꼬리를 밟고 있는 것들이다.

풍괘豊卦는, 하괘가 빛나는 ☲ 리離[즉, 불]이고, 상괘가 움직이는 ☳ 진震 [즉, 우레]이므로 그래서 풍豊이었던 것이다. 풍豊은 어디까지 커나갈 것인 가. 왕[즉, 왕은 성인聖人의 인격을 갖출 때 비로소 왕이었던 것이다]에 도달 할 만큼이다[즉, 왕격지王假之]. 중천에 떠있는 태양[즉, 의일중宜日中]이 왕 이었던 것이다.

그렇다면 그와 같은 풍대의 단계는 어떤 성취를 밟고 올라서야 할까. 일 단은 우기배주遇其配主[즉, 주인과 짝이 되는 만남 (초구初九)]의 첫 단추를 끼우지 않으면 안 된다. 초구의 단계에서는 구사九四의 주인을 만날 때 좋 은 일을 기약할 수 있다(왕유상往有尙). 그다음은 풍기부豊其蔀[즉, 차양 이 커서 한낮인데도 북두칠성을 본다(육이六二: 일중견두日中見斗)]의 단계 이다. 이때부터는 물질적인 만족뿐만 아니라 정신적인 풍요[즉, 돈독한 믿 음의 발현(유부발약有孚發若)를 다지는 시간을 쌓아야 한다. 그다음 단계 는 풍기패豊其沛[즉, 깃발의 풍부함이니, 한낮인데도 매성沬星을 본다(구삼 九三: 일중견매日中見沬)]의 단계이다. 내 자신의 작은 성취에 만족할 처지

가 못 된다는 것이다. 그다음 단계는 다시 풍기부豊其蔀[즉, 차양의 풍대함
이다. 대낮인데도 북두칠성을 볼 수 있으니 대등한 주인을 만나면 기쁨을
얻는다(구사九四: 일중견두 우기이주길日中見斗 遇其夷主吉)]의 단계이다. 구
사九四의 위치는 아랫단계의 구이九二와 협력하고 또 윗단계의 구오九五를
보좌해야하기 때문이다. 자기 자신과 상응관계에 있는 초구初九와 함께 잘
지내지 않으면 안 된다. 그 초구初九가 바로 내 주인이기 때문이다. 그 다음
은 내장來章[즉, 남들이 밝은 모습을 칭찬한다. 그것은 경사스럽고도 명예로
운 일이니 길하다(육오六五: 내장 유경예길來章 有慶譽吉)]의 단계이다. 육오
六五는 임금의 자리인 만큼 아랫사람들 구이九二와 구사九四의 보필을 잘 받
아들이면서 그들의 충성심을 존중하게 될 때 길할 수밖에 없다는 것이다.
풍豊의 마지막 단계는 풍기옥 부기가豊其屋 蔀其家[즉, 그 집에 차일을 처놓
았지만 남들이 집안을 들여다보아도 고요하기만 하다. 3년이 지나도록 사
람을 볼 수 없으니 흉할 뿐이다(상육上六: 풍기옥 부기가 규기호 격기무인
삼세부적흉豊其屋 蔀其家 闚其戶 闃其无人 三歲不覿凶)]의 종말이다. 풍豊의
호사스러움은 이 상육上六에서 끝이 난다. 영욕榮辱의 무상함은 이와 같은
것이었다. 공자는 이렇게 말한다; "크고 높은 고대광실은 하늘 끝까지 날아
올랐지만, 집안을 들여다보니 사람이 없다. 자기 자신을 가두어 놓았다"(풍
기옥 천제상야 규기호격기무인 자장야豊其屋 天際翔也 闚其戶闃其无人 自藏
也「상전象傳」). 그렇다면, 우리는 어떻게 살아야 하는가. 간단히 말해보자.
검소하게 살면 된다. 솔로몬 왕(이스라엘의 왕. 재위 BC 970년~BC 931년)
은 이렇게 말했다; "헛되고 헛되다. 세상만사 헛되다. 사람이 하늘 아래서
아무리 수고한들 무슨 보람이 있으랴"(『구약』「전도서」1:2~3). 내가 이 손
으로 한 모든 일을 돌이켜 보니, 모든 것은 결국 바람을 잡듯 헛된 일이었다
(「전도서」2:11).

6. ䷈ 풍천소축風天小畜 / 바람은 자신의 궤적을 남기지 않는다

䷈ 풍천소축風天小畜의 괘상卦象을 들여다보면, 바람이 하늘 한복판으로 흘러가는 모습이다. 군자는 이를 살펴보고 문덕을 아름답게 키운다(풍행천상 소축 군자이 의문덕風行天上 小畜 君子以 懿文德「상전象傳」). 본괘의 단전象傳은 이렇게 말한다; "소축은 부드러운 것이 자기 자리에 있으니[즉, 제4위의 음陰을 가리킴], 위와 아래가 서로 응하는 까닭에 소축이라고 부른다. 강건하면서도 겸손하게 보인다. 강건함이 한가운데서 뜻을 펼쳐가고 있으니 형통할 수밖에 없다. 먹구름이 비가 되지 않는 것은 선정이 이루어지지 않음을 뜻하며[즉, 은왕殷王 주紂의 폭정], 내[즉, 문왕文王]가 서쪽 교외로부터 왔다는 것은 아직 선정을 베풀지 못함을 뜻한다"(소축 유득위이상하응지 왈소축 건이손 강중이지행 내형 밀운불우 상왕야 자아서교 시미행야小畜 柔得位而上下應之 曰小畜 健而巽 剛中而志行 乃亨 密雲不雨 尙往也 自我西郊 施未行也).

아직은 때가 아니다. 지금은 인내의 시간이다. 소축괘小畜卦는 그 인내의 시간에 대하여 이렇게 말한다; "돌아와 도를 행하면 무슨 허물이 있겠는가. 길하다"(복자도 하기구 길復自道 何其咎 吉「초구初九」). 바람의 품격은 그래야 한다. 부드러운 바람이 강건한 하늘을 가르고 지나갈 때는 그래야 한다. 바람의 부드러움은 무엇인가. 바람은 바람의 끈을 놓지 않았다. 그러면서도 바람은 바람을 뛰어넘었다. 바람은 바람을 속박하지 않았다. 바람은 또 아무도 억압하지 않았다. 바람은 바람을 잘못 사용하지 않는다. 바람은 아무 때나 아무 데서나 초월을 이루어낸다. 초월은 아무것도 이루려고 하지 않을 때 그때 이루어진다. 그렇다면 손바닥 위에 바람을 놓아보아라. 손바닥은 무엇을 쥐고 있는가. 바람의 변화는 멈추지도 않았지만, 도무지 무엇을 이루려고도 하지 않았다. 이것을 당분간이라고 말해야 할까. 당분간도 아니라고 말해야 할까[즉, 바람에게는 오직 당분간의 주권이 있을 뿐이다]. 바람에게는 시작과 종말이 없기 때문이다. 다시 한번 말하지만, 바람은 바람을 잘못 사용하지 않았다. 바람은 자신의 궤적을 남기지 않는다. 궤적은 위험하기 때문이다.

노자는 이렇게 말한다; "정말로 잘하는 행동은 궤적을 남기지 않는다. 정말로 잘하는 말은 흠을 남기지 않는다. 정말로 잘하는 셈은 주판을 쓰지 않는다. 정말로 잘 닫아 놓은 것은 빗장을 쓰지 않아도 열 수가 없으며, 정말로 잘 묶어 놓은 것은 끈을 쓰지 않아도 풀 수가 없다"(선행무철적 선언무하적 선수불용주책 선폐무관건이불가개 선결무승약이불가해善行無轍迹 善言無瑕謫 善數不用籌策 善閉無關楗而不可開 善結無繩約而不可解『노자』27장).

☴☰ 풍천소축風天小畜의 아름다움은 제5효 구오九五의 효사에 있다; "믿음 가운데 서로 호응한다. 부를 이웃과 함께 나누어 갖는다"(유부연여 부이기린有孚攣如 富以其隣). 부를 홀로 독차지하지 않는다 (부독부야不獨富也「상전象傳」). 얼마나 아름다운 처세인가. 우리시대 우리와 함께 살고 있는 저쪽 부자들이 반드시 경청해 들어야할 고언임에 분명하다(경주 최부자집 가풍은 너무나 유명한 일화이다). 부는 홀로 독점해서는 안 된다. 가을 들판 귀뚜라미소리를 들어보라. 귀뚜라미가 저쪽 밭두렁을 홀로 독차지하고 있던가.

바람은 먹구름을 몰고 지나갔다. 그래서 비가 오지 않는다[즉, 밀운불우密雲不雨「괘사卦辭」]. 지금은 유리옥羑里獄에 갇힌 문왕文王의 시간이다. 문왕은 그러니까 이 먹구름 착색의 산형화繖形花[즉, 바람이 하늘 위에서 부는 모습]를 어떻게 풀어헤쳤던가. 군자는 이 모양을 보고 아름다운 덕을 쌓는다[풍행천상 소축 군자이 의문덕風行天上 小畜 君子以 懿文德「괘상卦象」]. 암담할 때 그는 빛나는 문덕文德의 환영幻影을 본다. 그러나 지나친 문덕은 정읍에 가서 사약을 받는다[숙종조 남인의 탄핵을 받은 송시열宋時烈(우암尤庵 1607년~1689년)은 제주도로 유배되었다가 다시 한양으로 압송되던 중 정읍에서 사약을 받았다].

7. ䷉ 천택리天澤履 / 나는 내 자신의 길을 걸어가면 그것으로 족할 뿐이다

䷈ 풍천소축風天小畜을 뒤집어서 반대의 입장으로 보면[즉, 도전倒顚하면], ䷉ 천택리天澤履가 된다. 괘상卦象은 이렇게 말한다; "위에는 하늘이 있고 아래엔 연못이 있는 형상이 리履[즉, 리履는 '밟을' 리 혹은 '실행할' 리]인 것이다. 군자는 이 모양을 쳐다보고 위와 아래를 판별하여 백성이 바른 뜻으로 살아가도록 정해준다"(상천하택 리 군자이 변상하 정민지上天下澤 履 君子以 辯上下 定民志). 연못 속에 잠긴 하늘을 보라. 이괘履卦 초구初九를 가리고 보면 ☲ 리離의 불이 나온다. 불빛이 하늘의 모습을 밝히고 있고 또 상하를 분별해내니, 백성은 이에 예禮를 알게 되는 것이다. 사람은 예를 알게 됨으로써 비로소 사람이 된다. 대저 사람을 사람답게 만드는 것이 예의이기 때문이다(범인지소이위인자 예의야凡人之所以爲人者 禮義也『예기』「관의冠義」). 말하자면, 이괘履卦는 예禮의 경첩이었다. 예는 사람으로서 알게 되는

공경심을 말한다. 맹자는 이렇게 말한다; "대저 의義는 길이며, 예禮는 문이다. 공경하는 마음이 예이다"(부의노야 예문야 공경지심 예야夫義路也 禮門也 恭敬之心 禮也『맹자』「만장장구하萬章句下」). 예에 대하여 좀 더 철학적으로 말해보자; "예를 이루고난 연후라야 만물이 안정된다"(예작연후 만물안禮作後 萬物安『예기』「교특생郊特牲」). 예를 갖추지 않고 하는 말은 신뢰를 얻지 못한다(출언불이예 부지신의出言不以禮 弗之信矣『예기』「예기禮器」).

주역 64괘 중 개인적으로 내가 제일 좋아하며 암송하고 있는 괘는 바로 이괘履卦 초구初九의 괘사卦辭와 상전象傳의 말씀이다; "꾸밈없는 발걸음으로 가게 되면 허물이 없으리라"(소리 왕 무구素履 往 无咎「괘사卦辭」). "꾸밈없는 발걸음으로 가는 것은 오직 내 자신으로 살아가고자 함이다"(소리지왕 독행원야素履之往 獨行願也「상전象傳」). 나는 내 자신의 길을 조용조용 걸어가면 그것으로 족할 뿐이다. 그러나 아무런 꾸밈도 없이 내가 내 길을 간다는 것은 결코 쉬운 일이 아니다. 그것은 어떤 유여有餘 없이도 제 자리에 멈출 줄 알고[즉, ☶ 중산간重山艮], 또 자기 자신을 스스로 낮출 줄 알 때[즉, ䷞ 지산겸地山謙] 비로소 가능한 일일 것이다. 내가 내 자신의 공功에 머무르는 동안 그와는 반대로 무명의 길이 만재滿載의 길이라는 점을 깨닫기까지는 나는 결코 내 자신의 길로 돌아갈 수 없기 때문이다. 우리는 더 많은 시간이 필요할는지 모른다.

이괘履卦 구이九二의 괘사卦辭는 또 이렇게 말한다; "제 길을 탄탄하게 걷고 있으니, 유인幽人[즉, 은자隱者]이로다. 바르게 살아가니, 길하다"(이도탄탄 유인 정길履道坦坦 幽人 貞吉). 유인정길幽人 貞吉의 바른 삶이란 세속적인 일에 함몰되지 않고 중심을 잡고 있기 때문이다(유인정길 중부자란야幽人 貞吉 中不自亂也「상전象傳」). 꾸미지 않는 마음가짐[즉, 소리素履]이 곧 이도 탄탄履道坦坦으로 가는 길이었다. 장자가 말하는 '심재心齋'[『장자』「인간세 人間世」]와 '좌망坐忘'[『장자』「대종사大宗師」]역시 따지고 보면 그것은 어떤 비상한 초월이 아닌 일상사 하찮은 일에 대한 평상심 그것을 가리키는 말이었다. 조주(趙州 778년~897년) 선사는 대중에게 이렇게 말했다; "지극한 도는 어렵지 않다"(조주시중운 지도무난趙州示衆云 至道無難「벽암록碧巖錄」). 배고프면 밥 먹고, 노곤하면 잠잔다. 노자 또한 이렇게 말한다; "어려운 것과 쉬운 것은 서로 이루어낸다. 앞쪽과 뒤쪽은 서로 쫓아다닌다"(난이상성 전후상수難易相成 前後相隨『노자』2장).

그렇다면, 연못에 비친 하늘을 쳐다보라. 거기 하늘의 용기用器가 비쳐지고 있다. 찰흙을 빚어 용기를 만든다. 그 용기의 텅 빔에 그릇의 쓰임이 있다(연식이위기 당기무 유기지용埏埴以爲器 當其無 有器之用『노자』11장). 하늘은 하늘의 윤곽만으로 충분했다. 하늘은 공간의 내용인 동시에 시간의 내용이었다. 그것이 하늘의 쓰임이었다. 그러므로 내 마음이 또한 하늘의 매질媒質이었던 것이다. 이제부터는 하늘에 대한 이입移入[즉, 현재화顯在化]없이 우리는 더 가까이 하늘 곁으로 다가앉게 되었다. 내 자신이 즉물卽物이듯 하늘 또한 즉물이었다.

이괘履卦 구오九五의 효사는 이렇게 말한다; "행하는 걸음걸이가 너무 단호하면 바르게 하더라도 위태로울 수밖에 없다"(쾌리 정려夬履 貞厲). 자기 자신을 반성하지 않고 자기도취에 빠져버린 자는 안분자족安分自足이 어떤 것인 줄을 모르는 사람이다. 독선이 얼마나 무서운 사악邪惡인가. 나는, 나

홀로 있을지라도 공경스러운 마음을 놓쳐서는 안 된다. '무불경毋不敬'이라는 말이 있지 않은가(즉, ☷☶ 지산겸 地山謙. 천도는 가득 찬 것을 허물어 겸손한 데로 보탠다. 천도 휴영이익겸天道 虧盈而益謙「단전象傳」. 무불경 신기독毋不敬 慎其獨『예기』「곡예상曲禮上」). 공경스러운 마음을 가질 때 인간의 내면은 그만큼 풍부해진다[즉, ☶☳ 산뢰이山雷頤]. 공자는 이렇게 말한다; "군자는 공경하는 마음을 지녔으니 허물이 없다. 남들과 더불어 공손하게 예를 지켜간다"(군자경이무실 여인공이유례君子敬而無失 與人恭而有禮『논어』「안연顏淵」).

공자는 64괘卦 중 덕德의 관건 아홉[즉, 구덕九德: ☱☰ 천택리괘天澤履卦 · ☷☶ 지산겸괘地山謙卦 · ☷☳ 지뢰복괘地雷復卦 · ☳☴ 뇌풍항괘雷風恒卦 · ☶☱ 산택손괘山澤損卦 · ☴☳ 풍뢰익괘風雷益卦 · ☱☵ 택수곤괘澤水困卦 · ☵☴ 수풍정괘水風井卦 · ☴☴ 중풍손괘重風巽卦]을 밝히면서 이렇게 말한다; "(덕을 행할 때는) 이履로써 무르녹은 화和를 그대로 실천해나간다"(이이화행履以和行「계사전하繫辭傳下」 제7장). 나는 누구인가. 나는 다만 나를 지켜갈 뿐이다.

8. ☱☰ 택천쾌澤天夬 / 초월은 세계내의 초월이다

☱☰ 천택리天澤履의 내괘와 외괘의 위치를 서로 바꾸어 보면[즉, 착종괘錯綜卦], ☱☰ 택천쾌澤天夬가 된다. 하늘 위에 연못이 있는 모양이 쾌夬의 형상이다[쾌夬는 '결단할' 쾌]. 군자는 이 모양을 바라보고, 아랫사람들에게 덕과 녹祿을 베풀면서 거리낌이 없도록 경계한다(택상어천 쾌 군지이 시록급하 거덕칙기澤上於天 夬 君子以 施祿及下 居德則忌「상전象傳」). 쾌夬는 상육上六에 있는 음陰 하나를 다섯 양陽이 척결해내는 모습이다. 이는, 강건한 정

신이 퇴폐적인 기운을 척결함으로써 평화로운 세상을 이룩해낸다는 뜻이다(쾌결야 강결유야 건이열 결이화夬決也 剛決柔也 健而說 決而和「단전상전象傳」). 음험한 유柔는 소인들의 적폐積幣를 두고 하는 말이다[가령, 소인들은 말을 앞세운다(소인 선언小人 先言『예기』「방기坊記」)]. 소인들의 위태함[즉, 적폐]을 널리 알리게 되면 군자의 도[가령, 군자는 말을 아낀다(군자약언君子 約言『예기』「방기坊記」)]는 저절로 밝혀지게 마련이다 (부호유려기위내광야孚號有厲 其危乃光也「단전象傳」). 적폐는 척결하되 그러나 이때는 무조건 힘으로 몰아세울 것이 아니라[즉, 불리즉융 이유유왕不利卽戎 利有攸往], 대오각성의 길로 함께 나서는 방법을 찾아야 할 것이다. 공자는 이렇게 말한다; "잘된 일은 남의 공으로 돌리고, 잘못된 일은 자신의 책임으로 끌어안는다"(선즉칭인 과즉칭기善則稱人 過則稱己『예기』「방기坊記」).

앞장에 나오는 ☰ 천택이괘天澤履卦에서 나는 예禮를 강조했다. 예는, 절제로써 중용을 이루는 것이었다(부례 소이제중야夫禮 所以制中也『예기』「중니연거仲尼燕居」). 예행禮行이란 신행信行이다. 그러므로, 여기 ☰ 택천쾌괘澤天夬卦에서 말하는 결단 또한 그것은 믿음 안에서의 결단을 두고 하는 말이다. 그 결단은 실천[즉, 행行] 밖으로의 결단이 아닌 실천 안에서의 결단이다. 어떤 행위든 그것은 척결의 대상이 아닌[즉, 망각], 변화의 과정일 뿐이다. 백성들에게는 늘 믿음을 주는 호소라야 했다[즉, 부호孚號]. 가령, 초월이란 그것은 무념無念으로서의 초월이 아닌 유념有念으로서의 초월을 두고 하는 말이다. 다시 말하자면, 그것은 세계내의 초월인 것이다. 장자가 말하는 비움[즉,허虛]과 망각으로서의 심재心齋 그것도 따지고 보면 더 넓은 자아[즉, 무아無我가 아닌 범아梵我]로서의 내포內包[즉, 행行]를 두고 하는 말이었다[『장자』「인간세人間世」].

길은 현세 위에 있다[즉, 도행지이성道行之而成『장자』「제물론齊物論」]. 강건함은 무엇인가. 강건함은 비움[즉, 허虛]이 아닌 채움[즉, 실實]이다. 슬픔이 기쁨의 전주前奏이듯 비움[즉, 충기冲氣]은 비약을 위한 예기豫期일 뿐이다. 이 예기가 삶의 주체를 바꾸어 놓는다. 예기의 역동성이 어디에 있는가를 보라. 거울 앞에서는 나무는 나무이며, 구름은 구름이다. 감은사지에 가보았는가. "감은사지에 가면 / 가슴을 맞댄 화강암 탑신 두 분이 동해 감포甘浦를 바라보고 있다 // 금당金堂 계단 밑구멍으로 드나들던 / 문무왕이 없다 / 그의 아들 신문왕이 없다 // 그 대신代身, // 탑신 저쪽 산기슭에 개똥쑥 몇 무더기가 있다 // 또, 원효가 지나갈 때 볼일보고 간 용변用便 몇 덩어리가 있다 // 개똥쑥 곁에서 나도 볼일 보았다 // 간곡히 말하거니와 / 개똥쑥과 나무아미타불 / 즉, / 개똥쑥과 금강삼매경론金剛三昧經論의 차별을 어이 깔아놓았을꼬" (안수환,『지상시편』5부 2). 이는 유무접변有無接變의 일면이다. 유무는 난잡하다. 말하건대 유무의 난잡은 저와 같은 모양이었다. 우리가 초월을 꿈꾸는 까닭은 여기에 있다. 초월은 세계내의 초월이다.

제5장

시간은 마음의 품물品物이다

☰ 산지박山地剝(박剝은 '떨어질' 혹은 '깎을' 박)은 세상에 있는 모든 것들이 다 부서지고 깎여나가도 좋다는 것이다. 그렇게 깎여나간 다음에 다시 갱생한다는 것이었다. 인간의 생각도 그 생각을 유용하게 쓴 다음에는 그것을 모조리 지워버려도 좋다는 것이었다. 그러기에 ☰ 산지박山地剝 다음에는 도전괘倒顚卦 ☷ 지뢰복地雷復(복復은 '다시' 혹은 '회복할' 복)이 온다. 주역은 인간의 생각을 해체한다. 그러니까 주역은, 지금 내가 여기 있다는 생각 그 자체를 해체해버린다. 인간의 생각이 길흉의 문턱이었던 것이다. 이것은 여기 있고, 저것은 저기 있다는 그 생각[즉, 대부분의 생각은 망상일 뿐이다]을 버릴 때 그때부터 나는 참된 인식에 도달하는 것이었다. 인식이라니. 사실은 인식 자체를 내버릴 때 나는 그 인식으로부터 비로소 자유롭게 된다. 인식은 착각일 뿐이다. 나는 누구인가. 내가 누구라는 인식을 내버리는 순간 나는 내 자신으로부터 자유롭게 된다. 자유로운 청결을 위해 나는 내 자신을 지워버려야 한다. 내 자신의 존엄은 결코 내 자신으로부터 비롯되는 것이 아니다. 나는 돌이다. 나는 벌레다. 나는 똥이다. 돌과 벌레와 똥이라는 이름을 지워버리는 순간 그때부터 나는 돌이 되고, 벌레가 되고, 똥이 된다. 돌은 신성하고, 벌레는 신성하고, 똥은 신성하다. 신성하다니. 이 세상에는 아무것도 신성한 것은 없다. 지금부터는 침을 한번 꿀꺽 삼키면 된다. 침을 꿀꺽 삼키는 순간, 주역은 그때 이렇게 말한다; "지금은 어디 있는가. 지금은 여기 있는 것이 아니다. 지금은 아무데도 없다. 지금은 그 지금 바깥에 있을 뿐이다. 그러나 지금은 그 지금 바깥에 있는 것도 아니다. 지금을 손에 쥐려면 잠시 내 자신의 생각을 끊어버리기만 하면 된다. 이때부터는 그 지금이 나를 삼켜버린다. 당신이 당신 자신을 내버려야할 이유는 여기에 있다".

1. ☷ 뇌지예雷地豫 / 제 혼자 즐기는 기쁨은 기쁨이 아니다. 그것은 독선獨善이다

천둥은 무無[즉, 하늘]와 유有[즉, 땅]의 조합을 위해 울어댔다. ☷ 뇌지예雷地豫[예豫는 '먼저' 예 혹은 '즐길' 예]는, 천둥이 땅을 흔들고 다가와 세상에 울려 퍼지는 모습이다. 예豫의 형상을 보고 옛날 왕들은 음악을 지었으

며 덕을 숭상했다. 성대히 음악을 연주하며 하늘과 조상님께 배향했다 (뇌
출지분 예 선왕이 작악숭덕 은천지상제 이배조고雷出地奮 豫 先王以 作樂崇德
殷薦之上帝 以配祖考「상전象傳」). 천둥소리를 들어보라. 음악은 사람의 마음
을 낳는다. 감정이 마음속에서 움직이게 되면 그것은 소리로 바뀌게 되고,
그 소리는 일정한 형식을 갖추게 된다. 그것을 일러 음악이라고 한다(범음
자 생인심자야 정동어중고 형어성 성성문 위지음凡音者 生人心者也 情動於中
故 形於聲 聲成文 謂之音『예기』「악기樂記」). 천둥이 울면, 하늘과 땅은 조화
를 이룬다. 천지가 그러하듯 인간의 마음 역시 만물과 더불어 감응할 때 바
로 거기서 음악은 생겨난다. 인생이 고요에 젖는 것은 하늘로부터 받은 성
품 때문이다. 그 성품을 지키지 못하고 외물外物 앞에서 호오好惡에만 집착
하게 되면[즉, 절도節度를 놓치게 되면], 그때야말로 그는 천리天理를 저버리
는 사람이 된다. 그는 작난지사作亂之事의 미혹으로 굴러 떨어진다.

　힘은 높은 데 있지 않다. 하늘도 높은 쪽으로는 움직이지 않는다. 천지가
순하게 움직인다는 것은 이를 두고 하는 말이다. 일월은 과도하지 않으며,
사시 또한 어긋나지 않는다[즉, 천지 이순동 고일월불과이사시불특天地 以
順動 故日月不過而四時不忒「단전象傳」]. 그렇다면, 하늘[즉, 신명神明]과 사귀
는 일이야말로 얼마나 질박質朴[즉, 과도하지 않음이 질박이다]한 마음일 것
이며 또 얼마나 검소한 행실일 것인가. 성인聖人은 안락한 삶을 취하지 않
는다. 순동順動은 안락이 아니다. 치자가 이 예괘豫卦의 순동을 지키게 되면
나라는 공평해지고, 백성들은 순리를 쫓아 살게 된다. 단전象傳은 계속해서
이렇게 말한다; "성인이 순동으로 이끌게 되면 형벌은 깨끗해지고 백성들
은 감화를 받게 된다. 그래서 예豫의 시의時義가 크다고 했다"(성인 이순동
즉형벌청 이민복 예지시의 대의재聖人 以順動 則刑罰清 而民服 豫之時義 大矣哉).

그러므로, 하늘을 가슴에 품고 사는 자는 저菹[즉, 소금에 절인 채소]와 같은 모습을 띠고 살아간다. 물은 자신의 향기를 감춘다. 그림자는 자신의 용모를 뻣뻣한 실체實體 뒤에 숨겨 놓는다. 나무를 보라. 나무의 질박質朴을 보라. 나무는 언제든지 나무그늘 속에 자신의 몸을 담가놓는다. 저와는 반대로 쓸데없는 활기로 몸을 망치고 있는 오만傲慢을 보자. ䷏ 뇌지예괘雷地豫卦 초육初六의 위치를 보면, 그 초육初六의 음陰은 다섯 음陰들 가운데 제 혼자 구사九四의 양陽과 응하고 있다. 그러니 초육初六의 효사는 이렇게 말한다; "(제 혼자) 즐기면서 소리치고 있으니, 흉하도다"(명예 흉鳴豫 凶). 천둥은 내 자신을 위해 울지 않는다. 제 혼자 즐기는 기쁨은 기쁨이 아니다. 그것은 독선獨善이다. 그것은 독식獨食이다. 그것은 독심毒心이다. 우는 사람 곁에서는 함께 울어야 한다. 웃는 사람 곁에서는 함께 웃어야 한다. 그것이 동행同行이다. 동同을 해자解字하면, 멀경(경冂) + 하나일(일一) + 식구구(구口) 즉 먼데 있는 것도 한 식구가 되어 함께 살아간다는 뜻이다. 내면의 희열은 그것이 공허가 아닐진대 혼자 간직해도 무방하다. 초육初六 상전象傳은 이렇게 질타하고 있다; "혼자 기뻐서 날뛰고 있으니, 정신이 궁해져 천박해 보인다"(초육명예 지궁 흉야初六鳴豫 志窮 凶也).

응應은 무엇인가. 우리는 호응 없이 어찌 혼자 살아갈 수 있겠는가. 응이란 한사코 나와 너 혹은 그 무엇과의 응인 것이다. 왜 음악인가. 왜 예禮인가. 음악과 예는, 말하자면 그것들은 응의 조화인 것이다. 음악은 양陽에서 우러나온 것이며, 예禮는 음陰에서 우러나온 것이다. 음과 양이 화합해서 만물은 평정을 얻는다(악유양내자야 예유음작자야 음양 화이만물득樂由陽來者也 禮由陰作者也 陰陽 和而萬物得『예기』「교특생郊特牲」). 음양의 호응이란 무엇인가. 밤에는 횃불을 밝혀야 한다. 이것이 호응이다. 믿음이 크면 약속을 하지 않아도 어디서든 그 약속을 지킨다[즉, 대신불약大信不約『예기』「학기學記」]. 그것이 호응이다. 예괘豫卦 상육上六의 효사는 또 이렇게 말한다; "즐거움에 눈이 멀었구나. 다 이루었다고는 하지만, 고치려는 마음을 가졌으니 허물이 없다"(명예 성 유유무구冥豫 成 有渝无咎). 인생무상이다. 어떤 기쁨이든, 기쁨은 오래가지 않는다(하가장야何可長也「상전象傳」). 꿈꾸는 사람은 기쁨에 연연하지 않는다. 순수한 물은 자국을 남기지 않는다.

2. ䷐ 택뢰수澤雷隨 / 동행은 아름답다

주역 「서괘전序卦傳」은 이렇게 말한다; "기쁨에는 필연 서로 붙어 다니게 마련이다. 그래서 예豫 다음에 수隨로 이어놓았다"(예필유수 고수지이수豫必有隨 故受之以隨). 내가 살아간다는 것은 나 혼자 여기 남아있지 않고, 기쁨을 가지고 당신을 따라간다는 뜻이다. 이 어찌 순화純化된 길이 아니겠는가. ䷐ 택뢰수澤雷隨는 크게 형통함이니, 곧은 정신을 지키기만 하면 나무랄 데가 없다는 것이다(수 원형이정 무구隨 元亨利貞 无咎「괘사卦辭」). 나는 원형이정元亨利貞으로서의 정화淨化된 길을 가고 있으니, 이것 말고는 아무것도 더는 바랄 것이 없었다. 불현듯 억누를 수 없는 기쁨이 내 마음 깊숙이 다가오기 시작했다. 내가 이곳에서 항시 부르고 있는 신명神明은 여與[즉, '더불어'라는 그 처신處身 이외에는 다른 어떤 관념도 없었다. 내 성정性情을 주도하는 힘[즉, 영화靈化]은 내 자신 개별의 독행獨行으로부터 우러난 것이 아니라, 언제나 나와 함께 살고 있는 저분들과의 동행으로부터 받아낸 것이었다. 동행은 아름답다. '포일抱一'[즉, 『노자』 10장]과 '포괄'은 아름답다. 일[즉, '1']앞에서는 쪼가리는 쪼가리일 뿐이다. 쪼가리를 쪼가리로 만드는 그 포일. 선善을 선으로 취하는 그 포일. 악惡을 악으로 내치는 그 포일. 세상이 아름다운 것은 그 포일 때문이다. 지선至善은 그러니까 저분들 아득한 인격[혹은, 물질]을 내 가슴속에 쌓아두는 포괄이었다. 그에 대한 경건은 성경 속에서 이렇게 표현된다; "하나님도 하나이시니 곧 만유의 아버지시라 만유 위에 계시고 만유를 통일하시고 만유 가운데 계시도다"(에베소서 4:6). 만물은 왜 거기 있는가. 만물은 그 지선至善의 분여分與였던 것이다. 생각해보라. 만물의 궁극적인 지향은, 어느 것이든 그것을 혼합하여 하나로 삼는 '위일爲一'[즉, 『노자』 14장]에 있었던 것이다. 우리는 이때 신명神明[즉, '하나님']을 부른다. 꽃의 아름다움을 쳐다보라. 우리는 이렇게 말해야 하리라; "이 꽃이 내 삶이었구나". ䷐ 택뢰수澤雷隨 수괘隨卦 구오九五의 효사는 이렇게 말한다; "아름다운 것에 믿음을 둔다. 길하다"(부우가 길孚于嘉 吉). 아름다움은 왜 길한가. 아름다움이 좋은 것은, 그 아름다움의 자리가 늘 정중한 데 있기 때문이다(부우가길 위정중야孚于嘉吉 位正中也「상전象傳」). 꽃의 아름다움은 그 꽃의 정중함에 있었던 것이다. 그러나 그렇더라도 그 아름다움의 시의時義는 때를 따라 변한다. 때를 따르는 뜻이 크기 때문이다(이천하수시 수지시의 대의재而天下隨時 隨之時義 大矣哉「단전象傳」).

수괘隨卦의 괘상卦象은 이렇게 말한다; "연못 속에 우레가 파묻혀 있는 모습이 수隨이다. 군자는 이를 보고서 날이 저물면 집으로 돌아와 잔치를 벌이고 편안히 쉰다"(택중유뢰 수 군자이 향회입연식澤中有雷 隨 君子以 嚮晦 入宴息). 출렁거리는 마음은 휴식이 필요하다. 마음의 평정을 유지하기 위해서라도 휴식[즉, 휴식은 무규정적이어야 한다]은 꼭 필요하다. 달빛을 보라. 달빛은, 달빛이 분산散되지 않도록 연못 속에 제 몸을 담가둔다.

인간의 정신은 벼락과도 같다. 수괘隨卦의 괘상卦象[즉, 물과 벼락의 결합]을 보라. 연못 위에 벼락이 떨어진 형상을 보라. 벼락은 연못과 결합하고 있다. 불과 물의 결합이었다. 불은 물속에 있고, 물은 불속에 있다. 이것을 상종相從이라고 부른다. 벼락은 연못을 박차고 천공으로 솟구쳐 오른다. 정신의 점액粘液은 이렇게 솟구친다. 정신은 그 점막粘膜을 뚫고 정화淨化된다. 이때부터 인간은 신명神明의 편재遍在를 가슴에 끌어안는다. 이때부터 우리는 그 정신의 정화를 바라보며 서로를 신뢰하고 또 서로를 따라가게 된다. 신뢰의 용처用處는 불가시不可視로부터 온다. 신뢰는 불가시의 경건이었다. 저와 같은 경건 아래서는 초월과 포괄은 다만 즉물卽物의 모습을 띨 뿐이다. 즉물이 극대極大였다. 즉물이 무無를 흡수한다. 말하자면, 주역의 우주론이 거기 있었던 것이다.

3. ䷑ 산풍고山風蠱 / 마음은 물론 물질의 실명實名까지도 죽어간다

운運은 누구와 만나고 있는가. 운은 무엇인가. 내 몸에 붙어있는 것도 내 운이며, 내 몸밖에 떨어져 있는 것도 내 운이다. 생명의 한계는 끝이 없다. 운은 내 생명을 결정한다. 운은 초자연적인 힘이 아니다[즉, 운은 암초暗礁가 아니다]. 운은 소규모의 주문呪文[즉, 내 마음속에 깃든 감정 반응]과 만나지 않고, 대규모의 갈망[즉, 우주적인 삶]과 제휴한다. 이때부터 운은 운명運命이 된다. 그렇다면, 물방울을 보라. 저 순수한 물방울을 보라. 삶의 예장禮裝[혹은, 중핵中核을 끌어안고 있는 물방울을 보라. 어느 순간 물방울은 더럽혀진다. ䷑ 산풍고山風蠱의 표징標徵을 보라. 고蠱[고蠱는 '뱃속벌레' 고 혹은 '미혹할' 고]는 산 아래 바람이 불고 있는 형상이다. 군자는 이 모양을 보고 백성을 일깨워 그들의 덕성을 길러낸다(산하유풍 고 군자이 진민

육덕山下有風 蠱 君子以 振民育德「상전象傳」). 고蠱의 물결은 고뇌·우울·당혹·냉소·치욕·좌절 따위의 오탁汚濁[가령, 『법화경』에서 말하는 명탁命濁·중생탁衆生濁·번뇌탁煩惱濁·견탁見濁·겁탁劫濁 따위의 오탁五濁]에 휩쓸리는 흠집을 두고 하는 말이다. 바야흐로 세상이 어지러워졌다. 세상 어디든지 벌레들[즉, 고蠱]이 들끓었다. 벌레들은 뱃속창자 속으로까지 파고들어와 네 마음과 내 마음을 파먹고 있으니, 이 원초적 가치의 상실을 어떻게 극복해낼 수 있을까. 고괘蠱卦 상구上九의 효사는 이렇게 말한다; "왕후를 섬기지 말고 내 마음속 고결한 뜻을 지켜내라"(불사왕후 고상기사 不事王侯 高尙其事). 여기서 말하는 내 자신의 뜻이란 곧 시의時義[즉, 현실의식]를 두고 하는 말이다. 시의가 내 운명을 결정한다.

인간의 마음은 무한 속에 투영된 이른바 불교의 생각과도 같은 가현假現이 아니다. 무의식적인 추억이 내 마음을 구체화한다. 그것은 그러니까 근원적인 가치에 대한 그리움이다. 그 가치의 충족이야말로 현실의식이었던 것이다. 그럼에도 불구하고 내 마음은 비좁다. 왜 세상은 진흙탕이 되었는가. 비좁은 내 마음이 세상을 '벌레먹게' 했다. 내 마음보다 큰 것은 '하늘에서 땅으로 쏟아지는 광명'이다[즉, 천도하제이광명天道下濟而光明. ䷎ 지산겸地山謙의 「단전象傳」]. 내 마음속에 들어있는 벌레[즉, 불경不敬]가 하늘의 광명을 흐려놓았으니, 이제부터는 이 마음을 다시 비워내는 덕德을 쌓지 않으면 안 된다. 정신의 활력은 언제든지 하늘의 빛을 본받는다. 덕이란 하늘의 빛을 내 몸 안에 가까이 붙이는 실천을 두고 하는 말이다. 그것은 또 내 마음속 잡념을 몰아내는 일이다. 나는 내가 가진 성정性情을 공경스럽게 함으로써 자연의 이치에 더욱 공손히 순응해야[즉, 손巽]한다. 그렇게 살아감에도 불구하고 악이 닥쳐온다면 그것은 하늘의 뜻일 뿐 사람의 탓은 아니다. 그러한 일들은 내 마음을 어지럽힐 수 없으며 또 그러한 일들로 하여금 어떤 불행을 끌어들여서도 안 된다. 내 마음을 붙들어주는 힘은 그러나 내 마음속에 있는 것이 아니다. 내 마음을 붙들고 있는 힘 그 무의식의 삼투滲透[즉, 영대靈臺]앞에 그러므로 나는 더욱 겸손해질 수밖에 없다(장불우이생심 경중이달피 약시이만악지자 개천야 이비인야 부족이활성 불가내어영대 영대자 유지 이불기소지 이불가지자야 불견기성기이발藏不虞以生心 敬中以達彼 若是而萬惡至者 皆天也 而非人也 不足以滑成 不可內於靈臺 靈臺者 有持 而不其所持 而不可持者也 不見其誠己而發『장자』「경상초庚桑楚」). 그것은 또 일종의 초월론적인 직관[즉, 잠재력]인바 주역 고괘蠱卦「단전象傳」은 이렇게 말한다; "큰 내를 건너가는 것이 이롭다"(이섭대천 왕유사야利涉大川 往有事也). 편벽은 덕을 해친다. 하늘과 땅은 결코 치우치는 법이 없다. 하늘의 정령이든 땅의 정령이든 그것이 어느 쪽으로 치우쳐버리면, 그때는 불선不善이 나타난다. 설령, 불선을 아무도 쳐다보지 않는다고 또 버젓이 행하게 된다면 그때는 귀신이 그의 마음으로 파고들어 처벌받게 된다(위불선호유한지중자 귀득이주지爲不善乎幽間之中者 鬼得而誅之『장자』위와 같은 장).

그렇다면, 실체의 밑바탕을 들여다보자. 위에 있는 강한 것이 밑에 있는 약한 것을 찍어누르게 된다면, 유순함은 죽는다(강상이유하 손이지剛上而柔下 異而止). 노자는 이러한 악폐惡弊를 풀기 위해 다음과 같이 말한다; "꾸부러뜨리면 온전해지고, 휘면 펼쳐진다. 푹 패이면 꽉 차오르고, 낡아지면 새로워진다. 덜어내면 얻게 되고, 많이 늘리면 미혹되게 마련이다. 이치가 이러한 까닭에 성인은 하나를 가지고서 천하를 다스리는 틀로 삼았다"(곡즉전 왕즉직 와즉영 폐즉신 소즉득 다즉혹 시이성인집일위천하식曲則全 枉則直 窪則盈 幣則新 少則得 多則惑 是以聖人執一爲天下式『노자』22장). 하늘[즉,

천도天道]과 인간의 행위[즉, 인도人道]와 원리[즉, 도道]는 곧 '한' 꿰미였던 것이다. 장자도 그 곡즉전曲則全의 이치를 이렇게 패러디했다; "한 번은 용이 되었다가 또 한 번은 뱀이 된다. 자유로이 시간과 더불어 변화한다"[즉, 일룡일사 여시구화一龍一蛇 與時俱化『장자』「산목山木」]. 우리는 무엇을 먼저 보아야 할까. 정형正形인가. 무정형無定形인가. 조화의 표준은 한결같지 않았다.

▤ 산풍고괘山風蠱卦의 고蠱는 내 마음속이 '벌레 먹고', 나아가 세상 한복판이 '벌레 먹었다'는 뜻이다. 물론, 근본적으로는 지금 인간의 영혼이 오탁汚濁에 휘몰리고 있다는 점이 큰 문제다. 그 문제는 그러나 태양[즉, 양陽]과 달[즉, 음陰]의 감응력과도 같은 극지極地의 상처인 까닭에 쉽게 풀릴[즉, ▤ 뇌수해雷水解]것 같지는 않다. 인간의 영혼이 그렇게 오염되었으니, 이제 당장 다시 눈을 뜨고 본질적 실체[즉, 자연]인 대지의 주름살을 바라보라. 죽어간다. 환경오염인 미세먼지가 심각한 지경에 이르렀다. 물질이 죽었다. 물질의 실명實名까지도 죽어간다. 나는 2017년 11월 26일 오전 7시 30분, 침상에 누운 채 MBC방송프로 인도의 영혼 〈강가의 강〉을 시청하던 중 벌떡 일어나 앉았다. 어느 출연자가 이렇게 말할 때였다; "나뭇잎 돌덩어리가 기억합니다. 강물이 기억합니다. 물방울도 기억합니다". 똥 덩어리도 기억한다. 사실인즉 우리네가 여기서 함께 살아가고 있는 이 대자연 그분이 생명체라는 말이었다.

4. ▤ 화뢰서합火雷噬嗑 / 공경심이 우주를 직립으로 세워놓는다

불[즉, ☲ 이離]은 사람의 몸속으로 흘러들어 물[즉, ☵ 감坎]과 결합할 때

음陰이 된다. 불은 음陰이면서, 그래서 음다양陰多陽인 것이다. 불은 열꽃으로 내 몸을 태운 다음, 그리고 내 마음을 빛으로 가득 채운다. 내 몸에 붙어있던 불과는 달리 대지의 숨결로 타오르던 불은 하늘로 올라가 요동을 치니, 이것이 천둥 번갯불[즉, ☳ 뇌雷]이다. 천둥 번갯불은 불과 물의 마찰[즉, 교구交媾]이었던 것이다. ䷔ 화뢰서합火雷噬嗑의 그 천둥 번갯불의 위엄을 가리켜 서합이라고 했으니, 선왕은 이 모양을 보고 형벌을 밝게 하고 법을 확고히 세워나갔다(뇌전 서합 선왕이 명벌칙법雷電 噬嗑 先王以 明罰勅法「상전象傳」). 말하자면 정신과 물질의 생성과정은 이 모드 mode를 본받는다. 내가 내 자신의 몸을 태우는 그 혼불 anima의 발현發顯 속에는[즉, 우리네 삶의 궁극적인 지향 속에는]언제나 어디서나 하늘의 체액體液과도 같은 굴광성屈光性이 들어있었던 것이다. 천둥 번갯불처럼 우주의 실체적 자재自在는 그렇게도 분명했다.

　　䷔ 화뢰서합火雷噬嗑의 단전象傳은 이렇게 말한다; "턱 속에 음식물이 들어있는 것을 서합이라고 한다. 입을 다물고 씹으면 형통한다. 강한 힘과 약한 힘을 분별하고, 사람을 움직여 올바른 이치를 밝혀낸다. 천둥 번갯불과 함께 합쳐져 큰 빛이 우러나게끔 한다"(이중유물 왈서합 서합이형 강유분 동이명 뇌전합이장頤中有物 曰噬嗑 噬嗑而亨 剛柔分 動而明 雷電合而章). 그럼에도 불구하고 신선한 번갯불의 재계齋戒는 식어버렸다. 불꽃은 언제 타오를 것인가. 물론 절망 속에는 원망願望이 있다. 대지가 병들어 몰沒가치의 어둠으로 흠씬 젖어있는 오늘[즉, 앞장 고괘蠱卦의 '벌레먹은' 세상의 혼탁을 보라. 정치든 종교든 예술이든 교육이든 제 자신의 본분을 잃어버린 채 반가치의 이물異物들 속에 깊이 함몰되어 있지 않은가]그 불꽃은 다시 타오를 것이다. 잠시 뒤엔, 그 음습한 독충[즉, 습기濕氣]을 단번에 쓸어낼 벼락

[즉, 뇌전합이장雷電合而章]이 온다.

불꽃은 출렁거린다. 오탁汚濁을 씻어내는 시간 역시 출렁거린다. 시간의 몸놀림 속에는 회한과 불운이 함께 움직인다. 서합괘噬嗑卦의 공리적인 은유는 이렇게 말한다; "족쇄를 채워 발을 없애는 단계[즉, 구교멸지履校滅趾의 초구初九가 있고, 살을 물어뜯어 코를 없애는 단계[즉, 서부멸비噬膚滅鼻의 육이六二]가 있다. 그런가하면, 말린 고기를 씹다가 독을 만나는 단계[즉, 서석육 우독噬腊肉 遇毒의 육삼六三]가 있고, 마른 고기를 씹다가 금화살을 얻는 단계[즉, 서간치 득금시噬乾胏 得金矢의 구사九四]가 있다. 또 마른 고기를 씹다가 황금을 얻는 단계[즉, 서간육 득황금噬乾肉 得黃金의 육오六五]가 있고, 형틀을 썼다가 귀가 떨어져나가는 단계[즉, 하교멸이何校滅耳의 상구上九]가 있다". 여기 보여주는 누진累進의 행세는 결국은 부박浮薄한 지엽 말단에 휩쓸리지 않고 화뢰火雷의 위엄[즉, 천리天理의 뜻]을 쫓아야하는 그 존양存養을 가리키는 말이었다. 내 몸은 결코 사사로운 것이 아니다. 이처럼 부패와 악행은 단번에 소멸되지 않는다. 그것들은 굴곡과도 같이 복잡다단한 변형들로 굴절되어 있기 때문이다. 악행은 관념의 가시덤불 속에서 불가시의 적의敵意들과 함께 공생한다. 분노의 감정이 없는 자는 유약한 나머지 수치심도 제대로 거두지 못한다. 사람들은 왜 악을 삼키고 있는가. 당분처럼 입에 착 달라붙기 때문이다.

사실상, 내가 지금 두려워하는 재앙은 어둠 앞으로 딸려가는 공포가 아니다. 나는 '불행하다'고 생각하는 순간 다시 태어난다[우리는 지금 변화를 이야기하는 주역의 실타래를 풀고 있다]. 그것은 시간의 문제였던 것이다. 시간은 원망願望의 실타래다. 시간은 우주의 간격 저쪽 먼 곳으로 흘러간다. 그 시간은 또 적합한 환대歡待의 막간을 이야기한다. 오늘의 분란紛亂은 잠깐이다[점진을 이야기하는 ䷴ 풍산점風山漸을 다시 한 번 상기해보자]. 그런데 그쪽 점진으로 올라가는 사다리는 없다. 사다리 대신 그렇다면 지금 내 아내 내 자식 내 이웃의 슬픔 앞으로 한 발짝만 더 가까이 다가가 보자. 그것으로 충분하다. 점진은 대우주를 받들고 있는 이슬방울이다. 이슬은 자기 자신을 고집하지 않는다. 이슬은 다른 누구도 부정하지 않는다. 이슬방울의 저와 같은 위엄을 보라. 공자는 이렇게 말했다; "군자는 세상에 살아가면서 그것 하나만을 고집하지 않는다. 그것을 또 아니라고 부정하지도 않는다"(군자지어천하야 무적야 무막야君子之於天下也 無適也 無莫也『논어』「이인里仁」). 무적無適[즉, 공경심]이 우주를 직립으로 세워놓았다.

5. ䷕ 산화비山火賁 / 내 자신을 과도하게 꾸미면 그것이 패악悖惡이다

공자는 이렇게 말했다; "근본이 치장을 압도하면 투박해지고, 치장이 근본을 압도하면 문란해진다. 근본과 치장을 조화롭게 가꾼 다음에라야 군자라 할 수 있다"(질승문즉야 문승질즉사 문질빈빈 연후군자質勝文則野 文勝質則史 文質彬彬 然後君子『논어』「옹야雍也」). 근본[즉, 정신 혹은 내면]과 치장[즉, 형식 혹은 표현]의 문제점을 극복해내기란 그리 쉬운 일이 아니다. 내면은 관념이고, 형식은 현실이다. 평범[즉, 상식]이 좋기는 하지만, 그러나 그 평범을 지켜내기란 여간, 쉬운 일이 아니다. 평범이 가장 큰 위엄이었다. ䷕ 산화비山火賁는, 산 아래 붉은 햇빛이 초목을 비추고 있는 모습이다. 이 비賁[즉, 비賁는 '꾸밀' 비]의 형상을 보고 군자는 정치와 형벌을 신중히 살피게 된다(산하유화 비 군자이 명서정 무감절옥山下有火 賁 君子以 明庶政 无敢折獄「상전象傳」). 그러기에 공자는 「단전彖傳」에서 이렇게 말한다; "(군자는) 천문[즉, 자연의 이치]을 보고 시간이 어떻게 변화하는가를 살피며, 인문[즉, 삶의 질서]을 보고 세상이 어떻게 변화하는가를 살펴 우리네가 여기서 태평하게 살도록 한다"(관호천문 이찰시변 관호인문 이화성천하觀乎天文 以察時變 觀乎人文 以化成天下).

그렇다면, 우리는 이 삶을 어떻게 '꾸며야' 할 것인가. 비괘賁卦 구삼九三의 효사는 이렇게 말한다; "꾸밈은 젖어있는 아름다움이다. 평생 올바른 정신을 지켜야 길하리라"(비여 유여 영정길賁如 濡如 永貞吉). 정신의 고양高揚이 꾸밈의 기준이라는 말이다. 불이 꺼지면 캄캄한 어둠이 온다. 유有가 아름다운가. 무無가 아름다운가. 유有의 주체는 생명[즉, 빛]인가. 혹은 소멸[즉, 불은 꺼진다]인가. 시간은 끝나지 않는다. 시간은 언제든지 불충분하지 않았다. 시간은 어떻게 변화하는가[즉, 이찰시변以察時變]. 불꽃을 보라. 불은 지금 산속의 초목을 비추고 있다[즉, ☲ 산화비山火賁]. 불은 초목을 태우고 있다. 삶 가운데 타오르는 이 불은 삶에 대한 초가치超價値의 실태였다. 그것은 생명의 가치이면서도 또한 소멸의 가치였던 것이다. 불은 자기 자신을 스스로 소멸시키면서 그 순간 빛을 발산한다. 소멸이 본연의 복귀였던 것이다. 이만하면 생명의 질서회복은 가지런한 편이다. 불이야말로 삶의 내밀성內密性이었던 것이다. 시간이야말로 삶의 내밀성이었다. '꾸밈'의 본연은 이 내밀성과 손을 잡는다.

☲ 산화비山火賁의 육사六四 효사는 이렇게 말한다; "치장하되 순백으로 치장하라. 백마를 타고 달려오는 자는, 도둑이 아니라 청혼하려는 사람이다"(비여 파여 백마 한여 비구 혼구賁如 皤如 白馬 翰如 匪寇 婚媾). 순백은 순박함이다. 자기 자신을 자랑하는 사람은 순박함을 모른다. 자연의 근원에

닿아있는 자는 자기 자신을 열어놓은 까닭에 내 자신의 존엄[즉, 덕성으로
서의 항수恒數]혹은 도시적 문명의 작폐作弊로부터 저만큼 물러나있는 사람
이다. 그는 현실을 뛰어넘는다. 그의 심미審美는 아름답다. '꾸밈'의 움직임
은 궁극으로 나아간다. 그 '꾸밈'의 완성은 자연스러움에 있다. 자기회귀적
自己回歸的인 자는 심미적인 자이며, 마침내 그의 심미는 자기갱신 혹은 자
기해체의 공간을 확보한다. 그때 그는 빛[즉, 양陽]과 어둠[즉, 음陰]으로서
의 존립기반[즉, 추진력]을 몸에 붙인다. 그의 '꾸밈'의 바탕은 그렇게도 요
요遙遙한 것이었다. 비괘賁卦 구오九五의 효사는 또 이렇게 말한다; "하얗
게 꾸미면 허물이 없다"(백비 무구白賁 无咎). 투박하게 말하자면, 꾸밈이 없
다[즉, 백비白賁]는 것은 '꾸밈'의 불충분을 가리키는 말이다. 진리는 곧 불
충분[즉, 결핍缺乏]이다. 충분은 결국은 파국을 맞는다. 슬픔은 불충분하기
때문에 도리어 드넓은 것이다. 관용과 포용은 왜 너그러운가. 내 마음속에
슬픔을 깔아놓았기 때문이다. 왜 자비慈悲인가. 자慈[즉, 사랑]와 비悲[즉, 슬
픔]의 공속共屬을 눈여겨보라. 사랑과 슬픔은 함께 있는 것이었다. 꽃의 슬
픔을 쳐다보아라. 꽃은, 말하자면 충분히 넘쳐있기 때문에 그만큼 불충분했
다. 아름다움은 이미 아름답기 때문에 아름다운 것(소크라테스 Socrates BC
470년경~BC 399년)이 아니라, 불충분하기 때문에 아름다운 것이었다. 아
름다움은 제 혼자 따로 있는 아름다움이 아니다. 결핍이 아름답다. 아름다
운 선율이 슬픔을 자아낸다.

　노자는 이렇게 말한다; "흩어져 있구나, 그것은 녹아내리는 얼음덩이와
같다. 투박해 보이는구나, 그것은 나무 등걸과 같다. 텅 비어있구나, 그것은
계곡과 같다. 뒤섞여 있구나, 그것은 흙탕물과 같다. 누가 능히 자기 자신을
흙탕물로 만들어 그 더러움을 가라앉히고 맑아지게 할 수 있을까. 누가 능

히 자기 자신을 붙들어 앉히고 천천히 움직여 다시 생기를 살려낼 수 있을까. 이와 같은 이치를 체득한 자는 가득 채우려들지 않는다"(환혜 약빙지장석 돈혜 기약박 광혜 기약곡 혼혜 기약탁 숙능탁이정지서청 숙능안이구 동지서생 보차도자불욕영澆兮 若冰之將釋 敦兮 其若樸 曠兮 其若谷 混兮 其若濁 孰能濁以靜之徐淸 孰能安以久 動之徐生 保此道者不欲盈). 유有는 아름답다. 무無는 아름답다. 그러나 유보다도 더 아름다운 것은 무다. 무는 결함缺陷과 누락漏落이 아니기 때문이다. 아름다움이 초월이었던 것이다. 그러므로 최상의 '꾸밈'은 '꾸미지' 않는 데 있다. 길바닥에 떨어진 돌멩이를 보아라. 진리는 꾸미지 않는다.

6. ䷷ 화산려火山旅 / 대관절 나는 어디 있단 말인가

䷕ 산화비山火賁의 상괘와 하괘의 위치를 반대로 바꾸어 놓고 보면, 착종괘錯綜卦 ䷷ 화산려火山旅가 된다. 산 위에 불이 붙어있는 모습이 여旅인데, 군자는 이 형상을 보고 형벌을 가하는 것에 삼가며 죄인을 옥에 가둬놓지 않는다고 했다(산상유화 여 군자이명신용형 이불류옥山上有火 旅 君子以明愼用刑 而不留獄「상전象傳」). 본래 인생이란 정처 없이 떠도는 유랑流浪인가. 잠깐 집안일을 제자리에 놓아두고 길을 나서보아라. 길을 따라가면서 풀 한 포기를 쳐다보고 그리고 또 밤하늘의 달빛 별빛을 바라보아라. 풀 한 포기를 보더라도 인생은 가이없는 나그네길이다. 그래서 인생은 향기롭지 않은가. 이천伊川(정이程頤 1033~1107) 선생의 다음과 같은 싯귀 한 매듭을 읽어보자; "풍광이 일어나 하늘 높이 솟아오르니 지극에 이르렀도다. 빈천도 없고 부귀도 없구나. 보낼 일도 맞이할 일도 없으니 이젠 거리낄 것도 미워할 것도 없구나"(색사기거 상이후지 무천무빈 무부무귀 무장무영 무구무기

色斯其舉 翔而後至 無賤無貧 無富無貴 無將無迎 無拘無忌『이천격양집』「안락음安樂吟」).

그러나, 그렇지 않다. 삶의 양식은 결코 지금까지 밝아온 수많은 규칙에 좌우되지 않는다. 음양[즉, 태극太極]의 질서는 아직 상象과 수數의 맥락으로 다 드러나는 것이 아니기 때문이다[즉, 상수미형象數未形]. 어떤 삶의 존재용법이든 그곳에는 언제든지 능동과 수동의 또 다른 요원들이 끼어들게 마련이다[이를, 노자는 '도가도비상도道可道非常道'라고 규정했다. 그는 자연 혹은 도를 차연적差延的 결합으로 보았던 것이다]. 주역의 관점은 단순했다. 관물觀物과 점占을 바라보는 주역의 존재형식을 일별해 보면, 물질과 정신의 각인刻印[즉, 유무有無 상관의 명운命運]마다 거기에는 꼭 감응과 상응이라는 미약媚藥으로서의 처방을 빠뜨리지 않고 천명하고 있으니 말이다. 인생은 원초적 감각의 실체 속에서 그날그날 흔들리고 있다. 흔들림(즉, 움직임)은 아름답다. 움직여야 산다.

☰☶ 화산려火山旅 초육初六의 처지에 있다는 것은 초라하기 이를 데 없는 구차한 삶일 수밖에 없다. 여기저기서 재앙이 몰려온다(여쇄쇄 사기소취재旅瑣瑣 斯其所取災「효사爻辭」). 왜 그런가. 내가 내 자신을 돌볼 겨를도 없이 떠나는 여행길이니, 정신이 궁해져 끝내는 재앙에 휩쓸리게 된다(여쇄쇄 지궁 재야旅瑣瑣 志窮 災也「상전象傳」). 내가 내 자신을 돌보지 않을 때는 그동안 저쪽 천상을 비추고 있던 영혼의 거울[즉, 초월의 현존성]이 깨져버린다. 이때 나는 그저 자질구레한 짚북데기 겉허울이 된다. 혹여 어떤 충일감에 닿아있다고 하더라도 그것은 평온을 위장한 허울일 뿐이다. 나그네의 발걸음이 하수구의 물웅덩이에 빠져있기 때문이다. 나는 어디로 떠나야

하는가. 여행이란 사실 자기경색自己梗塞의 잡답雜沓을 해체하는 배출구가 되어야 한다. 여행길에서 만난 돌멩이와 가시덤불과 담벼락들은 그것이 나를 뛰어넘는 타자他自라는 점[즉, 내 자신의 실천적 계기]에서 그 순간 나는 나를 새롭게 탈脫주관화하는 경로 앞에 마주서게 된다.

여괘旅卦 육오六五의 효사는 이렇게 말한다; "꿩을 잡는 데는 화살 한 촉이면 충분하다. 끝내는 명예를 얻고 하늘의 큰 뜻에 이르게 되리라"(석치일시망 종이예명射雉一矢亡 終以譽命「효사爻辭」). 내가 나를 더 넓은 관점으로 펼쳐놓으면[즉, 주관의 객체화], 나는 좀 더 심원한 정신의 누각을 바라볼 수 있다. 이때는 내 눈빛이 하늘의 숨결로 물결친다. 하늘 강가에 다다른 나그네의 노櫓를 바라보아라. 그는 지금 은하수의 푸른 장막 속으로 숨어들고 있지 않은가. 그의 몸집은 나뭇잎처럼 구름 한 조각처럼 천상의 속도에 맞추어 가볍게 파득거렸다. 이와 같이, 나는 나를 떠나 먼 곳으로 흘러갔다가 마침내 내 자신으로 다시금 되돌아오게 되었다. 나는, 자족의 근거가 내 자신에게 있다는 사실을 비로소 깨달았다. 그동안 인생은 어떤 무게를 지니고 있었던가. 이때부터는 저쪽에 있던 시각視覺들은 실물이 아니었지만, 잠시 뒤엔 더 엄중한 실물이 되어 돌아왔다. 아리스토텔레스(Aristoteles BC 384~BC 322)는 그것을 복제된 쾌감 혹은 정화효과 (『시학』8장)라고 말했다. 의미보다 더 강한 것은 물질[즉, 현실의 곡면曲面]이다. 그러나 그 물질의 한계는 언제나 이디서나 하릴없는 망량罔兩[즉, (그림자)²]에 둘러싸여 있다는 점이다. 그렇다면, 이제 짐을 꾸리고 여행길에 나서보아라. 얼마 후 집으로 돌아올 적엔 어언간 내 자신이 주사적主使的 주체가 아니라는 점도 분명해져 있으리라. 이때는, 내 쪽에서 먼저 우리 집 담장 안에 핀 장미꽃들 앞에서 꾸뻑꾸뻑 고개를 수구려 절을 하고 있을 것이다.

7. ䷸ 중풍손重風巽 / 바람은 또 다른 바람을 따라가며 생기를 얻는다

공기[즉, ☴ 손巽]의 외양外樣은 어디 있던가. 공기와 결합하지 않은 정신은 죽은 정신이다. 모든 존재의 출현은 공기의 비움으로부터 온 것이었다[예컨대, 풀잎과 푸른 하늘의 연관을 보라]. 대동大同의 연관은 그렇게 열리게 된다. 대동[대동이란, ䷌ 천화동인天火同人과 ䷍ 화천대유火天大有의 생생함을 짝지은 말이다]을 잃어버리게 되면, 그 순간 공기는 죽는다. 그러므로 공기 없이는 정신의 탈물질화의 진행은 애당초 불가능한 일이다. ䷸ 중풍손重風巽의 인상印象 '공손한 정신'의 활기를 쳐다보자. 바람이 바람을 쫓아가는 모습을 손巽[즉, 손巽은 '따를' 손 혹은 '유순할' 손]이라고 한다. 군자는 이 모양을 보고 사람들이 일을 잘 수행할 수 있도록 설득한다(수풍 손 군자이 신명행사隨風 巽 君子以 申命行事「상전象傳」). 바람의 정기精氣는 무엇인가. 바람은 또 다른 바람을 따라가며 생기를 일으킨다. 사람의 정기는 무엇인가. 사람은 하늘의 명命을 받들므로 하여 생기[즉, 성정性情]를 얻는다. 이를 가리켜 자사(子思 BC 483년경~BC 402년경)는 이렇게 말한다; "하늘이 명하는 것을 일컬어 성性이라 하고, 그 성을 따르는 것을 일컬어 도道라고 한다"(천명지위성 솔성지위도天命之謂性 率性之謂道『중용』「천명장天命章」). 벌레의 정기는 무엇인가. 벌레는 오로지 벌레노릇하기 때문에 벌레였다(유충능충 유충능천唯蟲能蟲 唯蟲能天『장자』「경상초庚桑楚」).

바람은 바람에게 순명順命한다. 바람은 바람과 결합한다. 벌레는 벌레에게 순명한다. 사람은 하늘에게 순명한다. 순명의 정신이 '그' 삶을 신명申命의 행동으로 이끌어간다[즉, 손巽은 조금 형통하게 한다. 하고자 하면, 이루어진다. 대인을 만나면 더 좋을 것이다(손소형 이유유왕 이견대인巽小亨 利有攸往 利見大人「괘사卦辭」)]. 순명의 자세는, 그러니까 그것은 『구약』에서 보여주는바 번제燔祭의 정신[즉, 아브라함의 순종]과도 일맥상통하는 것이었다(창세기 22:7~8). 그것은 어떤 재앙이든 그 재앙을 단숨에 뛰어넘는 대동의 비상[즉, 자연의 원기元氣]이었던 셈이다.

그러나, 그럴지라도 순명의 정신을 지속하기란 여간 어려운 일이 아니다. 그렇게 되기 위해서는 먼저 내 마음을 닦지 않으면 안된다. 장자는 이렇게 말한다; "그대가 무위 속에서 살아가게 되면, 만물은 저절로 변화하게 될 것이오. 그대가 형체를 떼어낸 다음 그대의 총명까지도 내버리게 된다면, 사물에 대한 생각을 잊고 자연의 운기와 조화롭게 섞일 테니 말이오. 마음과 정신을 풀어헤쳐버리면, 가물가물 영혼마저도 떠나갈 테니 말이오. 그리되면 만물은 번창할 테고, 누구든지 자기 자신의 본분으로 돌아갈 테니 말이오"(여도처무위 이물자화 타이형체 토이총명 윤여물망 대동호행명 해심석신 막연무혼 만물운운 각복기근汝徒處無爲 而物自化 墮爾形體 吐爾聰明 倫與物忘 大同乎涬溟 解心釋神 莫然無魂 萬物云云 各復其根『장자』「재유在宥」). 여기서 말하는 그 '처무위處無爲'란 '거기 있는 그대로를 그냥 내버려 둔다'는 뜻이기도 하고, 그와는 반대로 이 세상에 있는 다른 '불멸'이기도 하다. 다시 말하자면, 그것은 공손함을 내 몸속으로 끌어들이는 뜨거운 갈망을 두고 하는 말이었다. 바람의 길을 따라가 보자. 대기는 천명天命의 역동성으로 가득 차있다. 그러나 그렇다고 하더라도 우리는 어떻게 하면 저쪽 산정의 고결함으로부터 내려와 좀 더 고요하고 나지막하게 숨결을 고르는 박명薄明 앞에 내 몸을 맡겨둘 수 있겠는가. 시간은 날마다 새로워졌다. 그렇게 시간이 흐른 동안, 불변[혹은, 지극]과 가변[혹은, 현실]은 한 꼭지에 매달려 흔들리고 있었다.

　바람은 어디로 흘러가는가. 바람은 풀을 흔들고, 나무를 흔들고, 마침내 세상을 흔든다. 바람은 하늘을 흔든다. 그러기에 바람은 '처무위處無爲'의 온당함을 흔든다[즉, 바람의 용처用處는 이렇게 말한다; "처음은 없지만, 끝냄이 있다"(무초유종无初有終, 「손괘巽卦 구오九五의 효사爻辭」)]. 인생의 가치는 삶의 표면[즉, 연금술에서는 비금속卑金屬에서 귀금속을 뽑아내지 않는가]에 붙어있지 않다. 인생이란 저마다 최종적인 죽음 앞으로 달려가는 바람 한 가닥이란 말인가. 죽음은 공기 속에 살아있는 것이었다. 바람은 우주를 향해 천천히 숨을 몰아쉰다.

　바람은 단면單面으로 흐르지 않는다. 바람은 곡면曲面 속으로 흘러들어 간다. 바람은 초월의 스펙트럼 속에 불의 냄새[즉, 생명의 고결성]를 끌어들인 다음 풀밭에서 혹은 어둠 한복판에서 몸을 새로 씻는다. 바람의 상쾌함을 온몸으로 받아들인 자는 자기 자신에 대한 존귀함을 다시 깨닫게 되며, 마침내 그의 정신은 우주적인 불멸에 대한 사랑으로 나아가게 된다. 그러나 지금 그가 바라보는 것은 물방울 한 점의 곡면이었다.

　공자는 64괘卦 중 덕德의 관건 아홉[즉, 구덕九德]을 밝히면서 이렇게 말한다; "(덕을 행할 때는) 손巽으로써 권세를 운용한다"(손이행권巽以行權 「계사전하繫辭傳下」 제7장). 언제든 부드러운 숨결이 강한[즉, 딱딱한]세력을 평정한다.

8. ☱ 중택태重澤兌 / 기쁨에 끌려다니다가는 자신을 망쳐버리고 만다

☴ 중풍손重風巽의 자리를 서로 반대의 입장으로 뒤집어 바라보면, 도전괘倒顚卦 ☱ 중택태重澤兌가 된다. 연못들[혹은, 윗입술과 아랫입술]이 서로 맞닿은 것이 태괘兌卦의 모습이다. 군자는 이를 보고 친구들과 함께 학문을 강론한다(이택 태 군자이 붕우강습麗澤 兌 君子以 朋友講習 「상전象傳」). 태兌[즉, 태兌는 '말할' 태 혹은 '기뻐할' 태는 형통함이니, 올바른 정신을 펼쳐야 한다(태 형 이정兌 亨 利貞 「괘사卦辭」). 「단전象傳」은 다시 이렇게 말한다; "치자는 하늘의 뜻에 순응하고, 백성들의 마음에 호응해 그들의 삶을 더 큰 기쁨에 이르도록 이끌어야 한다. 그리 되면 백성들은 어떤 고역이든 잘 견뎌내며, 국난의 위기 속에서도 목숨을 기꺼이 던질 것이다. 그 기쁨의 힘은 백성들을 더 큰 희망으로 나아가도록 북돋을 것이다"(순호천이응호인 열이선민 민망기로 열이범난 민망기사 열지대 민권의재順乎天而應乎人 說以先民 民忘其勞 說以犯難 民忘其死 說之大 民勸矣哉). 치자란 모름지기 자기 제석帝釋의 신풀이가 아닌 공동체의 기율紀律을 더 크게 바라보는 눈이 있어야 한다. 백성을 외면한 치자의 맹목盲目은 그것이 독창毒瘡이다. 연산(燕山 1476~1506)이 그랬고, 줄줄이 이어지는 이 나라 치자들의 독직瀆職이 그랬다.

어둔 밤하늘에 깔려있는 별빛을 바라보라. 연못을 흔들고 지나가는 물살을 쳐다보라. 저것들 엄혹한 숨결들은 무엇에 대한 감응일 것인가. 음陰과 양陽은 언제든지 자연 속에서 만난다. 시간은 어떻게 오는가. 시간은, 인간이 살아가는 품성을 좇아 다가온다. 물은 연못으로 모인다[즉, 연못의 모양은 군림한다는 임臨이다]. 태괘兌卦 초구初九의 효사는 이렇게 말한다; "서로 화합하는 기쁨이니, 길하도다"(화태 길 和兌 吉). 물은 생명의 원천[즉, 빛나는 숨결]이다. 연못에 모인 물이 투명하지 않으면, 재계齋戒의 물은 될 수 없다. 공자는 그러기에 이렇게 말한다; "화합하는 기쁨이 길하기 위해서는 그리 행하는 데 있어서 어떤 의심도 끼어들어서는 안된다"(화태지길 행미의야和兌之吉 行未疑也「상전象傳」). 재계의 물은 깨끗하고 맑아야 한다. 물은 신명神明과 소통하는 숨결이다.

☴ 중풍손重風巽의 숨결[즉, 바람의 이입移入]과 ☱ 중택태重澤兌의 물결[즉, 연못의 이출移出]을 좀 더 주의깊이 바라보면 우리들 자신의 삶이란, 저것들 화열和悅의 감응을 그대로 빼닮은 것임을 알게 된다. 연못의 물결을 흔들고 지나가는 바람의 헌신을 보라. 손괘巽卦의 「단전象傳」은 이렇게 말한다; "바람이 바람을 따르듯이 명을 받들어라"(중손 이신명重巽 以申命). 이 얼마나 아름다운 말인가. 그런가하면, 태괘兌卦의 상육上六은 우리들에게 또 이렇게 경고한다; "기쁨에 끌려 다니다가는 자신을 망치게 되며, 빛을 잃는다"(인태 미광야引兌 未光也「상전象傳」). 이 또한 얼마나 엄중한 경고인가. 지금은 내 정신이 내 자신을 완성한다는 자의식에 매달릴 때가 아니다. 물결을 보아라. 바람을 보아라. 물결과 바람을 쳐다보게 되면, 나는 내 자신의 의식에 국한된 자가 아니라는 점을 거듭 깨닫게 된다.

제6장

'지금'이 초월이다

당신은 언제부터 여기에 있었는가. 내가 내가 아닐 때 이때부터 당신은 여기에 있었던 것이다. 당신은 그러니까 '물'의 대행자였던 것이다. 물은 영혼의 세계에 가장 가까이 닿아 있는 물질이다. 물은 '둥그런' 것이기 때문이다. 물은 음陰과 양陽의 중심[즉, 영零('0')의 자리]에 자리를 잡는다. 물은 수數가 없는 제로 zero 함수函數의 출발선상에서 [즉, 무실체적인 조건에서] 언제든지 '당신'에게 자기 자신을 헌정하는 자者이다. 생명[즉, 수數]은 물[즉, '0'의 세계]로부터 나온다. 영零[즉, '0']은 가감加減의 갈림길에 있다. '영零'은 보태는 자도 아니며, 덜어내는 자도 아니다. '0'이 없다면, 그러니까 어떤 것에 무엇을 보태거나 혹은 어떤 것에서 무엇을 덜어낼 수도 없다. '0'은 가운데 있는 중中이다. 『중용』은 이렇게 말한다; "가운데 있는 '0'이야말로 세상에 있는 대본大本이다. 그 중中[즉, 대본大本]을 이루어내는 화和는 이 세상에 통용되는 일상사의 도리道理인 것이다. '0'으로 말미암아 중화中和에 이른다는 것은 천지의 자리매김인 것이며, 이로부터 만물은 길러지는 것이다" (중야자 천하지대본야 화야자 천하지달도야 치중화 천지위언 만물육언中也者 天下之大本也 和也者 天下之達道也 致中和 天地位焉 萬物育焉『중용』제1장). 다시 말하자면, '0'은 '지금'의 세계인 것이다. '지금'이 없는 것이라면, '미래'가 없는 것이고 또한 '과거'도 없는 것이다. '지금'이 없는 것이라면, '초월'은 없다. 왜냐하면 지금은 초월의 산실이기 때문이다. 이름은 중요하지 않다. 어떤 이름이든 그 이름을 지켜내는 집중이 더 중요하다. 꽃을 꽃이라고 말하고, 돌을 돌이라고 말하라. 먼지를 보면 먼지라고 말하라. 먼지를 먼지로 바라볼 때 거기서부터 초월의 세계는 열린다. 당신은 누구인가. 당신은 '물'의 대행자였던 것이다. 아니다. 당신은 '물'이었던 것이다. 나는 누구인가. 나는 '당신'을 바라보기에 영혼을 지닌 자者이다. '지금'이 초월이라는 말은 이를 두고 하는 말이다. 초월은 주역에서 말하는 바르게 해서 길하다는 '정길貞吉'이며, 길하여 허물이 없다는 '길무구吉无咎'이며, 거한 자리가 가운데 있다는 '거위중居位中'이며, 가서 길하다는 '정길征吉'의 세계인 것이다. 물방울을 보아라. 물방울은 아름답다. 물방울은, 그러므로 저와 같은 중용中庸의 본성을 끌어안은 존재이다.

1. ䷯ 수풍정水風井 / 물 한 모금이 국가의 순정률純正律이다

풍風은 양가兩價의 표본이다. 풍은 나무이면서 또한 바람이다. 물은 물이기 때문에 가역可逆하기도 한다. 물이 나무 위로 솟아오르는 모습이 정井의 형상이다. 군자는 이 모양을 보고 백성을 위로하며 그들이 서로 도우며 살아갈 수 있게끔 독려한다(목상유수 정 군자이 노민권상木上有水 井 君子以 勞民勸相「괘상卦象」). 나무 위로 솟아오르는 물의 역류逆流를 보라[그러니까, 물은 순류順流만 하지 않는다]. 나무를 타고 솟아오르는 물은, 그것이 곧 우리네 영혼의 형질이 아니었던가. 물은 미진未盡할 리가 없다. 물은 내 몸 안의 체액體液으로 감돌 때는 내재적 정령精靈의 입질에 불과하지만, 그것이 더 넓은 규율 구조로 번지게 될 때는 우리 사회 전반의 정합整合을 바꾸어 놓는 입법이 된다. 물은 우리네 영혼의 자양분이기 때문이다.

어느 한 순간, 물은 바람과 결합한다. 바람이면서 나무인 공기의 진폭이 물과 한 몸으로 섞이면서 영혼의 유동체流動體가 나타난다. 말하자면, 물은 더 이상 물체 objets가 아닌 정신의 기표가 되어 우리네 삶을 좀 더 깊은 혼불로 불태운다. 나는 물속에서 물결의 뜻에 따라 움직이는 훈심薰心을 얻는다. 그렇다면, 나는 누구인가. 나무 곁에서 나는 지나가는 나무일뿐이다. 나는 어느덧 내 자신이 과객의 신분이면서도 과분하게도 먼 우주의 품으로 비상飛上하는 바람의 적손嫡孫이 되었다. 인간은 바람의 계략計略 앞에서 누가 자유로울 수 있겠는가.

우물 앞에 서게 되면, 사실 운명이란 것은 내 자신의 몸에 붙어 있는 어떤 분별이 아니라 좀 더 깊은 피안彼岸[즉, 불멸]의 두레박줄에 매달린 바람결임을 알게 된다. 분명히 말해서 내 삶의 실상은, 그것이 지금 내 몫으로만 남아있는 물목物目이 아니다. 인생의 길흉吉凶 문제가 어찌 지류支流의 언덕배기에 걸려 있겠는가. 정괘井卦 초육初六의 효사는 이렇게 말한다; "우물 밑바닥이 진흙탕이라 떠먹을 수 없다. 오래된 샘물에는 새들도 날아오지 않는다"(정니불식 구정 무금井泥不食 舊井 无禽). 새들은 오염된 땅을 밟지 않는다. 신령스러운 영혼은 진흙을 밟지 않는다. 시간마저도 그 땅을 버린 것이었다(시사야時舍也「상전象傳」). 발길을 돌려보자. 인생의 아름다운 몸가짐[즉, 운기運氣]그 뒤안길에는 반드시 맑은 우물에 맞닿은 천기天機가 숨어 있다.

정괘井卦 구삼九三의 효사는 이렇게 말한다; "우물을 깨끗이 쳐냈건만 사람들이 물을 길어 올리지 않으니 슬프구나. 충분히 맑은 물을 퍼낼 수 있으련만. 왕이 밝은 사람이라면 모두들 함께 복을 받으리라"(정설불식 위아심측 가용급 왕명 병수기복井渫不食 爲我心惻 可用汲 王明 幷受其福). 우물은 내 마음속 심연深淵의 표상이다. 내 마음은 정결한데[즉, 구삼 九三의 자리] 그것을 알아주는 사람[즉, 구오九五의 자리]이 지금 외면하고 있으니, 슬플 수밖에[즉, 행측야行惻也「상전象傳」]. 내 마음을 더 맑게 정화하기[즉, 정설 井渫]위해서는 물론 크나큰 슬픔을 감내하는 공덕도 필요하다. 슬픔이 슬픔을 대비하기 때문이다. 슬픔은 결핍이 아니다.

정괘井卦 육사六四의 효사는 또 이렇게 말한다; "우물물이 깨끗하도록 돌벽을 치면 허물이 없으리라"(정추 무구井甃 无咎). 정추井甃란 구령救靈의 정성스러움[즉, 염결성廉潔性]을 두고 하는 말이다. 물은 내 입술을 적신 다음 내 몸속으로 흘러들어간다. 얼마 후 나는 천천히 내 몸속을 떠도는 세라핌 Seraphim[즉, 구품천신九品天神. 이것들은, 이를테면 진흙탕에 사는 귀신 이리履 · 부엌 아궁이에 사는 귀신 결髻 · 쓰레기더미에 사는 귀신 뇌정雷霆 · 물속에 사는 귀신 망상罔象 · 언덕에 사는 귀신 신莘 · 산에 사는 귀신 기夔 · 들에 사는 귀신 방황彷徨 · 연못에 사는 귀신 위사委蛇 등의 유의類義로도 변용變容된다『장자』「달생達生」]과 눈을 맞춘 다음 타자의 여백[즉, 타자의 입술을 적시는 물의 가치체현 valuation]앞으로 바짝 다가앉는다. 이것은, 물방울이 내 몸을 훑고 지나가는 연동蠕動인 동시에 또한 내 몸을 지탱해주는 물방울의 변증법이다.

☵ 수풍정水風井 구오九五의 효사는 다시 이렇게 말한다; "샘물이 맑고 차디찬 것이라면 (사람들은) 그 우물물을 즐겨 마시게 된다"(정렬한천식井冽寒泉食). 그와 같은 샘물은 신물神物을 일으켜 세우는 물질이다[즉, 시흥신물是興神物「계사전상繫辭傳上」제11장]. 군자는 그 샘물을 마시고 또 그 샘물로써 몸을 씻으며 심령心靈을 다스린다. 한천寒泉은 중정한 것이기에[즉, 한천지식 중정야寒泉之食 中正也「상전象傳」]어느덧 지극을 지켜내는 신물이 되었던 것이다. 누구나 그 샘물을 길어 마실 수 있게끔 이제는 그 우물의 덮개를 씌워서는 안 된다(정수물막 유부 원길井收勿幕 有孚 元吉「상육上六」). 신선한 물은 우리네 몸속으로 흘러들어와 내 영혼의 물결을 흔든다. 그럼에도 불구하고, 비행非行은 왜 생기는가. 그것은 사회 규범의 문란으로부터 오는 것이 아니라, 우리네 생애 어느 한 순간 목구멍으로 흘러들어오는 물방울의 불결로부터 온다. 말하자면, 물 한 모금[즉, 환유換喩]이 국가의 순정률純正律이었다. 이 순정純正을 잃어버릴 때 국가는 망한다[아, 오늘날 이 시대의 부정을 보라. 부패를 보라]. 극단적으로 말해보자. 맑은 물 한 모금을 마실 때 나는 무無[즉, 순수의 근원]를 느낀다.

공자는 64괘卦 중 덕德의 관건 아홉[즉, 구덕九德]을 밝히면서 이렇게 말한다; "(덕을 행할 때는) 정井으로써 의義를 판별한다"(정이변의井以辨義 「계사전하繫辭傳下」 제7장). 맑은 샘물[즉, 환유換喩]이야말로 도덕률의 기반이었던 것이다.

2. ☲ 택화혁澤火革 / 행복은 유무有無에 있지 않고, 마음속에 있다

풀은 신神이 아니다. 풀은 풀일 뿐이다. 나는 풀과 함께 이 세상에 살아 있다는 것이 좋다. 그 점을 주역은 길吉 혹은 무구无咎라고 천명한다[즉, 주역은 무신론자 atheist의 기록일 뿐이다]. 길吉은 흉凶이 있기 때문에 길할 뿐이다. 주역에는 초자연이 없다. 이를테면, 바람의 '숨결'과 호수의 '물결'이 있을 뿐이다. 따라서 인간의 몸에 붙은 심령과 영혼은 신의 권속眷屬이 아닌 자연의 기운일 뿐이다. 하늘[즉, 천성天性]마저도 실은 인간의 거동에 붙어 있는 것이었다. 그러한 하늘은 가장 강력한 실존의 근거였다[즉, 부건 천하지지건야夫乾 天下之至健也「계사전하繫辭傳下」 제12장]. 왜냐하면, 하늘은 하늘로부터 왔기 때문이다[즉, 유有는 유有로부터 생길 뿐이다. 유有는 무無를 포함한 유有이기 때문이다. 따라서 유有가 무無로부터 왔다는 노자의 생각은 틀린 생각이었다(유생어무有生於無『노자』40장). 유와 무는 상호공속의 밀월蜜月 속에 붙어 있다. 그러니까 유무의 문제는 형태의 문제가 아니었던 것이다]. 아인슈타인(A.Einstein 1879년~1955년)은 이 유무의 관계를 다음과 같은 방정식 $E=mc^2$(즉, 에너지는 질량에 광속의 제곱을 곱한 것과 같다)으로 설명했다. 우주의 질량 에너지 속에서는 요컨대 유무가 하나로 공존한다[즉, 질량 에너지는 결코 생성되거나 파괴될 수 없다]. 그러므로 인생의 가장 아름다운 명운命運은 사실상 어떻게 사느냐 하는 형태보다도 무슨 생각[즉, 뜻]을 하며 살아가느냐 하는 가치의 문제들과 결부된 것이었다.

연못 한가운데 불이 있는 것을 혁革이라고 한다, 군자는 이 모양을 보고 역歷을 만들어 때의 원리를 밝혀낸다(택중유화 혁 군자이 치력명시澤中有火革 君子以 治歷明時「상전象傳」). 연못은 아래로 흘러내리고, 불은 위로 타오르기 때문에 그 둘은 각기 제 자신을 버린 뒤에 다른 변혁變革으로 나아간다. 이는 혁革[즉, 혁革은 '고칠' 혁]의 때인 것이다. 하늘에 순응하고 사람들에게 호응하니, 이 혁革의 때는 큰 것이었다(순호천이응호인 혁지시 대의재順乎天而應乎人 革之時 大矣哉「단전彖傳」). 말하자면, 오전이 오후로 기울어지는 것이 그것이고[즉, 순호천順乎天], 상商나라 탕湯이 하夏나라 걸桀의 목을 베어버린 것이 그것이다[즉, 응호인應乎人]. 변혁을 도모할 때는, 그러니까 물은 불을 끄고 불은 물을 말리는 수화상식水火相息의 상극相剋을 품어 안아야 한다. 그때라야 비로소 앙심은 사라지고 내가 이기고 네가 이기는 이른바 상득相得의 길이 열리는 것이다.

혁괘革卦 육이六二의 효사는 이렇게 말한다; "마침내 때가 되었으니, 개혁에 나서라. 행동으로 옮기면 허물이 없을 것이다"(이일 내혁지 정 길 무구已日 乃革之 征 吉 无咎). 모든 일에는 때가 있는 법이다. 그리고 일을 도모할 때는 단호해야 한다. 무엇을 고칠 때는 표면이 아닌 의식[즉, 가치관]의 전환까지 바꿔야 한다. 혁괘革卦의 하괘下卦는 ☲ 불[즉, 이離. 중순中順]이다. 이때 행동으로 옮기면[즉, 주周의 무왕武王이 은殷의 주紂를 처단했듯이], 반드시 성공한다 (행유가야行有嘉也「상전象傳」). 혁괘革卦 구사九四의 효사는 다시 이렇게 말한다; "뉘우침마저 없애는 것이니, 믿음을 가지고 사람들을 거듭 일깨우면 길하리라"(회망 유부 개명 길悔亡 有孚 改命 吉). 진秦나라의 상앙(商鞅 BC 395년경~BC 338년)은 신하된 몸으로[즉, 구사九四의 자리] 군주[즉, 구오九五의 자리]인 효공(孝公 BC 381년~BC 338년)과 함께 변법變法[즉, 법치]을 시행함으로써 새로운 사회를 건설했다[진秦나라 천하통일의 기틀은 그때 이루어진 것이었다]. 백성들이 지도자를 믿고 따라갈 때 그때 개혁은 성공한다(개명지길 신지야改命之吉 信志也「상전象傳」).

혁괘革卦 상육上六의 효사는 또 이렇게 말한다; "군자는 표범으로 변하고, 소인은 낯빛만 고친다. 무조건 밀어붙이면 흉하지만, 바르게 행하면 길하리라"(군자표변 소인혁면 정 흉 거정 길君子豹變 小人革面 征 凶 居貞 吉). 대인의 위의威儀는 호랑이 혹은 표범의 풍모를 지닌다. 노자는 치자의 역량에 대해서 이렇게 말한다; "내가 억지로 일을 행하지 않으면 백성은 저절로 감화되며, 내가 정숙한 몸가짐을 갖게 되면 백성은 저절로 바르게 살아가고, 내가 일을 꾸미지 않으면 백성은 저절로 풍요롭게 살며, 내가 욕심을 내지 않으면 백성은 저절로 검소하게 산다"(아무위이민자화 아호정이민자정 아무사이민자부 아무욕이민자박我無爲而民自化 我好靜而民自正 我無事而民自富 我無欲而民自樸『노자』57장). 개혁의 성과는 물론 표범의 얼룩무늬와도 같은 문채로 나타난다. 그만큼 화해로운 기쁨을 동반한다. 그러나, 그렇더라도 그 개혁으로 인한 소인들의 혁면革面에 숨은 반발을 염두에 두지 않으면 안 된다.

3. ䷱ 화풍정火風鼎 / 내 몸은 음식물을 잘 끓여내는 솥과 같다

䷱ 정괘鼎卦의 괘상卦象을 보자. 정鼎[즉, 정鼎은 '솥' 정]은 나무에 불을

지펴 밥을 '끓여내는' 도구이다(정 상야 이목손화 팽임야鼎 象也 以木巽也 亨 餁也「단전象傳」). 군자는 이를 바라보며, (내 삶이) 바른 자리에서 하늘의 명과 합해지도록 힘쓴다(군자이 정위응명君子以 正位凝命「괘상卦象」). 솥은 음식물을 잘 끓여내는 용도로 쓰인다. 인생사 형통함[즉, 원형元亨]이란 것도 따지고 보면, 그 솥으로 '끓여내는' 음식물의 팽烹과도 같은 것이리라. 팽烹은 바로 화목火木의 손끝[즉, 정鼎의 모양]에서 무르녹기 때문이다. 인생은 무정형無定形이지만, 군자는 이 화목火木의 손길을 보고 삶의 중심축을 바로잡는다. 그는 ☰ 혁革으로써 낡은 것을 제거한 뒤, ☰ 정鼎으로써 새로운 것을 다시 성취해낸다(혁 거고야 정 취신야革 去故也 鼎 取新也「잡괘전雜卦傳」). 솥은, 그러므로 우리가 살아가는 데 있어서 존재의 전환을 이끌어내는 그 초월의 방정식에 닿은 용기用器였던 것이다. 새로운 창조는 솥[즉, 내 몸]안에서 이루어진다.

빛의 돌올突兀을 위해서는 먼저 어둠의 강을 건너가야 한다. 시간은 검정색과 흰색의 퇴적층 위에서 나부끼며 수많은 형질의 의식意識으로 되살아난다. 시간이 여느 신경 자극으로만 처리되어서는 안 되는 이유가 여기에 있다. 시간은 그만큼 비종교적인 것이었다. 내 자신의 생애와 물방울의 출현과 영원의 지속[혹은, 예수의 탄생]까지도 그것들은 여전히 질량 에너지의 보존법칙 안에 깃들어 있는 것이기 때문이다. 이육사(李陸史 1904년 ~1944년)는 소설 『황엽전黃葉錢』에서 이렇게 쓴다; "낮과 밤은 그넷줄처럼 바뀌었습니다. 해도 점점 짧아지고 물들이 얼어붙으며 첫눈이 내린 것도 벌써 열흘 전이었습니다. 그들은 아직까지도 발붙일 땅과 한 가지의 일거리도 갖지는 못하였으며 끝 간 데를 모를 길만을 보고 걸어가는 것입니다". 어둠과 빛의 기능은 하지夏至[즉, ☰ 천풍구 天風姤]와 동지冬至[즉, ☷ 지뢰복

地雷復]의 대대待對처럼 늘 왕래往來와 유강柔剛의 상보성을 띠고 움직인다. 정괘鼎卦 초육初六의 효사는 이렇게 말한다; "솥 발꿈치가 엎어진 김에, 음식물 찌꺼기를 쏟아버려라. 후처를 얻고 자식을 두면 허물이 없으리라"(정전지 이출비 득첩 이기자무구鼎 顚趾 利出否 得妾 以其子无咎). 비否는 솥으로 보면 음식물 찌꺼기이지만, 인생살이로 보면 마음속 회한悔恨을 가리키는 말이다. 이때는 음陰의 퇴행을 버리고 다시금 빛으로 올라가는 갱생更生의 단계인 것이다. 이육사는 그래서 그의 소설 『황엽전簧葉錢』에서 다시 이렇게 쓴다; "'가자. 조금이라도 빨리 가자. 불빛을 볼 때까지'. 그들 중에서 한 사람이 굵은 목소리로 외치는 것이었습니다. '암 그래야지' 또 몇 사람의 대답이 끝나면 모두들 침묵은 하면서 마음속으로는 역시 '가자'고 대답하는 것입니다". 양陽은 빛이기 때문에 어둠[즉, 음陰]을 더 가까이 끌어안는다. "낮과 밤은 그넷줄처럼 바뀌었습니다". 무슨 말인가. 곡해하지 말라. 어둠은 처벌이 아니었다. 그랬다. 지금까지 빛과 어둠은 한 자리에서 생명의 방향을 줄기차게 바꾸어놓는 메신저 messenger였던 것이다.

정괘鼎卦 구사九四의 효사는 그러나 이렇게 말한다; "솥의 다리가 부러져 공의 밥을 엎어버렸으니, 온몸은 땀에 젖었다. 흉하다"(정 절족 복공속 기형악 흉鼎 折足 覆公餗 其形渥 凶). 다 된 밥인데, 솥을 엎어버렸다. 믿음의 상실이다. 지금까지 가다듬은 믿음이 일순간 사라져버렸다[그동안, 내 마음을 평온하게 가다듬던 감정은 믿음이 아니었던가]. 믿음이 사라져버리면, 인생은 공허해질 수밖에 없다. 믿음이란 단순히 내가 당신을 신용한다는 의미의 그와 같은 느슨한 감정의 표출이 아니기 때문이다. 그것은 실체적 진실의 각인刻印이며, 영혼의 청결을 보존해주는 영약靈藥이다. 따라서 이곳에서 말하는 절족折足이란, 믿음의 상실이 어떤 파탄을 불러오는가를 캐묻는 문제였다(복공속 신여하야覆公餗 信如何也). 믿음을 잃어버리면 누구도 행복해질 수 없다. 유익한 목적으로 말하더라도, 가령 윗사람이 아랫사람을 쓸 경우 그 믿음은 필수적인 덕목이랄 수 있다.

4. ䷬ 택지췌澤地萃 / 초지일관初志一貫이 만복을 부른다

䷬ 택지췌澤地萃는, 연못이 땅 위에 있는 모습이다(택상어지澤上於地). 췌萃[즉, '모일' 췌]는 무리를 이룬다는 뜻이다. 순리를 지켜가니 기쁜 일이다. 강한 것이 중심을 잡은 까닭에 무리가 모여든다(췌 취야 순이열 강중이응 고취야萃 聚也 順以說 剛中而應 故聚也「단전象傳」). 취이정聚以正의 물결을 보자. 2016년 10월 29일 (1차), 11월 5일 (2차), 11월 12일 (3차), 11월 19일 (4차), 그때마다 광화문광장으로 나온 200만 촛불집회가 박근혜정부의 혼효混淆를 홀연 무너뜨렸다. 국민은 위정자의 사악邪惡을 절대로 관망하지 않는다. 사람들은 언제나 진실 앞에서는 구체적으로 응답한다. 천체의 기하학은 여전히 사물의 본질에 부합된 것이기 때문이다.

도덕은 자기 자신의 비틀림에 대한 자각일뿐더러 사회적 기강의 요부腰部에 더 가까이 닿아 있는 유도액誘導液이다. 도덕은 또 노자와 니체의 생각이 그런 것처럼 그 앞에 내 몸을 얽어매두는 이념이 아니라, 자기 자신을 돌아봄은 물론 정치권력의 정당성까지 캐묻는 사유체계로서의 순환과도 새롭게 결합한다. 도덕 없는 이해관계는 부적절할 따름이다. 도덕적 심연의 매혹은 물론 고양된 영혼의 극점極點을 공기처럼 풀어낸다. 그렇더라도 군자는 또 무엇을 걱정해야 할까. 그는 이제 땅 위에 물이 모이는 수취水聚의 형상을 바라보며, 한 개인의 올바른 정신보다도 공동체 규범의 확보가 얼마나 중요한 것인가를 다시 성찰하지 않으면 안 된다.

비엔나필의 감흥[즉, 취합의 결정체]을 들어보라. 오케스트라는 췌괘萃卦의 합성이 가장 아름답게 방출되는 비방祕方이다. 큰일을 하고자 할 때는 췌萃의 비방을 불러들여야 한다. 물론 그 비방이란 팔괘八卦의 자연물들이다[즉, 하늘 (☰ 건乾)·연못 (☱ 태兌)·불 (☲ 리離)·우레 (☳ 진震)·바람 (☴ 손巽)·물 (☵ 감坎)·산 (☶ 간艮)·땅 (☷ 곤坤)]. 곡식의 힘이 그런 것이고, 바다의 힘이 그런 것이고, 사막의 힘이 그런 것이고, 숲의 힘이 그런 것이고, 책의 힘이 그런 것이고, 국가의 힘이 또한 그런 것이다. 췌괘萃卦 초육初六의 효사는 이렇게 말한다; "믿음을 갖고 있더라도 결말은 좋지 않다. 어지러움에 휩쓸릴 것이다. 여기저기 호소해보아도 그들은 비웃는다. 눈치볼 것 없이 가던 길을 가라"(유부 부종 내란내췌 약호 일악위소 물휼 왕 무구有孚 不終 乃亂乃萃 若號 一握爲笑 勿恤 往 无咎). 대개는 초지일관初志一貫이 만복을 부른다.

응집凝集은 자연의 미약媚藥이다. 시간의 핵심을 쳐다보자. 달은 아무런 날개 없이도 제 자신 숭고한 배수진이듯 어둔 밤하늘에 떠있지 않은가. 그러나 그곳에 가만히 떠있기는커녕 연못의 물길처럼 시간을 몰고 다니고 있지 않은가. 월력月曆이 그것이다. 절기節氣의 강인함이 그것이다. 절기는, 그러니까 시간이 거느린 췌萃의 응집이었던 것이다[즉, 입춘立春 (2월 4일경) → 우수雨水 (2월 19일경) → 경칩驚蟄 (3월 6일경) → 춘분春分 (3월 21경) → 청명淸明 (4월 5일경) → 곡우穀雨 (4월 20일경) → 입하立夏 (5월 6일경) → 소만小滿 (5월 21일경) → 망종芒種 (6월 6일경) → 하지夏至 (6월 21일경) → 소서小暑 (7월 7일경) → 대서大暑 (7월 23일경) // 입추立秋 (8월 8

일경) → 처서處暑 (8월 23일경) → 백로白露 (9월 8일경) → 추분秋分 (9월 23일경) → 한로寒露 (10월 8일경) → 상강霜降 (10월 23일경) → 입동立冬 (11월 7일경) → 소설小雪 (11월 22일경) → 대설大雪 (12월 7일경) → 동지 冬至 (12월 22일경) → 소한小寒 (1월 5일경) → 대한大寒 (1월 20일경)]. 달은 하늘의 시간을 붙들고 있는 물길이었다. 하늘로 흘러가는 구름을 보자. 구름은 구름의 군집을 이탈하지 않는다. 구름이 구름의 행렬을 이탈하게 되면 그때 구름은 죽는다. 군중이 흩어질 때 그때 군중의 힘은 죽는다. 주역 여기저기서 말하는바 '가서 중을 얻는다'(왕득중야往得中也) 혹은 '가서 공이 있다'(왕유공야往有功也)는 그 '가서'[즉, 왕往]란 바로 군중과 함께 한 몸을 이루는 그 동행을 두고 하는 말이었다. 예수는 40일간 홀로 광야를 떠돌고 돌아와 군중 속에 파묻혔다(마태복음 4:1~11, 마가복음 1:12~13, 누가복음 4:1~13). 그때부터 예수는 예수였다.

췌괘萃卦 육삼六三의 효爻를 보자. 그 자리는 양陽의 자리인데, 음효陰爻가 나앉았다. 여기 육삼六三은 응應의 관계인 상육上六과 응이 되지 않는다. 서로 어울릴 사람이 없다. 육삼六三의 효사는 그래서 이렇게 말한다; "모임에 있어 탄식할 뿐이니, 이로울 리 없다. 가서 만난다면 허물은 없겠지만, 인색함을 떨쳐버릴 수는 없다"(췌여차여 무유리 왕 무구 소린萃如嗟如 无攸利 往 无咎 小吝). 음陰과 음陰의 만남이니 좋은 일은 없겠지만, 그분 윗사람의 겸손에 만족해 할 수밖에 없다[즉, 왕무구 상손야往无咎 上巽也 「상전象傳」]. 유유상종類類相從이니까. 동병상련同病相憐도 있지 않은가. 무정형無定形의 정형도 있지 않은가. 이때의 정형은 인격적[즉, 종교적]이지 않고 도리어 무정형[즉, 자연]에 더 가까운 것이었다. 물질은 물질 곁에서 군말하지 않는다[즉, 물질은 혼란스럽지 않다]. 그런 점에서 췌괘萃卦 구사九四의 효사에서 말하는 "크게 길하여 허물이 없다"(대길 무구大吉 无咎)는 경계는 올바른 정신을 전제로 한 대길大吉이었다. 내가 서있는 자리가 바르지 않을 경우, 이때는 내 정신을 똑바로 세우지 않으면 안 된다[즉, 대길무구 위부당야大吉无咎 位不當也 「상전象傳」]. 물질의 감응이 어떤 경우로든 직설直說이듯이. 태양계의 행성들은 모두 태양의 적도면 위에서 언제나 동일한 방향으로 돌아간다.

5. ䷒ 지택림地澤臨 / 정신은 저절로 정결해지지 않는다

䷬ 췌괘萃卦의 상괘上卦와 하괘下卦의 위치를 서로 바꾸어 놓으면 착종괘錯綜卦 ䷒ 지택림地澤臨이 나온다. 임臨[즉, '임할' 림]은, 연못이 땅 위에 고여 있는 모습이다. 군자는 이를 보면서 사람들을 끊임없이 가르치고, 또 끝없이 그들을 포용하고 보호해 준다(택상유지 림 군자이 교사무궁 용보민무강澤上有地 臨 君子以 敎思无窮 容保民无疆 「상전象傳」). 백성에게 다가가는[즉, 임臨]군자의 발걸음은, 만물을 끌어안는 땅[즉, ☷ 곤坤]의 정의情誼를 그대로 본받는다. 좌중을 일깨우는 그의 언술은 간결하고 조용한 것이었다. 그의 변형력은 냉담하지도 않고, 수다스럽지도 않으며, 그렇다고 조촐한 것도 아니었다. 물론 그는 고유한 현우賢愚에도 집착하지 않는다. 공공公共의 영역을 확장하는 실천에 있어서는 합리적일 뿐 아니라 개별자의 특성까지도 충분히 배려한 답을 얻는다. 그의 행동규칙은 담박淡泊이되, 현실을 직시하는 열정으로는 요컨대 부실한 각질들 곁에 머물지 않는다. 산란한 마음이 왜 없겠는가. 그러나 그는 누구보다도 먼저 자기 자신의 허물을 쳐다보며, 산란해진 마음을 스스로 다그치는[즉, '수일守一' 『장자』 「재유在宥」] 집중력을 발휘한다. 그의 진실성은 자기 자신을 먼저 꾸짖는 데 있었다.

그렇게 자기 자신을 꾸짖는 자는 어떤 세태世態의 강박으로부터도 자유롭게 벗어날 수 있다. 우리네 현존은, 그러니까 일상사 하루하루를 건너가면서 그렇게 바뀌고 있지 않은가.

하늘이 땅바닥으로 내려왔다. 양陽은 위에 있고 그리고 음陰은 밑에 있어야 하지만, 지금은 그 양이 음 아래로 파고들어와 임臨하고 있다. 임괘臨卦 초구初九의 효사는 그래서 이렇게 말한다; "느낀 마음으로 다가가니, 바르게 하므로 길하다"(함림 정 길咸臨 貞 吉). 지도자는 정직한 인격을 갖춘 자라야 한다. 그러한 인격은 자연과 경건이 합친 무적無適의 평상심으로 연결된다. 그의 뜻과 행동은 그래서 당당하다(함림정길 지행정야咸臨貞吉 志行正也「상전象傳」). 그만하면 그는, 지금 창천蒼天을 주재할 수도 있으니 주역은 이를 두고 탈인격화된 천명天命 혹은 신명神明이라고 규정한다.

임臨은 무릇 '다가감'이다. 하늘이 땅으로 내려오고, 새가 나뭇가지에 앉고, 물이 절벽에 부딪치고, 범려范蠡가 서시西施 앞으로 달려가 사랑하는 연인을 얼싸안는 것도 임臨이다. 그러나 감림甘臨으로는 안 된다. 내 마음을 가라앉힌 진심盡心이 없기 때문이다. 임괘臨卦 육삼六三의 효사는 그래서 이렇게 말한다; "달콤한 말로 임하니, 이로울 리 없다. 이미 근심하고 있으니, 허물이 없다"(감림 무유리 기우지 무구甘臨 无攸利 旣憂之 无咎). 부분적인 심려 혹은 납득이 아닌 변명은 자기상실에 빠진다. 상대방을 귀하게 여길 때는 함부로 칭찬할 수도 없다. 자연의 숨은 뜻은 어디 있는가. 자연을 품어 안는다는 것은 그 자연이 그러해야함의 근거들[즉, 당연지측當然之則]과 극진히 접촉한다는 말이다. 감수성 혹은 감각만으로는 안 된다. 마음을 순일純一하게 가다듬어야 한다. 자연의 질서와 내 자신의 무욕無欲은 그러므로 둘로 나뉠 수 없는 일자一者의 행간 안에 있는 것이었다. 실재實在가 궁극窮極이었다. 나는, 내 자신을 치장하는 독선으로부터 벗어나야 한다. 역易은 그러기에 회통會通의 길목으로 '득중得中'의 생기를 그토록 긴히 펼쳐 두고 있지 않았는가.

☷ 임괘臨卦 육사六四의 음陰이 양陽으로 변하면, 상괘上卦는 ☳ 진진震[즉, 우레]이 된다. 진진震은 지극한 움직임을 가리키는 말로서[즉, 위당야位當也「상전象傳」], 그 육사六四의 효사는 다음과 같이 말한다; "극진히 임하니, 허물이 없다"(지림 무구至臨 无咎). 만물의 움직임은 사실상 상호 귀속적인 분절分節 관계에 놓여 있다. 이쪽에서 먼저 진실을 주면, 저쪽에서는 살뜰한 정성으로 화답한다. 이것이 물색物色의 호응인 것이다. 물색 좋은 산천을 보라. 우리네 생각 혹은 직관은, 항용 자연의 객관화[즉, 그 방법적인 근거]를 통해 구체적으로 체계화된다. 정신은 저절로 정결해지지 않는다. 자연이야말로 인간의 품성을 길러내는 세부 공간이다. 그렇다면, 이곳 지림至臨에 기울이는 몰입은 무엇을 향한 정성이겠는가. 결국은 선善[즉, 길吉]이 아니겠는가.

☷ 임괘臨卦 상육上六의 효사는 이렇게 말한다; "돈독한 마음으로 임하니, 길하여 허물이 없도다"(돈림 길 무구敦臨 吉 无咎). 보편과 개별을 감싸고 있는 마음이 곧 돈림敦臨이다. 의미 연관의 한계를 뛰어넘는 마음, 그것은 천도天道일 것이다. 그것은 뜻일 것이다. 돈독한 천도의 힘, 그 운運은 인간의 마음 그 깊은 내면 속에 있다(돈림지길 지재내야敦臨之吉 志在內也「상전象傳」). 그렇다면, 내 안에 있는 그분 뜻을 무엇으로 규정한단 말인가. 사랑의 현존 가치를 무엇으로 규정한단 말인가. 그 사랑의 힘을 함부로 규

정해버린다면, 내 삶의 방식은 그만큼 약화될는지도 모른다. 그랬다. 자연은 결코 인격적이지 않다. 노자는 이렇게 말한다; "자연의 도에는 친애함이 없다"(천도무친天道無親『노자』79장). 항존은 인위적인 한계에 갇혀있지 않는다. 나 한 사람의 개별은 이미 나 한 사람으로서의 개별이 아니다. 내 자신은 역사 그리고 사회와 상관한 나이며, 또한 나는 우주와 상관한 나[즉, 자기변용]인 것이다.『성경』은 이렇게 말한다; "누가 오른뺨을 치거든 왼뺨마저 돌려대 주어라" (마태복음 6:40). "누가 억지로 오 리를 가자고 하거든 십 리를 같이 가 주어라" (마태복음 6:41). 이 역설逆說을 보라. '나'와 '너' 그리고 '그'와의 융합融合[즉, 통일성]은 이렇게 열리고 있었던 것이다. 이 통일성을 해체해버린다면, 나는 단번에 내 자신의 신중함을 놓치고 만다. 나는 누구인가. 나는 하늘과 함께 서있는 나다. 그리고 나는 똥파리와도 연결된 나다. 그러므로, 부분에 집착하지 말라[즉, 내가 없어도 세계는 존재한다]. 나는 왜 투명해야 하는가. 나는 연관 속에 있기 때문이다. 연관은 추상이 아니다. 삶은 추상이 아니다. 내 삶은, 그러나 결코 완결되지 않는다. 나는 다만 내 자신의 내면에 있는 뜻을 받들면 그것으로 족할 뿐이다[즉, 궁극은 없다].

6. ☷☴ 풍지관風地觀 / 물질은 비스듬히 앉지 않는다

☷☱ 지택림地澤臨을 정반대 관점으로 바라보면 도전괘倒顚卦 ☷☴ 풍지관風地觀[즉, '바라볼' 관]이 나온다. 바람이 땅 위로 흘러가는 모습이 관觀이다. 선왕은 이 모양을 보고 지방을 순시하면서, 민생을 살피고 선정을 베풀었다 (풍행지상 관 선왕이성 방관민 설교風行地上 觀 先王以省 方觀民 設教「상전象傳」). 이곳 상괘上卦에 놓인 ☴ 풍風을 들여다보자. 바람의 정기精氣[즉, 집

행력]는 겉을 쓰다듬고 속을 가다듬는 자성磁性을 띤다. 만물이 생동하는 소이연所以然이다. 그렇다면, 선왕들의 지방순찰은 어디에 초점을 맞춘 것이었을까. 그것은 어떤 숭고한 가치도 아닌 세속의 사슬이었을 것이다. 누구에게든 똑같은 반응을 요구하는 실정實情이었을 것이다. 나 홀로 독선에 빠진 충동은 이웃을 해치는 악덕이 되기 쉽다. 그런데 여기 불고 있는 바람의 서정抒情은 대체 어떤 것일까. 이 땅을 쓰다듬고 지나가는 바람은, 그러니까 우리들이 여기 터를 일구고 함께 살아가는 평안이며 위안이며 혹은 풍요를 확산시키는 지각이었다.

관괘觀卦 육이六二의 효사는 이렇게 말한다; "문틈으로 엿보고 있으니, (모름지기) 여인은 정결해야 할 것이다"(규관 이녀정闚觀 利女貞). 문틈을 기웃거리며 엿보는 규관闚觀은 방종에 빠지기 마련이다. 역시 추할 수밖에 없다(역가추야亦可醜也「상전象傳」). 남자든 여자든 이와 같은 행동은 적절하지 않을뿐더러 예의에도 어긋난다. 가시적인 행동이 아닐지라도 사실 선한 자는 어디서든 평온한 감정을 지켜낸다. 그의 발걸음은 급할 리 없으며, 늘 차분한 자세로 상대방을 따뜻하게 감싸준다. 절제된 자의 목소리는 낮고 부드러우며, 그의 눈동자는 언제나 정면을 바라본다. 엄밀한 의미의 물질처럼. 물질은 제 자신의 체위를 향한 열감熱感에 있어서 옳고 그른 서술형식이 없으니 거짓이 없으며, 또한 아무런 사연도 품을 수 없으니 매순간 또 얼마나 명료한 것이던가. 물질은 비스듬히 앉지도 않는다[즉, 자연은 비약하지 않는다(니체,『인간적인 너무나도 인간적인』)].

관괘觀卦 육삼六三의 효사는 또 이렇게 말한다; "내 자신의 생을 바라보면서 진퇴를 결정한다"(관아생 진퇴觀我生 進退). 육삼六三의 음陰은, 음陰이

양陽의 자리에 잘못 앉아있는 모습이다. 그런 까닭에 나는 내 자신의 처지를 깊이 성찰하지 않으면 안 된다. 공자는 이렇게 말한다; "내 생을 돌아보아 진퇴를 안다는 것은 삶의 정도正道를 잃어버리지 않는다는 뜻이다"(관아생진퇴 미실도야觀我生進退 未失道也「상전象傳」). 내 생의 길목은, 그렇다면 어떻게 펼쳐지는 것일까. 크게 본다면, 내 삶[즉, 아생我生]은 천지지심天地之心에 닿아있는 것들이다. 봄에는 생기가 돋아나고, 여름에는 생성의 성장이 이루어지고, 가을에는 생성을 거두어들이고, 겨울에는 그 생성을 저장해두는 이치대로 살아간다(춘즉생지생야 하즉생지장야 추즉생지수야 동즉생지장야春則生之生也 夏則生之長也 秋則生之收也 冬則生之藏也『주희집朱熹集』「옥상강의玉山講義」, 정은해『유교 명상론』재인용). 3월 복사꽃, 9월 귀뚜라미. 다시 작게 본다면, 나는 사물의 자리를 쳐다보면서 그 사물을 통한 사유의 연상활동에 집중하는 일 그것이면 족하다. 나무를 보자. 나무는 사실상 '나무'라는 이름일 뿐, 나무는 아무래도 나무가 아니었던 것이다. 그렇다면, 나 또한 누구란 말인가. 내 자신이 이토록 미지의 세계에 던져져 있는 것이라면, 그런즉 나는 어떻게 나를 만날 수 있겠는가. 어찌해야 나는 내 자신의 주인공으로 살아갈 수 있겠는가. 내 거울은 어디 있는가. 가벼이 물어보자. 그동안 나는 내 자신에게 얼마나 만족해 왔던가. 나는 어디 있는가. 니체(F.W.Nietzsche 1844년~1900년)는 이렇게 말했다; "나는 내 자신을 뛰어넘는 자기초극自己超克 그 한가운데 있다" (『도덕의 계보』).

관괘觀卦 구오九五의 효사는 관아생觀我生을 말하고, 상구上九의 효사는 관기생觀其生을 말하면서 그 둘은 다 같이 허물이 없음을 천명한다(군자 무구君子 无咎). 왜 그런가. 내 자신의 삶을 되돌아보며 스스로는 공손해지고, 또 민중의 삶을 돌아보며 그들의 뜻이 어디 있는가를 알게 되면 비난을 피

해갈 수 있기 때문이다. 혹여 사람들이 선망의 눈을 뜨고 나를 바라보더라
도 나는 결코 오만해져서는 안 된다(관기생 지미평야觀其生 志未平也「상전
象傳」). 방심放心 혹은 미평未平은 자기 자신의 본성을 깎아내리는 오만일
뿐이다. 인심은 언제든지 도심道心으로 통한다. 절벽에 핀 꽃은 곱지만, 그
러나 그 자리에 매달려 있는 품위를 절대로 아무렇게나 흩뜨리지 않는다.
그것이 물체의 유여有餘였던 것이다.

7. ☶☷ 산지박山地剝 / 기쁨의 밑바닥엔 슬픔이 있다

☴☷ 풍지관風地觀의 이효二爻, 삼효三爻, 사효四爻를 하나의 소성괘小成卦
내호괘內互卦로 만들고, 그리고 또 삼효三爻, 사효四爻, 오효五爻를 다른 하
나의 소성괘小成卦 외호괘外互卦로 만들어 대성괘大成卦로 합쳐 놓으면 호
괘互卦 ☶☷ 산지박山地剝이 나온다. 「잡괘전雜卦傳」에서는 박剝[즉, '깎을' 박
혹은 '떨어질' 박]을 '문드러질' 란爛[즉, 부야腐也]이라고 했다. 꽃은 찬란하
게 만발하지만 어느 정도 시간이 지나간 뒤엔 문드러져 떨어져버린다. 9월
은 ☶☷ 박괘剝卦 상구上九의 양陽 하나로 매달려있던 나뭇잎이 땅바닥[즉, ☷
곤坤]으로 툭 떨어지는 때다. 이때는 하강下降의 시절이니, 소인들이 들끓
는 세상으로 나서게 되면 이로울 것이 없다(박 박야 유변강야 불리유유왕
소인 장야剝 剝也 柔變剛也 不利有攸往 小人 長夜「단전象傳」). 군자는 그러기
에 인생사 번성과 쇠멸의 이치를 끌어안고 살아갈 수밖에 없다. 천행이란
순리를 쫓아 그칠 줄 아는 것이니, 이것이 곧 군자의 지명知命이었던 것이다
[즉, 순이지지 관상야 군자 상소식영허 천행야順而止之 觀象也 君子 尙消息盈
虛 天行也「단전象傳」]. 내 마음속 잠심潛心이 그 천행의 도면圖面이었다.

박괘剝卦의 「상전象傳」은 이렇게 말한다; "산이 땅에 붙어있는 것이 박剝의 모습이다. 윗사람은 이 모양을 보며 손아랫사람을 보살피고 집을 편안하게 지킨다"(산부어지 박 상이 후하안택山附於地 剝 上以 厚下安宅). 언제든지 천명[혹은, 성리性理]은 세상사 함께 살아가는 이웃들이 취생趣生 도리로 하달된다. 그리고 그 천명은 무차별 항간의 물리로 파고들면서 이제는 사람이 지켜야 할 정리情理로 새롭게 승화된다. 다시 말하자면, 어떤 사물이든 그 사물의 존재형식은 인간의 사유체계로 초연히 물든 후 그동안 내 마음속에 파묻혀 있던 격률格率 하나하나를 밖으로 꺼내놓는다. 이만한 일깨움이 있는 이상 군자의 마음은 더욱 편안해질 수밖에 없다. 그는 아랫사람들의 안택安宅을 찾아 세계 지평의 준명峻命을 엿들으며 그들 앞으로 다가간다. 이때부터 그의 입덕立德은 좀 더 조밀해지며, 좀 더 따뜻해진다. 세상사 소식 영허消息盈虛의 굴곡은 무명無明[즉, 음허陰虛]의 업일 뿐이었다.

박괘剝卦 초육初六의 효사는 이렇게 말한다; "침상의 다리가 부러졌다. 바른 것이 깎여나갔으니 흉할 수밖에"(박상이족 멸정 흉剝牀以足 蔑貞 凶). 삶의 본연은 균형이 아니었던가. 그 균형이 툭 꺼져버린 것이다[즉, 침상의 발목이 깎여나간 것이었다]. 이때는 불안한 감성의 밀도를 다시 조합하지 않으면 안 된다. 내 존재의 위엄[그것은, 내가 내 안에 있는 자주성이다]은 어디 있는가. 감성은 여전히 나무토막 쇠붙이와 같은 사물들의 풍향계와도 함께 맞물려 있는 것이었으므로 그들 물리物理의 개시성에서 내 존재의 위엄을 거듭 북돋아야 할 것이다. 나는 어디 있는가. 나는 내가 바라보는 공간과 시간과 그리고 운동의 연관 속에서만 존재한다.

박괘剝卦 육삼六三의 효사는 또 이렇게 말한다; "깎임이 있더라도 허물은 없다"(박지무구剝之无咎). 육삼六三의 음陰이 상구上九의 양陽과 서로 호응 관계에 있는 까닭에 그리 험한 결렬은 없다는 것이다. 어둠이 어둠 속에 묻히게 되면 더 큰 어둠에 빠져버리지만[즉, 초육初六과 육사六四 그리고 육이六二와 육오六五], 그러나 빛을 만나는 순간에는 [즉, 육삼六三과 상구上九] 그 깎임이 반절로 줄어들기 때문이다. 공적空寂은 어둠의 만재滿載가 아닌 빛의 충만이었다. 빛은 청정의 체액體液이다. 마음의 작용은 항상 양陽을 찾아다닌다. 사실상 기쁨의 밑바닥엔 슬픔의 넓이를 깔고 있지 않은가.

박괘剝卦 육사六四의 효사는 이렇게 말한다; "침상을 깎아내되 피부까지 깎아냈으니 흉할 수밖에 없다"(박상이부 흉剝牀以膚 凶). 우리시대 상실의 파탄은 이제 재앙의 꼭짓점에 이르렀는지 모른다(박상이부 절근재야剝牀以膚 切近災也). 누구의 피부를 깎아냈단 말인가. 파탄의 지속적인 절취는 이제 인간 심성의 현상이 아닌 대기의 오염[즉, 공기의 죽음] 문제에 닿아 있다. 대기오염의 공간적 확장은 그대로 자연 충위의 세부적인 박탈을 의미한다[우리는, 여기서 자연을 훔친 그 도척盜跖을 외면한 채 얼마나 더 오래 인간의 정신을 성찰할 수 있겠는가]. 만물의 근원은 태극에 있다는 것을 어떻게 설명할 수 있겠는가. 그동안 지선至善의 품위를 자연에서 찾던 우리들의 양지良知는 어디서 허물어졌는가.

생존은 얼마나 더 지속될 수 있을까. 주역은 큰 과일을 따먹지 말라고 한다. 우리는 여기서 "내가 따먹지 말라고 일러둔 나무열매를 네가 따먹었구나"(『구약』「창세기 3:11」) 하는 야훼 하나님의 질책을 달리 상기해도 좋으리라. 박괘剝卦 상구上九의 효사는 이렇게 말한다; "큰 과일을 먹지 않으니 군자는 수레를 얻고, 소인은 제 집을 깎아낸다"(석과불식 군자득여 소인

박려碩果不食 君子得輿 小人剝廬). 나뭇잎은 나뭇잎꼭지에 붙어 있다가 떨어진다. 떨어질 것은 끝내는 떨어져버린다. 부드러움이 강한 힘을 변화시키기 때문이다(유변강야柔變剛也「단전象傳」). 결렬의 때라고는 하지만 군자는 큰 과일을 따먹지 않으니 수레[즉, 전진]를 얻고, 소인은 제 집[즉, 몸]을 깎아내 끝내는 망해버리고 만다(소인박려 종불가용야小人剝廬 終不可用也「상전象傳」). 암울한 시간이다. 이 암울한 시간을 거꾸로 뒤집으면 도전괘倒顚卦 ䷗ 지뢰복地雷復이 나온다. 회복의 시간이 온다.

8. ䷎ 지산겸地山謙 / 허공과 물질을 번갈아 쳐다보라

산이 지평선 아래로 내려가 파묻혀버리면, 우리는 그것을 겸손이라고 말할 수 있으리라(지중유산 겸地中有山 謙「상전象傳」). 산이 지평선 머리 위에 붙어있는 것이라면, 그것은 머지않아 떨어지게 될 ䷎ 겸謙의 착종괘錯綜卦[즉, 상괘上卦와 하괘下卦의 위치를 서로 바꾸어 놓은 대성괘大成卦] ䷖ 산지박山地剝이다. 겸謙[즉, '겸손할' 겸]은 큰 것을 내 품에 끌어안고[즉, 덕지병야德之柄也「계사전하繫辭傳下」 제7장] 살아가는 아득함이다. 아득함으로 말한다면, 겸손은 소식素食과도 같은 것이다. 그러니 욕망에 사로잡힌 우리로서는 어떻게 겸손해질 수 있겠는가. 누가 겸손한 사람일까. 만물은 가지런하지 않다. 겸손은 나를 낮추는 심기心機가 아니라, 당신을 높여주는 생의生意인 것이다. 겸손의 폭은 높낮이를 가지런히 조절하는[즉, 제물齊物]세계인식의 자긍自矜까지도 포괄한다. 겸손은 겸손한 데서 오지 않는다. 우리는 무엇을 큰 것이라고 말할 수 있겠는가. 사실 큰 것은 큰 것이 아니다. 큰 것이 크지 않다는 경지에 이르렀을 때라야 그것이 큰 것이었다. 물체가 바스러지면 먼지가 된다. 먼지가 큰 것이었다. 허공이 큰 것이었다[허공, 그

무친無親의 경지(『장자』「천운天運」)]. 허공을 보게 되면 물질이 보이지 않는다. 물질을 보더라도 그 물질의 겉모양에 머무르게 될 때는 누구든지 환상의 나락으로 굴러 떨어진다. 우리는 허공과 물질을 번갈아 쳐다볼 줄 알아야 한다[즉, 무상無相 무주無住의 경계]. 그렇다면 물질과 허공의 경계는 어디 있는 것인가. 그 경계에 휘둘려서는 안 되는 일이었다. 그 점에 대해『금강경金剛經』은 이렇게 말한다;

수보리여, 나는 아뇩다라삼먁삼보리뿐 아니라 눈곱만한 법도 얻은 것이 없다(수보리 아어 아뇩다라삼먁삼보리 내지무유소법가득須菩提 我於 阿耨多羅三藐三菩提 乃至無有少法可得. 제22품).

육조六祖 혜능慧能 선사(638년~713년)의 게송은 이렇게 말한다; "본래 아무것도 없는데, 어디서 먼지인들 일어나겠는가"(본래무일물 하처야진애本來無一物 何處惹塵埃). 가아假我에 집착할 것이 없다. 우리는 이제 얼마나 더 겸손해질 수 있겠는가. 겸손한 자는 겸손을 말하지 않는다.

자연과의 연관[즉, 보편과 개별의 연관] 속에서 생을 마감하는 자의 실행은 어떤 모습일까. 겸괘謙卦 초육初六의 효사는 이렇게 말한다; "겸손하고 또 겸손한 군자의 모습이다. 그의 마음은 큰 강물을 건너감에 있어서도 화평할 것이니"(겸겸군자 용섭대천 길謙謙君子 用涉大川 吉). 그는, 많은 것들은 덜어내 부족한 부분에 채워 넣으며 매사 평형을 유지할 수 있게끔 베푼다(부다익과 칭물평시裒多益寡 稱物平施 「단전象傳」). 현존을 바라보는 그의 눈매는 적시성適時性의 범위를 벗어나지 않는다. 그는 자기 자신을 위한 기대 혹은 의욕 따위에는 무관심했다. 왜 겸손이겠는가. 그가 군자유종君子有

終의 위의威儀를 얻는 것은 자신의 몸을 낮은 자리에 놓아두기 때문이다[즉, 비이자목야卑以自牧也 「상전象傳」]. 인생은 무상한 것인가. 인생은 늘 근심의 지속인가. 그는 지금 겸손하게 살고 있으니, 영원함의 압력에 시달릴 것도 없다. 여기서는 그는 덜어낼 것도 없고[즉, ䷨ 산택손山澤損], 또 보탤 것도 없기[즉. ䷩ 풍뢰익風雷益] 때문이다. 겸손이 화엄이었다(『화엄경華嚴經』).

공자는 64괘卦 중 덕德의 관건 아홉[즉, 구덕九德: 덕의 기본인 예절 ䷉ 천택리天澤履 · 덕의 핵심인 실행 ䷎ 지산겸地山謙 · 덕의 회복인 반성 ䷗ 지뢰복地雷復 · 덕의 격조인 항존성 ䷟ 뇌풍항雷風恒 · 덕의 수행인 절조 ䷨ 산택손山澤損 · 덕의 증진인 선행 ䷩ 풍뢰익風雷益 · 덕의 식별인 곤경 ䷮ 택수곤澤水困 · 덕의 근원인 호혜 ䷯ 수풍정水風井 · 덕의 적용인 온유함 ䷸ 중풍손重風巽]을 밝히면서 이렇게 말한다; "(덕을 행할 때는) 겸겸謙으로써 예禮를 구비해나간다"(겸이제례謙以制禮 「계사전하繫辭傳下」 제7장). 가장 큰 활력은 겸손에 있다.

제7장
하늘도 내 것이 아니고 땅도 내 것이 아니다

음양은 어떻게 움직이고 있는가. 음양은 균형을 향해 움직인다. 그러나 균형을 향해 움직이는 음양은 결코 균형에 닿지 않는다. 음은 양의 힘을 빌어 음의 자리를 확보하고, 양은 음의 힘을 빌어 양의 자리를 확보한다. 이는, 음양의 대척對蹠이다. 당黨을 보더라도 공화共和와 민주民主의 양강구조는 그렇게 움직인다. 하늘에 걸린 무지개도 그렇게 움직인다. 밤낮이 그렇게 움직이고, 좌우가 그렇게 움직이고, 고저가 그렇게 움직이고, 건습이 또 그렇게 움직인다. 하늘과 땅이 그렇게 움직인다. 남녀가 그와 같이 움직인다. 선악의 움직임도 그와 같다. 벌레들까지 사각사각 그렇게 움직인다. 주역의 단彖은 그 움직임의 모양을 말하는 것이며, 효爻는 그 움직임의 변화를 말하는 것이다(단자 언호상자야 효자 언호변자야彖者 言乎象者也 爻者 言乎變者也「계사전상繫辭傳上」제3장). 그리고 주역에서 말하는 길흉은 그 움직임의 득실을 말하는 것이며, 회린은 그 움직임의 작은 병폐를 말하는 것이다(길흉자 언호기실득야 회린자 언호기소자야吉凶者 言乎其失得也 悔吝者 言乎其小疵也「계사전상繫辭傳上」위와 같은 장). 또한 주역에서 말하는 무구无咎는, 그러니까 그런 허물 따위는 잘 보충만 하면 깨끗이 사라진다는 뜻이다(무구자 선보과야无咎者 善補過也「계사전상繫辭傳上」위와 같은 장). 움직임[즉, 변화]은 한사코 시간을 따라간다(변통자 취시자야變通者 趣時者也「계사전하繫辭傳下」제1장). 그리고 그 움직임에는 다만 현재가 있을 뿐이다. 현재의 시간이 곧 현실이었던 것이다. 현실[즉, 자립적 실행]이 '나'를 끌어안고, 우주 전체를 끌어안는다. 현재는 현재 바깥으로 흘러가지 않는다. 현재는 현재로 충족된 체험을 지워나갈 뿐이다. 그러므로 이 세계는 현실 바깥에 존재할 수가 없다. 인간의 정신이 현실을 재단裁斷한다. 인간의 정신[즉, 직관]이 현실을 창출한다. 요컨대 내 인식이 '나'를 생기生起시키고 있었던 것이다. 그렇더라도 나는 개별자가 아니다. 나는 우주의 일원이다. 이 세상에서는 부분적인 삶은 존재하지 않는다. 그러므로 우리는 먼저 내 삶의 위의威儀를 총괄하는 우주[즉, 보편화]에 대하여 좀 더 깊이 성찰할 필요가 있다. 우주의 무규정성 앞에 서있는 자로서의 나는 내 자신에 대하여 하나의 연관으로 현존한다(빌헬름 딜타이 Wilhelm Dilthey 1833년 ~1911년). 그러기에 나는 시시각각 변화하는 상황[즉, 자연·사물·인간과의 관계]에 처한 만큼 지금부터는 내 입지를 다시 새롭게 수행하지 않으면 안 된다.

1. ☶☰ 천산둔天山遯 / 인간의 마음 그 한복판에 천天의 초월적 근원이 들어있다

☰☶ 천산둔天山遯[즉, 둔遯은 '피할' 둔]은 하늘 아래 산이 솟아있는 모습이다. 군자는 이를 보고 소인을 멀리한다. 그는 소인을 멀리하되 미워하지는 않으며, 그들을 엄중히 대한다(천하유산 둔 군자이 원소인 불오이엄天下有山 遯 君子以 遠小人 不惡而嚴「상전象傳」). 청결한 정신은 자기 성찰을 위해 세상의 오욕으로부터 가능한 한 몸을 숨긴다. 퇴계退溪(이황李滉 1501년 ~1570년)가 그랬으며, 진송晉宋시대의 도연명(陶淵明 365년~427년)이 그랬고, 요堯나라의 허유許由와 소부巢父가 그랬고, 주周나라의 태백泰伯이 그랬고, 『논어』「미자微子」편에 나오는 장저長沮와 걸익桀溺이 그랬다. 말하자면, 내가 내 자신의 심성을 정화하는 실행 중 가장 깨끗한 곡면曲面은 은둔이었다. 은둔이야말로 세속적 삶의 가치를 조율調律하는 추체험이었던 것.

☰☶ 둔괘遯卦의 둔遯은 양陽[즉, 군자君子]이 뒤로 '물러나는' 모습을 띠고 있다(즉, 둔즉퇴야遯則退也「잡괘전雜卦傳」). 거꾸로 말하자면, 4강剛[즉, 4양陽]이 위에서 2유柔[즉, 2음陰]를 찍어 누르는 형국이니, 이곳에서는 은자隱者만이 살아남는다. 은자는 둔遯의 시의時義에 맞추어 암흑 속에 매몰되지 않고 끝끝내 절조를 지켜나간다(강당위이응 여시행야 침이장야 둔지시의剛當位而應 與時行也 浸而長也 遯之時義「단전象傳」). 다시 말하자면, 은둔은 시간의 엄중함에 따라 내 몸을 낮게 '감춘다'[즉, 여시행야與時行也]는 뜻이다. 시간은 공경의 거소居所에 파묻혀 있을 때 안정된다. 인간의 성性과 물질은 고요 안에서만 평정을 유지할 수 있다. 군자는 본래 강剛한 자이지만, ☰☶ 둔괘遯卦 제3효·제4효·제5효·제6효들처럼 뒤로 물러날 줄도 알아야 한다. 둔괘遯卦 구사九四의 효사는 그래서 이렇게 말한다; "물러날 때는 흔

쾌히 물러나라. 그 사람이 군자인 것이다. 길할 것이다. 그러나 소인은 그렇게 하지 못하니 (흉할 것이다)"(호둔 군자 길 소인 부好遯 君子 吉 小人 否). 둔괘遯卦 구오九五의 효사 또한 이렇게 말한다; "아름답게 물러나라. 바르게 되어 길할 것이다"(가둔 정길嘉遯 貞吉). 그러나 은둔은 인간의 마음을 깨끗하게 가꾸는 방법일 뿐 마음의 본연 그것이 아니다. 흙은 나무를 가꾸는 토대일 뿐 나무의 각성 그 자체가 아니다. 계기는 결함을 극복하는 방법일 뿐이다. 시간[즉, 더 크게는 시대]에 따른 방향을 눈여겨보지 않는 한 정결을 지켜내는 외경심畏敬心은 변질되기 쉽다. 의미는 항상 의미 연관의 다른 규정들과 함께 흔들리기 때문이다. 그러므로 내 품속에 지닌 정신은 자기 자신 안에서 객관적인 표준을 향해 좀 더 유연하게 움직일 것을 요구한다. 예컨대 공자가 보여준 인의仁義는 저와 같은 정신의 현재 실현[즉, 인간과 사물]에 대한 적극적인 대응이었던 것이다.

은둔은 현실로부터의 단절인가. 그렇지 않다. 인간의 삶에서 현재의 순간들을 제외해버리면 무엇이 남겠는가. 거기 어떤 약속이 남아 있겠는가. 약속은 어떤 경우로든 현재에 대한 결속을 의미한다. 미래를 예비하는 약속일지라도 그것은 곧 현재를 보완해두려는 기대일 뿐이다. 은둔은 바로 이 현재를 바로잡는 위의威儀인 것이다. 은둔이야말로 내 자신이 내 자신에게 새로운 약속을 제안하는 제의祭儀였다. 그것을 우리는 희망이라고 부른다. 인간에게 무엇보다도 필요한 정신은 희망에 대한 자각이다. 왜 그런가. 나는 내 자신에게 종속될 수 없기 때문이다. 나는 내 자신에 대한 열광으로부터 벗어나야 한다. 은둔자는 자기 자신에 대하여 더 이상 눈물을 흘리지 않는다.

☰☶ 천산둔天山遯 상괘上卦와 하괘下卦의 위치를 서로 바꾸어 놓으면, 착종괘錯綜卦 ☶☰ 산천대축山天大畜이 된다. 대축大畜은 '크게 기른다' 혹은 '크게 쌓인다'는 뜻이다. 대축괘大畜卦의 제4효 음陰이 양陽으로 움직이게 되면, ☲☰ 화천대유火天大有가 된다. 대유大有도 역시 '크게 가진다'는 뜻이다. 대축大畜의 시간이든 대유大有의 시간이든, 그것들은 둔지시의遯之時義처럼 '크다'는 공통점을 띤다(둔지시의 대의재遯之時義 大矣哉). 시간의 흐름은 일률一律이 아닌 정률定律의 움직임으로 흐른다. '물러날' 때는 반드시 때를 보아야 한다(여시행야與時行也 「단전象傳」). 그리고 '물러날' 때는 반드시 청정한 곳으로 물러나야 한다. 그것이 은둔이었던 것이다. 물론 대축大畜도 대유大有도 은둔 그쪽으로만 지나치게 기울어질 때는 해로울 수밖에 없다. 사람을 피하고, 세상을 피하는 행동이 어찌 이로울 수가 있겠는가. 가시밭길을 걷고 있더라도 고요한 마음 혹은 밝은 마음을 품고 있을 때 그 사람이 곧 군자인 것이다. 퇴계는 그래서 무불경毋不敬을 말했다. 불경스러워서는 안 된다. 불경한 자 그를 맨 먼저 경계해야할 것이다. 인간의 마음 그 한복판에 천天의 초월적 근원이 들어있기 때문이다.

2. ☳☰ 뇌천대장雷天大壯 / 죽음은 끝이 아니다─천지가 내 안에 있기 때문이다

하늘 위에 벼락이 치는 것을 대장大壯[즉, 장壯은 '강할' 장이라고 하니, 군자는 이를 보고 예禮가 아니면 따르지 않는다(뇌재천상 대장 군자이 비례불리雷在天上 大壯 君子以 非禮弗履 「상전象傳」). 이는, 강한 힘은 올바른 정신으로부터 온다는 뜻이다(대장이정大壯利貞 「괘사卦辭」). 어떤 것을 그런데 어떠하다고 규정하는 것은 위험한 일이다. 그러나 그것이 올바른 규정일 때

는 그 규정으로부터 강렬한 힘이 나타난다. 물론, 사랑은 너무나 큰 규정인
고로 그 사랑을 어찌어찌 규정할 수는 없다. 사랑이야말로 천지의 규범[즉,
실정實情] 그 자체이기 때문이다. 천지만큼 크고 강한 것이 어디 있으랴. 나
는 어디 있는가. 천지는 어디 있는가. 내 몸은 지금 천지에 있다. 장자(장주
莊周 BC365년경~BC270년경)는 이렇게 말했다; "하늘과 땅은 나와 더불어
함께 존재하며, 만물은 나와 더불어 하나가 되었다. 이미 하나가 되었으니
또 다른 말을 해서 무엇하겠는가"(천지여아병생 이만물여아위일 기이위일
의 차득유언호天地與我並生 而萬物與我爲一 旣已爲一矣 且得有言乎『장자』「제물
론齊物論」). 이는 천지와 내가 무적無適의 방향을 좇고 있다는 뜻이다. ䷡
뇌천대장雷天大壯의 「단전彖傳」은 이렇게 말한다; "큰 것은 강한 것이니 (번
개처럼) 강으로써 움직이기 때문이다"(대자 장야 강이동고大者 壯也 剛以動
故). 다시 말하자면, "정대正大야말로 천지의 실정을 보여주는 것이었다"(정
대이천지지정 가견의正大而天地之情 可見矣). 요컨대 천지의 실정이 사랑이
었던 것이다. 사랑이 우주였으며, 사랑이 생명이었다. 그러기에 사랑은 이
유를 말하지 않는다. 사랑은 규정을 뛰어넘는다. 사랑은 영혼불멸에 대한
가장 확실한 증거였던 것이다. 무엇이 인간의 삶을 이롭게 하는가. ䷡ 뇌천
대장雷天大壯의 힘이 인간의 삶을 바르게 하고 이롭게 한다(대장이정大壯利
貞「괘사卦辭」). 하늘의 치곡致曲[즉, 이로움의 극치]을 들여다보라. 어린 것
들의 눈동자를 들여다보라. 누가 하늘의 치곡으로 들어갈 수가 있는가. 예
수는 이렇게 대답했다; "누구든지 어린아이처럼 되지 않으면 그곳[즉, 하늘
나라]에 들어갈 수 없다" (「누가복음」 18:17).

사랑은 우주를 움직인다. 사랑의 준용遵用은 내 몸 가까이 우주의 간격
을 끌어들인다. 사랑은 아무 거리낌도 없이 내 마음속에 우주의 지평을 넓

혀놓는다. 그 점을 일러 나는 조금 전에 하늘의 치곡이라고 명명했다. 하늘의 도는 움직이면서도 한 곳에 멈추는 일이 없다(천도운이무소적天道運而無所積『장자』「천도天道」). 어느새 그 천도가 내 마음속으로 들어와 발현되고 있었던 것. 하늘은 수직의 방향으로 움직인다. 수직이 수평의 방향으로 움직이게 되면, 그곳에서 사랑의 힘이 샘솟는다. 그것은 천지의 지평이었고, 도덕의 지극함이었다. 하늘의 즐거움을 아는 자는 그의 삶을 천체의 운행에 맡겨둔다(지천락자 기생야천행知天樂者 其生也天行『장자』위와 같은 장). 대장大壯의 경지는 그렇게 고요히 움직였다. 대장大壯의 힘은 저와 같은 허정虛靜·염담恬淡의 은택으로 고요히 가라앉고 있었다[즉, 군자망야君子罔也]. 그렇다면, 이제 우주를 보라. 침묵의 소리를 들어보라. 사랑의 내응內應은 침묵처럼 혹은 음악처럼 이 세상과 저쪽 세상 안팎을 연결하는 통로가 아니었던가. 만물은 사멸한다. 그러나 사멸의 문턱에는 종결이 아닌 존중이 있다. 사멸하는 순응을 밟고 가면 어느덧 죽음은 죽음 이상의 엄숙함과 만나게 된다. 그렇다면, 죽음을 어떻게 바라볼 것인가. (나는) 형체가 있는 몸으로써 형체가 없는 부분[즉, 도道]을 쳐다보고 본받게 되면 비로소 안정을 얻을 수 있다(이유형자상무형자이정의以有形者象無形者而定矣『장자』「경상초庚桑楚」). 죽음은 생명의 형체가 바뀌는 절차일 뿐이다. 죽음은 그러니까 하늘의 균형일 뿐이다. 음양陰陽의 교질交迭이 그것이었던 것. 죽음은 이를테면, 지금까지의 삶의 고통을 씻어내는 의미 삽입의 교질이었던 것. 그 목구멍[사실상, 죽음의 목구멍이 있는 것은 아니다. 태어나되 본연은 없으며, 세상을 떠나가되 들어가는 구멍은 없다. 존재는 하되 내 몸을 놓아둘 곳이 없다(출무본 입무규 유실이무호처出無本 入無竅 有實而無乎處『장자』「경상초庚桑楚」)] 안에서는 사랑이 머무르는 자리가 더 크게 확대된다.

☰ 뇌천대장雷天大壯 구이九二의 효사는 이렇게 말한다; "바른 것은 길할 수밖에 없다"(정 길貞 吉). 이는, 강강剛한 양陽이 음陰의 자리인 구이九二에 와서 부드러움으로 바뀌었기 때문이다. 구이九二의 자리는 중용을 지키는 자리였던 것이다(이중야以中也「상전象傳」). 부드러움의 지극은, 물일 것이다. 물은 세상의 이치를 진일眞─[즉, '하나']의 길로 이끌어 간다. 노자는 이를 가리켜 상선약수上善若水라고 말했다(『노자』 8장). 물의 부드러움은 다투지 않는다[즉, 부유부쟁 고무우夫唯不爭 故無尤 『노자』 위와 같은 장]. 물은 세상을 정화淨化하면서 재계齋戒의 예전적禮典的인 공기 속에 휘감긴다. 공연히 발꿈치에 힘을 쏟지 마라. 가게 되면 흉하고 또 흉할 뿐이다(장우지 정흉 유부壯于趾 征凶 有孚. 초구初九의 효사).

☰ 뇌천대장雷天大壯 구삼九三의 효사는 또 이렇게 말한다; "소인은 힘만을 믿고 설치고, 군자는 힘없음으로 나선다. 힘만을 믿게 되면 위험하다. 숫양이 울타리를 들이받으니 그 뿔이 걸린다"(소인용장 군자용망 정 여 저양촉번 이기각小人用壯 君子用罔 貞 厲 羝羊觸藩 羸其角). 강한 것은 오래가지 못한다. 강한 것이 먼저 쓰러진다. 힘을 따라가는 소인은 자기 자신을 드러내려고 하고[즉, 소인용장小人用壯], 침묵을 따라가는 군자는 자기 자신을 감추려고 한다[즉, 군자용망君子用罔]. 결과, 소인의 언어는 복잡해지고 군자의 언어는 단순해진다. 소인의 언어는 논리를 따르고, 군자의 언어는 침묵을 따르기 때문이다. 소인의 시간은 바깥에 머물러 있지만, 군자의 시간은 내면에서 자라나고 있다. 크게 보면, 시간은 외부로부터 오지 않는다. 풀을 보라. 풀은 무작위의 처소 앞에서 공손히 흔들리고 있다.

3. ䷭ 지풍승地風升 / 돌 한 덩어리까지도 우주의 불균형에 맞선 궐기蹶起인 것이다

나는 어디 있는가. 나는 내 자신을 향한 출발 가운데 현존한다. 이 현존의 계기는, 내가 지금 누구와 함께 살아 있는가를 캐묻는 그 명시적 연관으로부터 온다. 나는, 내 자신의 내면에 갇힌 자가 아니라, 그러기는커녕 만물과의 연관[즉, 주역은 이를 가리켜 ䷬ 택지췌澤地萃라고 말한다]과 더불어 늘 그들과 함께 현존하는 자이다. 다시 말하자면, 나는 당신들 앞에 있을 때 내 자신의 정신이 거듭 새로워지는 각성을 느낀다. 이를 두고 주역은 ䷭ 지풍승地風升이라고 말한다[䷬ 택지췌澤地萃를 정반대의 관점으로 뒤집어 보면 도전괘倒顚卦 ䷭ 지풍승地風升이 나온다. 64괘 중 본괘本卦를 반대로 뒤집어도 도전되지 않는 부도전괘不倒顚卦가 있다. 그것들은 ䷀ 중천건重天乾(천칙天則) · ䷁ 중지곤重地坤(자생資生) · ䷚ 산뢰이山雷頤(자조自助) · ䷛ 택풍대과澤風大過(과욕過慾) · ䷜ 중수감重水坎(다감多感) · ䷝ 중화리重火離(조요照耀) ䷼ 풍택중부風澤中孚(중심中心) · ䷽ 뇌산소과雷山小過(인색吝嗇) 등 모두 8괘이다]. 그러니까 이 승升으로 하여 내 삶은 다시 새롭게 열리게 되었던 것이다. 대지를 딛고 일어나는 풀을 보라. 4월 나무들 새싹의 진술을 들어보라. 풀과 나무들 새싹이 지각地殼의 껍질을 뚫고 솟아올랐다. 이렇게 땅속에서 나무가 솟아오르는 것을 승升[즉, 승升은 '오를' 승이라고 하니, 군자는 이를 보고 덕에 순응해 작은 것을 쌓아 크게 이뤄낸다(지중생목 승 군자 이 순덕 적소이고대地中生木 升 君子 以 順德 積小以高大 「상전象傳」). 이보다 더 단순한 성취가 어디 있겠는가. 나무처럼 풀처럼 위쪽으로 자라오르는 향상이 형통의 극치였던 것이다.

상승은 양陽[즉, ☰ 건乾]의 열선熱線으로 돌아간다. 땅[즉, ☷ 곤坤]은 그동안 풀과 나무[즉, ☴ 손巽]라는 상승의 위의威儀를 품에 받아들이고 있었던 것이다. 승升은 저와 같은 하늘과 땅의 연관 속에서 건곤乾坤의 교구交媾로 말미암은 첫째 딸의 물형物形이었던 것이다. 그렇다면, 상승의 열선은 어디로 달려가는가. 남방으로 벋어가는 나뭇가지를 보라. ䷭ 지풍승地風升의 괘사卦辭는 이렇게 말한다; "승升은 크게 형통한다. 대인을 만나되 의심하지 말라. 남방으로 나아가면 길할 것이다"(승 원형 용견대인 물휼 남정 길升 元亨 用見大人 勿恤 南征 吉). 이때의 남방이란 궁극적인 목적을 바라보는 긍정[즉, 포용包容]의 방향[즉, 전위轉位]을 가리키는 말이었다. 현존으로서의 개별은 결코 공통이라는 삶의 전위로부터 외따로 떨어진 것이 아니다. 나는 객관적[즉, 역사적]인 체험 앞에서 어떤 실행이든 단계적인 실천을 통해 내 삶을 완성해내야 한다. 나 한 사람으로서의 개별적인 사안[즉, 관점]에 갇히지 말라. 길할진대 돌 한 덩어리까지도 우주의 불균형에 맞선 궐기蹶起라는 점을 생각해 보라.

　　䷭ 지풍승地風升 초육初六의 「상전象傳」은 이렇게 말한다; "믿음을 가지고 위로 솟아오르니, 크게 길하다. 이는 위[즉, 구이九二의 양陽. 양陽은 곧 군자의 정신인 것]와 뜻을 합치기 때문이다"(윤승대길 상합지야允升大吉 上合志也). 공자는 『논어』「헌문憲問」편에서 다시 이렇게 말한다; "군자는 위를 쳐다보며 본분을 지켜나가고, 소인은 아래를 돌아보며 이익을 챙길 뿐이다"(군자상달 소인하달君子上達 小人下達). 군자는 입으로만 말하는 것을 부끄러워하고 몸소 실천하는 일에 주력하기 때문이다(군자 치기언이과기행君子 恥其言而過其行『논어』위와 같은 편). 풀과 나무들의 개현開顯과도 같이, 군자의 주감각은 우주의 공리公理 axiom와 그렇게도 완벽히 일치되곤 했다. 부끄러운 부분은 단지 쓸데없는 인위人爲에 있었던 것이다.

䷭ 지풍승地風升 구이九二의 효사는 그래서 이렇게 말한다; "믿음을 갖고 제사를 간소하게 차려도 좋다. 허물은 없다"(부내이용약 무구孚乃利用禴 无咎). 구이九二 양괘陽卦의 중심을 쳐다보라. 일반적으로 말해, 저리 말하는 바 제사란 공통정신의 본체를 받아들이는 그 연관을 가리키는 말이다. 군자는 그 제사의 상像을 자기 자신의 마음으로 끌어들인다. 군자는 말하자면 초개인적인 주체 안에서 자기 자신의 마음을 새로 정립한다. 그러나 그렇더라도 그는 제 자신 마음의 중심으로부터 결코 벗어나려고 하지 않는다 (증자왈 군자 사불출기위曾子曰 君子 思不出其位『논어』「헌문憲問」). 시대와 역사 앞에 선 내 자신의 인지력은 결국 하늘과 사물에 대한 인식과 별반 다른 것들이 아니다. 내 자신 삶의 단순한 기강紀綱들까지 그것들은 우연[즉, 자의恣意]에 있지 않고 시대와 역사의 구조적인 형식과 밀접하게 닿아있는 표현들인 것이었다. 하늘을 바라보는 내 삶의 눈길은 제사를 간략히 치러내는 그 순수한 마음에 기쁨으로 닿아 있었던 것이다[즉, 구이지부 유희야九二之孚 有喜也「상전象傳」]. ䷭ 지풍승地風升 구오九五의 효사는 이렇게 말한다; "바르게 하면 길하리라. 층계를 오르는구나"(정 길 승계貞 吉 升階). 인생사 상승의 방향은 단계적인 실행 곧 한 걸음 또 한 걸음을 앞으로 내딛는 부단한 진행을 두고 하는 말이었다. 그럴 때 그는 큰 뜻을 얻는다(정길승계 대득지야貞吉升階 大得志也「상전象傳」). 벽돌을 쌓을 때는 밑에서부터 위로 쌓아 올린다. 그렇더라도 존재를 뛰어넘는 어떤 존재가 또 있다. 오늘 내가 여기 존재하는 가치[즉, 현실성]가 그것이다. 현실은 가설이 아니다. 나는 상승의 체험으로부터 비로소 내 정신의 객관적 타당성 앞에 다시 서게 된다. 나는 자연의 객관적인 연관을 통해 생생히 되살아나는 몸이다[즉, 이를 두고 주역은 ䷗ 지뢰복地雷復이라 일컬었다]. 무슨 일이 있었는가. 존재하지도 않

던 존재가 돌아왔다. 물방울이 그렇고, 돌 한 덩어리가 그렇다.

4. ䷜ 택수곤澤水困 / 곤경 속에서도 그 곤경을 뛰어넘는 힘이 온다

위를 향해 올라가다가 보면 더 오를 데가 없으니, 곤란을 겪을 수밖에 없다. 「서괘전序卦傳」에서는 이를 보고 곤困[즉, 곤困은 '곤궁할' 곤]이라고 했다(승이불이필곤升而不已必困). ䷜ 택수곤澤水困은 연못[즉, ☱ 태兌]에 고인 물[즉, ☵ 감坎]이 아래로 다 빠져 내려가 바닥을 드러냈으니, 가뭄의 곤경에 처한 모습이다. 군자는 이 괘상卦象을 보고 생명의 근원[즉, 물]을 찾아 온갖 정성을 쏟는다(택무수 곤 군자이 치명수지澤无水 困 君子以 致命遂志「상전象傳」). 비록 곤경에 처해 있을지라도 역易[즉, 군자]은 그 곤경으로부터 벗어날 길을 나타내 보여준다. 벗어나게 되면 통하고, 통하게 되면 오래간다. 이는 하늘로부터의 도움이니, 길하여 이롭지 않을 수 없다(역 궁즉변 변즉통 통즉구 시이자천우지 길무불리易 窮則變 變則通 通則久 是以自天祐之 吉无不利「계사전하繫辭傳下」제2장). 사람들은 대부분 말만 앞세우기 때문에 그들의 말은 믿음을 잃고 끝내는 궁색함에 떨어질 수밖에 없다(유언불신 상구 내궁야有言不信 尙口 乃窮也「단전彖傳」). 가련한 일이다. 믿음을 잃어버린 영혼은 천국의 문 그곳 편안한 청명 속으로 들어갈 수 없다. 천국이라니. 그곳은 말의 신성함이 살아있는 길목이 아니겠는가[오늘날, 종교가 내보이는 언동 속에 그 믿음이 끊어져나간 격절隔絶을 보라. 그곳의 '신神'은 결코 신성하지 않다. 종교는 자기-내-재화財貨의 유습 안에 갇힌 지 오래되었다]. 불신은 공연한 말로부터 온다[즉, 유언불신有言不信「괘사卦辭」]. 말은 내가 말하는 감성[즉, 내 자신을 위한 감성이 '아니다']의 긍정적인 지극함을 기반으로 하여 발화될 때 진실해진다. 나는 내 자신을 위해 말해서

는 안 된다. 내가 내 자신을 위한 말로 나를 규정해버리면 그때 나는 사악邪
惡으로 굴러 떨어진다.

䷅ 택수곤澤水困 육삼六三의 효사는 이렇게 말한다; "바윗돌에 부딪치고
명아주 찔레덩굴 속에 꿇어앉아 있다. 집에 들어가더라도 아내를 볼 수 없
으니 흉할 수밖에 없다"(곤우석 거우질려 입우기궁 불견기처 흉困于石 據于
蒺藜 入于其宮 不見其妻 凶). 육삼六三의 음陰이 제3위 양陽의 자리에 올라앉
아 있으니, 그 자리는 돌무더기 찔레덩굴[즉, 곤경의 처지]일 수밖에 없다.
육삼六三은 상육上六과도 응應이 되지 않는다[즉, 집에 들어가도 아내를 볼
수 없다]. 환경은 물질과 정신이 만나는 양면의 조합이다. 찔레덩굴과 빈집
의 공황恐惶을 어찌 견뎌낼 수 있을까. 공자는 이렇게 말한다; "곤궁을 피할
수도 있었지만 곤궁에 빠지고, 이름 또한 더럽혀졌구나. 머무를 자리가 아
닌데도 머물렀으니, 몸이 위태롭게 되었구나. 이름도 몸도 위태로워졌으니,
죽을 날만 기약할 뿐 아내를 어떻게 만나볼 수 있으랴"(비소곤이곤언 명필
욕 비소거이거언 신필위 기욕차위 사기장지 처기가득견야非所困而困焉 名必
辱 非所據而據焉 身必危 旣辱且危 死期將至 妻其可得見耶「계사전하繫辭傳下」제
5장). 이때는 절망의 시각이다. 어찌 상서로울 수 있겠는가(불상야不祥也「
상전象傳). 그러나 그렇더라도 이때는 그 절망을 넘어서는 '어떤' 힘이 생성
되는 순간이다. 삶은 언제나 삶을 건너가는 길목에 그 삶을 넘어서는 계기
가 포함되어 있다. 비록 고통스러운 절망의 시간이 펼쳐질지라도 한사코 삶
의 심연 속에는 죽음과 갱생更生의 구제救濟가 들어 있는 법이다. 삶의 가
치는 때로는 세속적인 힘의 정점頂點을 뛰어넘는다. 그 사람의 처지는 물론
마땅치 않지만 그의 곤경을 이해해 줄 여분이 아직 남아있기 ·때문이다(수
부당위 유여야雖不當位 有與也. 구사九四의「상전象傳」). 물론 부당不當한

자리는 곤란한 방향으로 흘러간다. 그러나 그 곤란은 '무無'의 무변無變을 낳기도 하고, 그와 동시에 '유有'의 통변通變을 낳기도 한다.

나무를 보라. 나무는 나무 전체를 흔들고 있다. 나무는 흔들리더라도 흔들리지 않는다. 나무는 시간의 전모[즉, 나무와 연관된 방향]를 흔들고 있기 때문이다. 나무는 서서 3세三世[즉, 과거-현재-미래]의 전모를 흔들고 있다. 물방울을 보라. 물방울의 곡면曲面[즉, 그 자유로운 운동성]을 보라. 이 물방울 속에도 3세의 전모가 아무런 잡음도 없이 명시적으로 채워져 있지 않은가. 전라도 곰소로 가는 길 능가산楞伽山 퇴적암을 보라. 퇴적암은 퇴적암 층위에 쌓여 있다. 곤경은 곤경을 찍어 누른다. 암석층이 말하자면 희망의 각질을 토해 내놓고 있다. 곤경과 희망은 나란히 동일한 지질 속에 쌓인 분비물이다. 즉시와 천만 년이 같은 것이듯.

☷ 택수곤澤水困 구오九五의 효사는 이렇게 말한다; "코가 베어지고 발꿈치가 잘렸다. 붉은 옷을 입은 사람들에게 핍박을 받지만 차차 기쁨을 얻게 된다. 하늘에 제사를 지내듯이 하면 이로울 것이다"(의월 곤우적불 내서유열 이용제사劓刖 困于赤紱 乃徐有說 利用祭祀). 이 경우는 더 이상 얼굴을 드러내고 밖으로 나다닐 수 없게 된 역경을 두고 하는 말이다. 그러나 이때는 구오九五의 자리가 양陽의 열선熱線을 가리키는 까닭에 내서유열乃徐有說의 이치를 끌어안고 군자의 정신을 새롭게 다짐하지 않으면 안 된다. 다시 말하자면, 이때야말로 나는 무목적론적 연관에 좀 더 충실할 때다. 곤경과 희망이라는 단일한 지질의 통변通變을 바라볼 때인 것이다. 나는 정신과 몸이 따로 분리될 수 없는 지점에 서있기 때문이다, 나는 내 몸 이외에 다른 아무것도 아니다(니체 F. W. Nietzsche 1844년~1900년 『짜라투스트라는 이렇

게 말했다』). 내 몸은 하늘에 닿아 있으니, 올바른 정신으로 하늘에 제사를
지내면 복을 받는다(이중직야 이용제사 수복야以中直也 利用祭祀 受福也「상
전象傳」). 곤경은 가현假現이 아니다. 곤란할수록 나는 더욱 정직해진다. 내
발길이 '무無'에 닿을 만큼 정직해질 수 있다면, 그때부터 나는 하늘의 권속
眷屬이 되기에 충분하다.

공자는 덕德의 관건 아홉[즉, 구덕九德]을 밝히면서 이렇게 말한다; "(덕
을 행할 때는) 곤곤으로써 원망을 줄여나간다"(곤이과원困以寡怨「계사전하
繫辭傳下」제7장). 곤경은 사람을 강하게 만든다. 그리고 곤경은 사람을 정
직하게 만든다.

5. ䷤ 풍화가인風火家人 / 천지의 큰 뜻은 가정의 체온으로부터 시작된다

䷱ 화풍정火風鼎의 솥은 그 모양으로 보면, 나무에 불을 지펴 밥을 해먹
는 도구이다(정 상야 이목손화 팽임야鼎 象也 以木巽火 亨飪也. 정괘鼎卦의「단
전象傳」). 이 정괘鼎卦의 내괘內卦와 외괘外卦의 위치를 서로 바꾸어 놓으면
착종괘錯綜卦 ䷤ 풍화가인風火家人이 나온다. 이러한 괘변卦變의 관점으로
보더라도 가인家人이란 한 솥밥을 먹으며 한 식탁 주변에 도란도란 둘러앉
은 우리네 가족을 뜻함이다. 이는. 한 집안을 바르게 할 때 (나아가) 천하가
안정된다는 뜻이다(정가이천하 정의正家而天下 定矣「단전象傳」). 그러기 때
문에 가정의 체온이 엎어져버리면, 주역은 정반대의 관점이 드러나는 도전
괘倒顚卦 ䷥ 화택규火澤睽의 '어그러지는' 파탄破綻이 도래한다는 점을 이야
기한다. 천지의 큰 뜻은 남녀의 정결貞潔로부터 시작된다(남녀정 천지지대

의야男女正 天地之大義也「단전象傳」). 정결이 대의였던 것. 정결치 못한 우리시대의 악덕을 어이할꼬.

또한, 남녀의 만남일지라도 ☰☴ 천풍구天風姤에서는 여자가 억셀 경우 그러한 여자를 함부로 취해서는 안 된다고 했다(구 여장 물용취녀姤 女壯 勿用 取女「괘사卦辭」). 천지가 서로 만나게 될 때는 (떳떳한 인연으로 맺어지는) 모든 품물品物은 빛나게 마련이다(천지상우 품물 함장야天地相遇 品物 咸章 也. 구괘姤卦의「단전象傳」). 이때는 말하자면 구괘姤卦 구오九五의 양陽으로서 빛나는 중정中正을 얻게 되므로, 하늘로부터 떨어지는 천명을 저버리지 않는다는 것이었다(구오함장 중정야 유운자천 지불사명야九五咸章 中正 也 有隕自天 志不舍命也. ☰☴ 구괘姤卦 구오九五의「상전象傳」). 가정사 이렇게 하늘을 숭상하는 가도家道를 지켜가고 있으니, 이에 무슨 발원發願이 또 있겠는가.

보자. 바람이 불로부터 일어나는 모습을 가인家人이라고 하니, 군자는 이를 보고 말을 실정에 닿도록 하고 행실이 한결같도록 한다(풍자화출 가인 군자 이 언유물이행유항風自火出 家人 君子 以 言有物而行有恒「상전象傳」). 바람은 어디서 왔는가. 바람은 불을 뚫고 나왔다(풍자화출風自火出). 물질과 정신 사이 그 간극에 들어있는 변형을 보면, 이때는 '이것'과 '저것' 혹은 '여기'와 '저기'의 담벼락은 천 리도 찰나인 듯 부서지면서 부드러운 상응[즉, 묘용妙用일지라도 엄연한 소이연所以然이다]이 들끓는다. 가령, 호수에 비친 달빛을 보라. 현존의 일탈逸脫이든 확충이든 그것이 자기궁自己宮[즉, 내가 내 자신에게 얽매이는 고립을 보라]에 갇힌 것이 아니라면 우주는 너무도 자연스럽게 내 손바닥 안으로 들어온다. 언행일치의 충족과 가정 안에서의 내칙內則의 문제, 더 나아가서는 시대와 역사를 내다보는 내 자신 자긍심의 천명闡明까지도 그 변곡점의 주름들인 것이었다. 요컨대, 물리物理와 성리性理 사이에는 아무런 차별이 없다. 그렇다면 남을 어떻게 속이겠는가[즉, 위선僞善]. 또 내 자신을 어떻게 속이겠는가[즉, 자기自欺]. ䷤ 풍화가인風火家人 초구初九의 효사는 그래서 이렇게 말한다; "가정의 규범을 익히면 후회가 없을 것이다"(한유가 회망閑有家 悔亡).

䷤ 가인괘家人卦 구삼九三의 효사는 이렇게 말한다; "가족들이 큰 소리를 내면 위태롭지만 뉘우치게 되면 길할 것이다. 처자들이 시시덕거리기만 한다면 곤란을 겪게 될 것이다"(가인학학 회려 길 부자희희 종린家人嗃嗃 悔厲 吉 婦子嘻嘻 終吝). 문제는 가정의 평화를 지키는 일이다. 가족은 어떤 환란患亂 앞에서도 상호간 숭고한 마음으로 아껴주고 보살펴줄 때 평화를 지킬 수 있다. 가족은 서로에게 내 몸을 던져놓고 촛불을 드는 관계다. 그러므로 사랑이 없으면, 그 가정은 법도를 잃는다(실가절야失家節也「상전象傳」).

䷤ 가인괘家人卦 육사六四의 효사는 또 이렇게 말한다; "자식은 집안을 번창하게 하니, 크게 길하리라"(육사 부가 대길六四 富家 大吉). 대성괘大成卦의 내괘內卦는 여자인 반면 외괘外卦는 남자를 가리킨다. 따라서 외괘外卦 제4효인 육사六四는 아들이다. 보라. 가족의 부귀와 국가의 융성은 먼저는 자손의 번창에 있다[좀 더 진지하게 보라. 우리네 한국 사회는 지금 자식 낳기가 두려운 실정에 빠져 있으니, 이것이 망국에 닿은 흉조가 아닌가]. 유가有家든 국가 경영이든 그 중심에 있는 정의情義는 다르지 않기 때문이다. 그래서 왕격유가王假有家[즉, 왕은 가정을 잘 가꾸고 난 다음의 일이다. 가인괘家人卦 구오九五의 효사라는 말이 나왔다. 그와 같은 이치에서 성인은 세

계가 내 가정이라고 여긴다. 부모가 자녀의 훈육을 게을리 해서는 안 되는 까닭이 여기에 있다.

요컨대, 서로 사귀고 사랑하라(교상애야交相愛也. 구오九五의 「상전象傳」). 그러기 위해서는, 믿음을 갖고 위엄을 지켜야 할 것이다(유부 위여有孚 威如. 가인괘家人卦 상구上九의 효사). 그것이 나에게 있어서는 수신修身이 되고, 가정에 있어서는 제가齊家가 되고, 나라에 있어서는 치국治國이 되고, 세계에 있어서는 천하평天下平[즉, 평화]이 된다. 이는 따지고 본다면, 언제나 본질적인 것은 격물格物[즉, 인지認知]에 있고, 궁극적인 것은 명덕明德[즉, 영원]에 있음을 알려준다. 명덕明德을 밝히기 위한 것이라면, 우선은 사물의 이치를 밝혀야 할 것이다. 사물에게는 본말本末이 있으니, 근본과 말단이 그것이다. 그것 중 먼저 할 것과 나중에 할 것을 알게 되면 (자연히) 도에 가까워질 것이다 (물유본말 사유종시 지소선후 즉근도의物有本末 事有終始 知所先後 則近道矣『대학』). 내 몸의 현존은 그러니까 그것은 사물과의 만남에서[즉, 물격物格], 그 사물을 알아낸 다음[즉, 지지知至], 그 앎을 실행해 내는 뜻을 통해[즉, 의성意誠] 내 마음을 확립하고[즉, 심정心正] 그런 다음 비로소 내 자신의 몸을 세우는[즉, 신수身修] 편통遍通의 길을 따른다(『대학』). 다시 한 번 말하지만, 가정의 기능은 내 개성의 확립은 물론 공통정신[즉, 사회 전체의 가치]과 세계이해의 창조적 동인動因을 낳는 원동력이었다.

나는 누구인가. 나는 내 몸뚱어리 한 몸에 갇힌 실존이 아니다. 나는 세계-내-존재의 그 지극至極의 경계까지도 훨씬 뛰어넘는 존재다. 그러한 나는, 그럼에도 불구하고 ䷤ 풍화가인風火家人의 엄중한 프로그램의 요임要任으로부터 자기 홀로 비껴나 있는 자가 아니다. 나는 맨 먼저 맨 나중까지도 가족의 일원인 것이다. 나는 누구인가. 내가 세상에 존재한다는 것은 이 세계에 대한 어떤 배열보다도 바로 이 세계와의 거리를 좁힌 가인家人으로서의 연관을 잇는 입명立命이라는 점이다. 우연은 없다. 나는, 사실상 주역이 주역일 수밖에 없는 근거는 두 말할 것도 없이 가인괘家人卦의 요래邀來로부터 시작된다고 본다. 지금 우리 사회에 안개처럼 피어나는 혼밥[즉, 혼자 밥상머리에 앉아 숟가락을 뜨는 식사]을 이대로 바라만 보아서는 안 된다. 이는, 가정은 물론 사회질서 더 나아가서는 국가의 운명을 단번에 무너뜨리는 음모로 귀결된다. 결혼은 이른바 선택이 아닌 거룩한 필수라는 사실을 다시 인지해야 할 것이다. 인물은 가정으로부터 나온다. 산골짝에 틀어박혀 혼자 도를 깨쳤다는 그 풍객이 바로 사기꾼인 것이다. 밤하늘의 별을 보라. 북극성도 뭇별 속에서 반짝인다.

6. ☰ 천뢰무망天雷无妄 / 하늘은 내 몸을 바르게 채워놓는다

천명天命이란 물리物理와 그리고 성리性理를 가리키는 말이다. 나무를 보아도 천명이 보이고, 군자를 보아도 천명이 보인다. 하늘 아래 번갯불이 움직이는 것을 보면, 거기서 만물이 올바른 정신[즉, 길을 열어 놓는 모습을 볼 수 있다(천하뇌행 물여무망天下雷行 物與无妄「상전象傳」). ☰ 천뢰무망天雷无妄의 정신은 우리네 삶을 크게 형통하도록 이끌어간다. 정도를 지키지 않을 때는 재앙을 만나며, 어떤 노력도 수포로 돌아갈 뿐이다(무망 원형 이정 기비정 유생 불리유유왕无妄 元亨 利貞 其匪正 有眚 不利有攸往「괘사卦辭」). ☰ 무망无妄의 모습을 보자. 번갯불인 가운데 음陰 육이六二와 육삼六三이 각각 외괘外卦 구오九五와 상구上九의 강강한 양陽과 응應하고 있다. 이는, 바르게 형통하는 모습인바 이것이 곧 천명인 것이다(강중이응 대

형이정 천지명야剛中而應 大亨以正 天之命也「단전彖傳」). 우리네 삶의 가치
와 목적은 하늘로부터 온다. 하늘은 나보다도 먼저 내 몸을 바르게 채워 놓
았기 때문이다.

왜 하늘인가. 하늘은 하늘의 몸으로 움직인다. 하늘은 수직의 방향으로
움직인다. 하늘은 나무의 몸속으로 들어가서도 하늘이며, 우리네 마음속으
로 들어와서도 하늘이다. 이 모양을 대형이정大亨以正이라고 한다.「단전彖
傳」에서 말하는바 무망无妄의 굳건함이란 밖으로부터 와서 안을 주장하는
초구初九의 움직임을 두고 하는 말이었다. 그 초구初九의 효사는 이렇게 말
한다; "밝은 마음으로 나아가면[즉, 살아가면] 길하리라"(무망 왕 길无妄 往
吉). 초구初九의 '밝은' 양陽이 구사九四의 '밝은' 양陽과 조응照應하니 길할
수밖에 없다. 내가 살아가는 동안 외부의 힘이 작용한다면[즉, 내 삶을 늦추
거나 방향을 바꾸어놓는 힘이 작용한다면], 그것은 하늘의 손길로 인한 속
도 이외에 다른 것이 아니다. 그렇다면, 무엇이 밝은[즉, 깨끗한]힘이겠는
가. 땡볕이겠는가. 영혼이겠는가. 불멸이겠는가. 불멸은 없다. 무한도 없
다. 차라리 보름달·초승달이라고 말해야 하리라. 보름달 아래 초승달 아
래 내 몸을 놓아두는 일이 먼저다. 마음을 비우고 사물의 이치를 순수하게
바라다볼 때는, 내가 하고자 하는 일들이 잘 풀리게 된다. 기다려라. 저 밭
을 갈지 않아도 거두게 될 것이며, 저 밭을 묵히지 않아도 옥토가 될 것이다
(불경 확 불치 여不耕 穫 不菑 畬. 무망괘无妄卦 육이六二의 효사).

䷘ 천뢰무망天雷无妄[즉,침착]을 반대의 입장으로 뒤집어 펼쳐 놓으면 도
전괘倒顚卦 ䷙ 산천대축山天大畜[즉, 침체]이 되고, 그 무망괘无妄卦의 상괘
上卦와 하괘下卦의 위치를 서로 바꾸어 놓으면 ䷡ 뇌천대장雷天大壯[즉, 왕

성함]이 된다. 무망无妄이 되었든 대축大畜이 되었든 대장大壯이 되었든 이 것들은 다같이 하늘의 물목物目[즉, 공통의 본질]을 내 몸에 붙인 변혁들인 것이다. 하늘이다. 하늘이 돕지 않는 행위[즉, 위험]를 따르겠느냐(천명불우 행의재天命不祐 行矣哉 천뢰무망天雷无妄「단사彖辭」). 하늘의 길을 구현하는 것은 도를 크게 실행하는 길이다(하천지구 도대행야何天之衢 道大行也. 대축괘 상구上九의「상전象傳」). 무망괘无妄卦의 초구初九를 보라. 이는, 상괘上卦의 꿋꿋한 양陽들[즉, 하늘]과 호흡을 맞출 때 비로소 내 뜻을 펼쳐나갈 수 있음을 보여 준다(무망지왕 득지야无妄之往 得志也「상전象傳」). 풍성豊盛이 다 좋은 것은 아니다. 내 몸을 실없이 부풀리면[즉, 경거망동하게 되면], 위험에 빠져버린다. 무망괘无妄卦 육삼六三의 효사는 그래서 이렇게 말한다; "무망이 재앙으로 바뀌었다. 길가에 매놓은 소를 행인이 훔쳐 갔으니, 동네 사람들이 혼란에 빠졌다"(무망지재 혹계지우 행인지득 읍인지재无妄之災 或繫之牛 行人之得 邑人之災). 조신操身한 행동이 아름답다. 독선獨善은 위험하다. 단독은 위험하다. 덜어내라. 내 자신을 내 자신으로부터 덜어낼수록 나는 군자의 몸으로 돌아간다[즉, 주역은 그것을 ䷨ 산택손山澤損이라고 불렀다]. 나는 내 자신 개별의 존립에 고착되어서는 안된다.

시간은 추상이 아니다. 현재는 끊임없는 실재實在이다. 그 시간은 물결처럼 지속적으로 변화한다. 정신의 움직임은 그와 같은 것이었다. 정신은 상像을 타고 움직인다. 그 상像에 들러붙은 뜻은 벌써 개별의 사안에 갇힌 물목物目들 하나하나를 떼어낸 다음 그것들을 다시 우주[혹은, 역사]전체의 연관으로 옮겨 놓는다. 그것을, 주역에서는 하늘의 이재利財라고 말한다. 그와 같은 정신의 실행을 바라보면서 주역은 ䷪ 택천쾌澤天夬[즉, 결단. 결연한 의지는 따뜻한 세상을 열어놓는다(건이열 결이화健而說 決而和「단전

象傳」)라고 했다. 시간은 흐른다. 시간은 내 정신을 일깨워 거기 새로운 의미를 채워 넣는다. 강인한 정신이 그것이다. 결연한 정신은, 그러므로 고통을 겪더라도 약을 쓸 필요가 없다. 무망괘无妄卦 구오九五의 효사는 이렇게 말한다; "무망의 병은 고통스럽다. 약을 쓰지 않아도 기쁨이 있으리라"(무망지질 물약 유희无妄之疾 勿藥 有喜).

7. ䷙ 산천대축山天大畜 / 나는 하늘을 품은 산처럼 내 자신의 길을 걷는 자이다

☳ 천뢰무망天雷无妄을 반대의 관점으로 뒤집어 놓으면 도전괘倒顚卦 ䷙ 산천대축山天大畜이 된다. 이는, 하늘이 산속에 있는 모습이다. 산은 하늘처럼 만물을 길러낸다. 그러니 크게 쌓일 수밖에 없다[즉, 축畜은 '쌓일' 축]. 대축大畜이란 강건함과 독실함과 휘황함으로 날마다 덕을 새롭게 쌓아놓는다는 뜻이다(대축 강건 독실 휘광 일신기덕大畜 剛健 篤實 輝光 日新其德「단전象傳」). 덕을 갖춘 사람은 집에서 밥이나 먹으며 허송세월을 하지 않고 큰 강물을 건너 넓은 세상에 나아가 공덕을 펼치는바 이것이 곧 하늘에 응함인 것이다(불가식길 양현야 이섭대천 응호천야不家食吉 養賢也 利涉大川 應乎天也「단전象傳」). 하늘의 역량[즉, 응호천應乎天]은 그렇게도 빛나는 것이었다. 자기 자신의 길을 걷는다는 것은 요컨대 하늘의 뜻을 자각하는 인지력이었던 것이다. 그의 용모는 산의 고요를 쏙 빼닮는다.

☶ 산천대축山天大畜 초구初九의 효사는 이렇게 말한다; "위험이 도사리고 있으니 앞으로 나서지 말라"(유려 이이有厲 利已). 초구初九의 양陽이 육사六四의 음陰과 상응이 되어 좋은 것 같지만, 위태로움이 숨어 있으므로

[즉, 하늘인 상괘上卦가 산으로 막혀 있으므로]제자리에 그대로 멈추는 것이 나을 것 같다는 것이었다. 말하자면 이는, ☰ 중천건重天乾 초구初九의 효사인 "물속에 잠긴 용이니 나서지 말라"(잠룡 물용潛龍 勿用)는 점사占辭와도 맥이 통하는 내용인 셈이다. 공자는 이렇게 다시 말한다; "위험이 숨어 있을 때는 앞으로 나서지 않아야 재앙을 면할 수 있다"(유려이이 불범재야有厲利已 不犯災也「상전象傳」). 물론이다. 내가 가진 힘이 무르녹지 않았다면, 이때는 한 발짝 더 뒤로 물러나 기다릴 줄도 알아야 한다. 이 점은 구이九二의 효사에서 "수레에 바퀴살을 벗겨낸다"(여탈복輿說輹)는 식으로 다시금 언급된다. 위험은 미리 경계하지 않으면 안 된다. 어떤 일의 가능성은 시의時宜에 따라 다르게 다가오기 때문이다.

대축괘大畜卦 육사六四의 효사는 이렇게 말한다; "송아지의 뿔에 빗장을 덧댄다. 크게 길할 것이다"(동우지곡 원길童牛之牿 元吉). 여기서 말하는 송아지는 하괘下卦 초구初九의 양陽의 움직임[즉, 품행]을 잘 조정해주라는 의미의 상관물이다. 송아지는 송아지의 성향을 어떻게 견제하고 또 보호해 주느냐에 따라 좋은 소로 발육된다. 인간의 양생養生도 따지고 보면 저와 같은 방안을 따른다. 불충분과 불급의 절도節度가 전진을 기약하기 때문이다.

대축괘大畜卦 육오六五의 효사는 또 이렇게 말한다; "불알 깐 수퇘지의 어금니이니, 길할 것이다"(분시지아 길豶豕之牙 吉). 수퇘지의 억센 힘은 어금니에 있다. 그 억센 힘을 남겨둔 채 불알을 제거해버리면 돼지의 성향은 둔해진다. 여기서 말하는 불알을 깐 분시豶豕는 파쇄적인 행동을 다스리는 조정調整을 두고 하는 말이다. 악기의 음도 조율調律을 통해 다듬을 때 고른 악음樂音이 발현된다. 빈집일지라도 창문을 깨지 말라. 파쇄破碎는 파탄破

綻으로 이어진다.

대축괘大畜卦 상구上九의 효사는 다시 이렇게 말한다; "어떤 하늘의 길목인가. 형통하리라"(하천지구 형하천지구 亨). 바야흐로 하늘의 길이 열리게 되었다. 하늘의 길은 하늘 자체의 용출湧出을 의미한다. 하늘은 옥외屋外에 있지 않고, 옥내屋內에 있다. 하늘은 내방來訪의 기회였던 것이다. 시간의 운행을 바라보라. 시간의 넓이는 물론 비좁은 길이었다. 예수는 이렇게 말한다; "너희는 좁은 문으로 들어가기를 힘써라. 멸망에 이르는 문은 크고 또 그 길이 넓어서 그리로 가는 자가 많지만, 생명에 이르는 문은 좁고 또 그 길이 험해서 그리로 찾아드는 이가 적다"(「마태복음」7:13~14 / 「누가복음」13:24). 혹여, 죽음이 다가올지라도 내 영혼의 내부는 눈앞의 어떤 절연絕緣 그 끄트러기에 닿아있는 것이 아니다. 삶과 죽음이 하나로 이어지는 길목, 그 비좁은 길목. 죽음[(~x)]을 다시 한 번 더 죽[(~x)^2]이면, 열반涅槃[(x)^2]이 된다. 이것이 곧 기독교에서 말하는 부활[(x)^2]이다. 새들은 새들이 날아다니는 길목으로만 날아다닌다. 벌레들도 벌레들이 기어가는 길목으로만 기어간다. 하늘의 길은 바로 그와 같은 길목이었던 것이다.

8. ☶☳ 산뢰이山雷頤 / 나는 하루하루 먼 세상을 위해 살아가는 자이다

산 아래에 천둥소리가 울려 퍼지는 모습을 이頤[즉, 이頤는 '턱' 이 혹은 '기를' 이]라고 한다. 군자는 이 턱 모양을 보면서 말을 조심하며 음식을 절제한다(산하유뢰 이 신언어 절음식山下有雷 頤 愼言語 節飮食 「상전象傳」). 턱은 음식을 씹어 삼키며 인체를 길러내는 기관器官이다. 이괘頤卦는 상하의 위치를 반대로 뒤집어보아도 똑같은 모습인 부도전괘不倒顚卦다. 초효初

爻와 상효上爻를 떼고 제2효, 제3효, 제4효를 내괘內卦로 하고 제3효, 제4효, 제5효를 외괘外卦로 하여 대성괘大成卦를 만들면 호괘互卦 ䷁ 중지곤重地坤 [즉, 땅]이 나온다. 땅은 만물의 생명을 길러내는 터전이다. 인체든 만물이든 그것들 몸을 길러내는[즉, 생육]시간은 큰 것일 수밖에 없다(이지시 대의 재頤之時 大矣哉「단전彖傳」). 이괘頤卦 관이觀頤의 길목을 쳐다보자. 내 마음은 천지의 지척咫尺이다. 이미 널리 알려진 유기용매有機溶媒들이 자생적으로 형성되어간다는 진화론의 그 생존법칙은 너무 냉랭한 논리였던 것이다. 다시 한 번 말하지만, 내 마음은 천지의 지척이었다.

䷚ 산뢰이山雷頤 육이六二의 효사는 이렇게 말한다; "머리를 조아려가며 내 자신을 길러내는 일은 법도를 거스르는 일이다. 높은 곳에 머리를 조아리며 내 자신을 길러내는 일도 흉할 따름이다"(전이 불경 우구 이 정 흉顚頤 拂經 于丘 頤 征 凶). 육이六二의 음陰은 초구初九의 양陽으로 내려가 도움을 청할 수도 없고 혹은 상구上九의 양陽으로 올라가 도움을 청할 수도 없다. 그들에게 외면당할 뿐이니, 이웃[즉, 초구初九]도 믿을 것이 못되고, 먼 친구[즉, 상구上九]도 믿을 것이 못된다. 내 삶이 이렇게 곤두박질친 이유는 내 처신이 잘못된 것이기 때문이다. 편협했기 때문이다. 반성해야 하리라. 그동안 나는 목적을 달성하기 위해 내 운명을 결정지을 진정성을 가벼이 건너뛰며 달려온 것이 아닐까. 나는 정말로 멍청이처럼 행동해온 것은 아닐까. 나는 논리적으로 인생을 바라본 것은 아닐까. 나는 자연에게서 혹은 초자연에게서 어떤 이득만을 챙겨온 것은 아닐까. 명심해야 하리라. 자연을 점유한 자로서의 품위를 지키지 않는다면 혹은 초자연을 바라보는 자로서의 겸손을 지키지 않는다면 언제든지 나는 비정한 나락奈落으로 굴러 떨어질 수 있음을 명심해야 하리라.

나는 내 마음 안에 있다. 이는 선험적 심리 그 이상의 내접內接이라는 점에서 천지와 자연스럽게 만난다. 예컨대 주역에서 말하는 덕의 비율은 천지를 떠나서는 정신적 삶의 실행[즉, 내면적 세계의 대응]으로 옮겨지지 않는다. 초월은 내면세계의 대응일 뿐이다. 이頤[즉, 성숙]의 방향은 바를 때 길한 것이 된다. 자기 증진은 내 몸에 붙은 심리적 실재[즉, 자구구실自求口實]와 관계를 맺는다(이 정 길 관이 자구구실頤 貞 吉 觀頤 自求口實 「괘사卦辭」). 여기서 말하는 바름[즉, 정貞]이란 내 자신 삶의 체험을 통해 드러나는 세계인식의 전체성을 두고 하는 말이다. 관이觀頤는 그러므로 체험의 대상화를 밟고 가는 단계인 까닭에 하늘을 끌어안는 책무[즉, 하늘의 내접內接]로까지 발전하게 된다. 책무 뒤에는 초월이 있다. 무슨 말인가. 내 자신이 내 자신을 뛰어넘는 힘 그것이 초월이다. 노자는 이를 두고 조화의 지극함이라고 말했다(화지지야和之至也『노자』55장).

나는 내 뜻대로 움직이지만, 내 뜻대로 움직이지 않을 때도 있다. 무슨 일이든 함부로 규정해서는 안 된다. 하늘이 승인해주지 않을 때는 어떤 일이든 정당화될 수 없다. 나는 누구인가. 대답하기 어려운 질문이다. 존재는 당위當爲를 만들지 않는다. 주역은 책무 obligation를 말하는 것 같지만, 크나큰 세계에 대한 인간의 사랑을 이야기할 뿐이다[즉, 대내길형大來吉亨. ☰☷ 지천태괘地天泰卦의 「괘사卦辭」]. 큰 것은 물건을 골고루 베풀기 때문이다[즉, 물평시物平施. ☶☷ 지산겸괘地山謙卦의 「상전象傳」]. 사랑은 어떻게 움직이는가. 그것은, 건괘乾卦 용구用九가 모두 곤괘坤卦 용육用六으로 변하는 이치를 닮고 있다. 이는, 하늘이 땅으로 변하는 모습이며[즉, 건지곤乾之坤], 땅이 하늘로 변하는 모습이다[즉, 곤지건坤之乾]. 사람은 사랑을 통해서만 비로소 완전해진다. 인간이 존엄한 까닭은 여기에 있다.

나는 누구인가. 나는 결코 내 자신으로 말미암아 길러지는 자가 아니다. ䷚ 산뢰이山雷頤 상구上九의 효사는 이렇게 말한다; "내가 내 자신으로 말미암아 길러지고 있다면, 그 점 위태롭게 여겨야 복을 받는다. 큰 강물을 건너듯이 조심해야 할 것이다"(유이 여 길 이섭대천由頤 厲 吉 利涉大川). 나는 내 자신으로부터 자유로운 존재가 아니다. 또한 나는 내 자신으로부터 존재하는 자도 아니다. 내 삶의 문제는 내 삶의 몫으로만 끝나지 않는다. 다른 사람들의 삶을 가꾸어주고 보살펴주는 삶이라야 값진 삶이다. 나는 내 자신을 위해 살아가는 자가 아니라, 하루하루 먼 세상을 위해 살아가는 자이다. 나는 큰 강물을 건널 때라야 비로소 이롭게 된다. 촛불을 보라. 촛불은 내 몸을 태우면서 어둠을 밝힌다. 나는 누구인가. 나는 당신이었던 것이다. 나는 내 영혼에게 이렇게 말해야 하리라; "나는 하루하루 먼 세상을 위해서 살아간다. 천지가 내 몸이기 때문이다". 가느다란 바람 한 줄기가 세상을 위해서 저렇게도 슬며시 불어오듯이. 이것이 말하자면, 내 자신을 엎질러놓고 길러낸다는 그 전이顚頤[즉, ䷚ 산뢰이괘山雷頤卦 육사六四의 「상전象傳」]였던 것이다. 그러므로 초월은 외물外物에 있으면서도, 그러면서도 내 몸에 함께 붙어있는 것이었다.

제8강

실재가 관계의 산물이듯
주역은 공간 안에서 천하를 건너다닌다

관계는 공간 안에서 움직인다. 실재가 관계의 산물이듯 주역은 공간 안에서 천하를 건너다닌다. 사물은 없다. 생물이 있을 뿐이다. 주역은 이렇게 말한다; "생물은 죽지 않는다". 생물은 관계로부터 태어난다. 그렇다면, 이 관계는 어떤 모습을 띠고 있는가. 한번은 어둡다가 한번은 환하다. 한번은 어둡다가 한번은 환한 이것을 이르되 도라고 한다. (이 경우) 보이지 않게 이어지는 것[즉, 양陽]을 선善이라고 하며, 보이게끔 나타나는 것[즉, 음陰]을 성性이라고 한다(일음일양지위도 계지자 선야 성지자 성야 一陰一陽之謂道 繼之者 善也 成之者 性也 「계사전상繫辭傳上」 제5장). 이 관계의 무한한 반복 그 사이사이에 무無가 있다. 그러므로 세계[즉, 유有]는 무無로부터 나온다(천하만물생어유 유생어무天下萬物生於有 有生於無 『노자』 40장). 달리 말하자면, 신명神明은 그 무無 속에서 살아 움직인다. 이 얼마나 무심한 동작인가. 이 무심한 동작은 "0"으로부터 출발한다[즉, "0"은 공집합空集合의 공리公理이다]. 무無는 존재의 시작이며, 유有는 존재의 실현이다[즉, 유무상생有無相生의 공리]. 달리 말하자면, 무극이태극無極而太極이었던 것이다[즉, "0"의 "0"승=1, 1의 "0"승=1, 2의 "0"승=1]. 『반야심경般若心經』에도 오온개공五蘊皆空이란 말이 나온다[즉, 오온五蘊이란 색色 (충동) · 수受 (느낌) · 상想(생각) · 행行(의지) · 식識(의식)과 같은 물질적 · 심리적인 집적集積을 말한다]. 이때의 공空은 연기緣起를 말한다. 무심한 자가 깨달은 사람일 것이다. 다만, 여기서는 인간의 말을 조심해야 할 일이다. 인간의 사고체계로 얻은 말은 믿을 것이 못되기 때문이다(명가명 비상명名可名 非常名. 『노자』 1장). 사물로서의 실재實在[즉, 색色 혹은 비무상非無相] 역시 가현假現이라는 것이었다(『금강경金剛經』). 바로 이 지점에서 색色과 공空의 대척적對蹠的 통일은 이루어지며, '이것'과 '저것'이 사라진 다음에 오는 원圓운동[즉, 끝없는 변화]이 시작된다. 주역에서 말하는 64괘卦의 순환은 곧 그것이었다. 음양陰陽 6효爻의 진행과정이 그것이었다. 삶의 부분들 하나하나가 주역의 용체容體인 것이었다. 만물은 살아서 이렇게 천하를 건너다닌다. 만물은 변화한다. 주역 「계사전상繫辭傳上」 제5장에는 이런 말이 나온다; "생생한 것이 변화의 기본이다"(생생지위역生生之謂易). 주역은 그러므로 삼라만상이 즐겁게 춤추는 모습을 바라볼 뿐이다. 주역을 아는 자는 주역을 말하지 않는다. 가령, 우리는 인천 계양시장에 나아가 연탄불에 끓는 사골탕 한 사발을 후후 불면서 들이마시면 그것으로 족할 뿐이다.

1. ䷽ 뇌산소과雷山小過 / 조금은 과하더라도 괜찮다

산등성이 너머 천둥이 울었다. 천둥은 하늘을 청소하는 소리다. 천둥소리를 듣고 놀라지 않는 사람이 어디 있으랴. 이때는 소과小過[즉, 조금은 지나치다]의 행동이 용납되는 순간이다. 말하자면, 어떤 진행은 근본 골격을 벗어나지 않는 한 다소 과할지라도 괜찮은 것들이다. 공손함은 조금 지나치더라도 괜찮다. 슬픔은 조금 지나치더라도 괜찮다. 검소함은 조금 지나치더라도 괜찮다(행과호공 상과호애 용과호검行過乎恭 喪過乎哀 用過乎儉「상사象辭」). ䷚ 산뢰이山雷頤의 상괘上卦와 하괘下卦를 서로 바꾸어 놓으면 착종괘錯綜卦 ䷽ 뇌산소과雷山小過가 된다. 소과小過는 작은 것을 부풀려 형통하게 함이니, 그 부풀린 모습이 이로운 것은 시기에 따른 행동이기 때문이다(소과 소자 과이형야 과이이정 여시행야小過 小者 過而亨也 過以利貞 與時行也「단전象傳」). 사소한 일들은 잘 풀린다(소자 과이형야小者 過而亨也). 공중으로 날아오르는 새의 날갯짓을 보라(유비조지상언有飛鳥之象焉). 새들은 소리치면서 높이 날아오를 때보다도 살그머니 아래로 내려앉을 때가 더 편안해 보인다(비조유지음불의상의하대길飛鳥遺之音不宜上宜下大吉). 위로 솟아오르는 상승은 거역이지만, 아래로 내려오는 하강은 순리이기 때문이다(상역이하순야上逆而下順也. 위 문장은「단전象傳」). ䷽ 소과小過의 모양을 보면, 이는 새가 하늘로 날아오르는 모습이다[즉, 산 위에 천둥번개가 치는 형상이다(산상유뢰 소과山上有雷 小過「상사象辭」)]. 백일하에 드러난 천둥 번갯불 소리. 그 객관성 앞에서 누군들 본래로 돌아가지 않을 수 있겠는가.

䷽ 소과괘小過卦 초육初六의 효사는 이렇게 말한다; "새들이 날아오른다. 흉하리라"(비조 이흉飛鳥 以凶). 소과괘小過卦의 제3효[즉, 구삼九三]와 제4효[즉, 구사九四]는 새의 몸통이며, 바깥 위쪽과 아래쪽 음효陰爻들은 새

의 날개에 해당된다. 초육初六의 날개는 구사九四의 양陽[즉, 몸통]과 만나 성급하게 날개를 펼치려고 하지만 아직은 때가 아니다. 시의時義를 거슬러 성급하게 움직이면 필히 낭패를 본다는 것이다. 선택의 오류誤謬는 있을 수 있다. 이 세상에 믿을만한 완전성[즉, 무모순성]은 없다. 이미 확정된 계획일지라도 일면으로 보면 온당하지만, 다른 일면으로 보면 모순투성이다. 추론적 사유는 그래서 위험하다.

소과괘小過卦 구삼九三의 효사는 또 이렇게 말한다; "철저하게 살펴 막지 못하면 무심결 해를 입게 된다. 흉하리라"(불과방지 종혹장지 흉弗過防之 從或戕之 凶). 불행은 갑자기 도래한다. 물론 세심히 살펴보면 불행의 원인은 어느 때나 상존하지만, 그렇더라도 불행은 비인과율의 거시적인 밀운密雲 바깥에도 감돌고 있다. 인간은 자기 자신의 내인內因과 외부 원인에 대하여 스스로를 입증하기 어려운 처지에 떨어지기도 한다. 이러한 연유로 하여 우리는 자신의 몸을 좀 더 나지막이 낮출 줄 알아야 한다. 교만이 치명적인 함정이다. 그런 점에서는 결핍은 제약이 아닌 보완이며, 최상의 효력을 위해 덧붙여진 충족이랄 수 있다. 삶을 기술적技術的으로 끌고 가서는 안 된다.

나는 나를 알 수 없다. 이는, 나에게 주어진 삶의 불확실성 때문이다. 아무 것도 확실한 것은 없다. 그렇더라도 불확실한 것이 위험한 것은 아니다. 불확실성은 내 자신의 주변으로 떨어진 일탈이 아니다. 그것은 도리어 무언의 폐쇄적인 간격에 가까운 일련의 변화들이다. 변화의 선로線路는 단순명료했다. 변화의 주체는 늘 내 자신이라는 점이다. 그 점을 가리켜 ䷽ 뇌산소과雷山小過 구사九四의 효사는 이렇게 말한다; "지나치면 위태롭다. 반드시 경계해야 할 것이다. 내 생각만을 고집해서는 안 된다"(왕여 필계 물용

영정왕려 必戒 勿用永貞). 새들은 비상飛上할 때 가슴 벅차게 보이지만, 그러나 하강下降할 때 더 아름답게 보인다. 내재적 목적에 충실한 사람이 더 믿음직해 보인다.

소과괘小過卦 상육上六의 효사는 다시 이렇게 말한다; "만나지 않고 지나쳐버린다. 새가 높이 날아오르다가 떨어졌다. 흉하다. 이를 일러 재앙이라고 한다"(불우 과지 비조 이지 흉 시위재생弗遇 過之 飛鳥 離之 凶 是謂災眚). 심원한 정신은 높이 올라가지 않는다. 상육上六은 항극亢極의 자리다. 큰 욕심은 늘 파국을 만난다. 공정하지 못한 것이 하나 있다. 과잉過剩이다. 과잉은 '하나'의 적일뿐이다. 순자荀子(BC 300년경 ~ BC 230년경)는 그 하나에 대하여 이렇게 말한다; "하나를 붙잡고 잃어버리지 않을 때 천하는 저절로 다가온다"(집일무실 이천하자래執一無失 而天下自來『순자』「천론天論」). 흔히 무언가를 뜻하거나 의미하려 할 때는 먼저 정신적인 표현에 앞서서 몸이 그것을 인지한다. 그것은 참과 거짓의 구별로 드러나는 것이 아니고 표정으로 다가오는 것이었다. 그것은, 내가 내 자신의 경계를 뛰어넘지 않으려는 침묵이다. 달리 말하자면, 그것은 그러니까 내 자신이 누구라는 점을 굳이 말하지 않아도 되는 침착성인 것이다.

2. ䷼ 풍택중부風澤中孚 / 너는 공기의 모양을 본받으며 살아라

䷽ 뇌산소과雷山小過의 6효를 모두 다른 음양陰陽의 효爻로 바꾸면, 배합괘配合卦 ䷼ 풍택중부風澤中孚가 된다. 또한, 중부中孚는 소과小過와도 같이 정반대의 관점으로 바라보아도[즉, 뒤집어보아도] 도전되지 않는 부도전괘不倒顚卦다[즉, 64괘卦 중 부도전괘는 모두 8괘卦가 있다. ䷀ 중천건重天

乾 · ䷀ 중지곤重地坤 · ䷁ 산뢰이山雷頤 · ䷚ 택풍대과澤風大過 · ䷛ 중수감
重水坎 · ䷜ 중화리重火離 · ䷝ 풍택중부風澤中孚 · ䷼ 뇌산소과雷山小過 등
이 그것들이다]. ䷼ 풍택중부風澤中孚의 형상을 보라. 이는, 연못 위에 바람
이 일어나 물결을 흔들어대는 모양이다. 바람의 모습을 보라. 만물은 공기
를 들이마시며 숨을 쉰다. 하늘로 날아오르는 새도 물결을 거슬러 강물을
건너가는 빈 배[즉, 이섭대천 승목 주허야利涉大川 乘木 舟虛也]도 공기를 들
이마시며 간다. 만물은 숨 쉬는 것이든 숨을 쉬지 않는 것이든 이처럼 한결
같이 하늘에 응하고 있는 것들이었다[즉, 내응호천야乃應乎天也「단전象傳
」]. 공기[즉, 중부中孚]는 무엇인가. 공기는 기쁘고도 유순한 것이니[즉, 작은
것이니] 그것밖에는 믿을 것이 없다[즉, 열이손 부설이손說而巽 孚「단전象傳」]. 공
기의 허정虛靜을 보라. 따지고 보면, 재앙의 발단은 자연이 아닌 인간의 정
신으로 인한 파렴치破廉恥였던 것이다. 정신 이동의 정당성을 물론 부인하
기는 어렵겠지만, 그 무제약적인 정신의 간계奸計 앞에서 인류는 또 얼마나
많은 악덕을 저질러놓았던가. 인간은 누구인가. 인간은 기쁘고도 유순한
공기 속에서 그 공기를 들이마시고 내뿜으며 살아간다. 요컨대 인간의 몸이
먼저였던 것이다. 몸을 아낄 때 인간의 정신은 깨끗해진다. 몸은 작은 것이
었다. 작은 것의 속성은 천연天然 혹은 천진天眞이다. 작은 것들의 속령屬領
그것이 곧 '하나'의 세계였던 것이다. 그 '하나'의 순간[즉, 인생]은, 불이 깜
빡 꺼졌다가 홀연 되살아나는 초월을 빼닮았다(성연매 거연각成然寐 蘧然覺
『장자』「대종사大宗師」). 작은 것을 겸허히 받아들일 때 우리는 비로소 텅
빈 하늘과 '한' 몸을 이루는 경지로 진입하게 된다(내입어요천일乃入於寥天
一『장자』, 위와 같은 편). 내 몸은 그만큼 소중했다.

나는 내 자신에 대하여 다른 뜻을 두지 않을 때 그때 비로소 안정을 얻게

된다. 심신의 고요는 외부에 기인起因하지 않는다. 앞에서 나는 존재의 깊이는 작은 것이라는 점을 강조했다. 작은 것은 제 자신이 작은 것으로 하여 스스로 자족할 줄 안다. ䷱ 풍택중風澤中孚 초구初九의 효사는 이렇게 말한다; "(내 자신의 내면을) 똑바로 살필 때는 길하리라. 딴 생각에 얽매이면 편안치 못하리라"(우 길 유타 불연虞 吉 有他 不燕). 이는, 초구初九의 양陽이 육사六四의 음陰과 상응이 잘 된다고 가벼이 움직이게 되면 득이 없다는 것을 경계한 말이다. 마음은 어떤 상象으로부터 감응 받을 때 특별히 조심해야 한다. 욕망이 아니었다. 우리네 심성은 일순一瞬의 찰나에 탐욕으로 쉽게 물들 수 있다. 우리는 이럴 때 외부의 일에 마음을 빼앗기지 않는[즉, 무적無適 혹은 유타有他]정제整齊의 자세를 다그쳐 찾지 않으면 안 된다. 물론 가지런한 몸매를 지키기는 쉽지 않다. 그러나 이슬방울이 먼저 제자신의 몸매를 가지런히 지키고 있지 않은가. 이슬은 그렇게 존재의 본질로 더 가까이 내려가 있지 않은가. 안연顔淵(BC 521년 ~ BC 490년)은 자기 자신의 빈천을 부끄러워하지 않았다.

䷼ 중부괘中孚卦 육사六四의 효사는 또 이렇게 말한다; "달은 거의 보름달이다. 말은 제 짝을 잃어버렸지만, 허물은 없다"(월기망 마필망 무구月幾望 馬匹亡 无咎). 기망幾望은 보름달에 가까운 열나흘 달이다. 육사六四 음陰의 짝은 초구初九의 양陽이었지만, 지금은 그 짝이 아닌 구오九五의 양陽을 바라보며 그를 깍듯이 섬겨야 할 때다. 열나흘 달은 그 열나흘을 끊어내고, 15일 보름달로 올라가야 한다[즉, 절류 상야絶類 上也「상전象傳」]. 지나간 인연에 연연해하지 않는 그 열나흘 달 절류絶類의 표정[즉, 천하의 공리公理]을 보라. 삶의 가치는 정녕코 그 삶 속에 박혀있는 저들 순차의 관련을 따라 움직이고 있었던 것이다.

중부괘中孚卦 구오九五의 효사는 다시 이렇게 말한다; "믿음을 갖추고 (사람들을) 끌어당기면, 허물이 없으리라"(유부 연여 무구有孚 攣如 无咎). 지존의 위치[즉, 구오九五]는 내가 내 자신에게만 자족해하는 자리가 아니다. 지존은 왜 정당한 것인가. 사람들이 그를 믿고 따르는 결속이 있기 때문이다(유부연여 위정당야有孚攣如 位正當也「상전象傳」). 지존은 초월자의 자리다. 초월이야말로 현세성現世性의 지극함이다. 나는 어떻게 초월의 영역으로 올라설 수 있을까. 문은 열려있다. 이렇게 말하면 되리라; "나에게는 당신에게 보이는 행실 이것밖에는 다른 기본이 없나이다". 장자는 이렇게 말했다; "어떤 거리낌도 없으니, (내) 마음은 바르고 편안해지리라. 마음이 편안해지니, 다른 사람들과 더불어 (내 삶은) 다시금 새로워질 것이다"(무루즉정평 정평즉여피갱생無累則正平 正平則與彼更生『장자』「달생達生」). 그런데, 그 마음은 어떻게 새로워질 것인가. 텅 비어 깨끗해진 마음. 아무 것도 하지 않는 적막한 마음. 그것은 하늘과 땅의 기준이며, 도덕의 지극함인 것이었다(부허정염담 적막무위자 천지지평 이도덕지지夫虛靜恬淡 寂漠無爲者 天地之平 而道德之至『장자』「천도天道」).

그렇다면, 나는 어디 있는가. 나는 내 자신 안에 있다[즉, 나는 '나'의 '나'다]. 또한 나는 내 자신 바깥에도 있다[즉, 나는 '나'의 '너'다]. 그분은 나보다도 내 자신 곁에 더 가까이 바짝 붙어 있는 자다. 그분이야말로 허정염담虛靜恬淡한 자이며, 그러기에 무위자無爲者인 것이었다. 부버(M. Buber 1878년~1965년)는 그분을 가리켜 신이라고 말했다 (『나와 너』).

3. ䷊ 지천태地天泰 / 큰 것은 깨달음의 경계까지도 뛰어 넘는다

하늘과 땅은 정해져 있는 것. 하늘은 너무도 멀어 보이지 않고, 땅은 너무도 가까워 보이지 않는다(천존지비 건곤정의天尊地卑 乾坤定矣「계사전상繫辭傳上」제1장). 누가 하늘을 보았다고 말하는가. 누가 땅을 보았다고 말하는가. 하늘이 움직이는 것을 보라. 땅이 움직이는 것을 보라. 하늘은 아래로 내려오고[즉, 양종하陽從下], 땅은 위로 올라간다[즉, 음상행陰上行]. 이 움직임은 ䷊ 지천태地天泰의 모습에 이르러 더욱 황홀하게 표출된다. 그러나 그 움직임을 뒤집어버리면 단번에 착종괘錯綜卦 ䷋ 천지비天地否의 비색否塞으로 막혀버린다. ䷊ 지천태地天泰의「괘사卦辭」는 이렇게 말한다; "큰 것[즉, 태泰]은, 작은 것이 올라가고 큰 것이 내려오는 것이니 길하다. 형통하리라"(태 소왕 대래 길 형泰 小往 大來 吉 亨). 무엇이 큰 것인가. 큰 것의 형상은, 그러니까 내양외음內陽外陰의 부드러움으로 움직인다. 이 모습은, 천지가 사귐으로 하여 만물이 서로 통하게 되는 그 본연 그대로의 용체容體였다(천지교 이만물통야天地交 而萬物通也「단전象傳」). 여기서는 군자의 도는 자라나게 되며, 소인의 도는 사라지게 된다(군자도장 소인도소야君子道長 小人道消也「단전象傳」). 큰 것은 그러니까 깨달음의 경계까지도 훨씬 뛰어 넘는 것이었다.

인간과 물질은 어떻게 다른 것인가. 물질은 사실에 기초한 성향만을 내보이지만, 인간은 선험적인 존재질서의 가치를 향해 언제든지 발 빠르게 움직인다. 인간은 그러니까 자기 수행을 통해 천명을 기다리면서 그 천명을 세워나간다(수신이사지 소이립명야修身以俟之 所以立命也『맹자』「진심장구상盡心章句上」제1장). 물질은 그러나 그때까지 일회적인 결합의 전치前置 속에 붙어 있을 뿐이다. 그러므로 빈틈은 늘 인간에게 있었던 것이다. ䷊

지천태地天泰 초구初九의 효사는 이렇게 말한다; "띠풀의 뭉텅이 뿌리를 뽑는다. 그 무리와 함께 가게 되면 길하리라"(발모여 이기휘 정 길拔茅茹 以其彙 征 吉). 이는, 유유상종類類相從의 이로움을 말한 것이다. 그러나 이러한 태도의 객관적 타당성은 희박할 수밖에 없다. 삶의 가치는 보다 합목적성으로 흘러가지 않는가. 태괘泰卦 구이九二의 효사는 다시 이렇게 말한다; "거칠기 이를 데 없는 사람도 끌어안고, 벌거벗은 몸으로 강물을 건너간다. 멀리 있는 사람도 버리지 않고, 친한 친구라고해서 봐주지도 않는다. 중심을 잡고 살아가면 떳떳한 도리를 얻으리라"(포황 용빙하 불하유 붕망 득상우 중행包荒 用馮河 不遐遺 朋亡 得尙于中行). 내 삶의 통각統覺은 내 자신을 향한 지각으로 결정되는 것이 아니다. 내 삶의 유연함은 그 삶의 흐름에 덧붙여진 외부와의 연관에 따라 결정된다. 그 연관이야말로 이곳에서 내가 실행해야 할 격물格物의 숨결들이다. 내 뜻은 그러기에 자기 자신 독자獨自의 내심에 붙어있는 아집我執이 아니라, 외부를 향해 늘 열려 있는 대자적對自的인 성심誠心이었던 것이다.

어느덧 소인의 시대가 되었다. 태괘泰卦 육사六四의 효사는 그래서 이렇게 말한다; "(새들처럼) 날아다니는구나. 부를 혼자서 챙기지 않고 이웃과 더불어 나누려고 하니 경계하지 않아도 믿음직하도다"(편편 불부이기린 불계이부翩翩 不富以其鄰 不戒以孚). ䷊ 지천태地天泰의 육사六四 · 육오六五 · 상육上六의 음효陰爻들은 모두 소인들의 군집이다. 떼를 지으며 날아오르면서 떠들어대는 새들의 유세遊說를 빼닮았다. 소인의 시대에는 새로움은 없다. 소인은 이익을 추구하는 사람들이다. 그러한 사람들이 지금 이웃과 더불어 오순도순 함께 이익을 나누며 살아가려고 한다(불부이기린 不富以其鄰). 아름답다. 이웃끼리 친밀한 믿음을 나누며 살아가는 이 마을의 공존을 보라. 이 모양은 공기의 공점共點과 같다. 빛의 굴절을 보라. 너와 내가 소인인 것을 부끄러워하지 말라. 큰 것이 작은 몸속으로 들어왔기 때문이다. 소인의 시대에는 하위下位가 상위上位의 자리로 옮겨간다. 저쪽 절벽 화강암 틈새에 구절초 꽃들이 담뿍 피어있구나.

큰 것은 큰 것[즉, ䷊ 지천태地天泰]이었다. 큰 것은 큰 것과 일치되는 것이 없어야 한다. 왜냐하면 그것은 큰 것이기 때문이다. 큰 것의 중심 한복판에는 그것과 비슷한 그 어떤 것도 있어서는 안 된다. 그것이 큰 것의 속내였던 것이다. 큰 것은 그러나 작은 것 속으로 들어갈 때 그때부터 큰 것이 된다. 그렇다면, 나는 하늘을 배경으로 삼지 않는 한 결코 자명해질 수 없다. 나에게 여지가 남아 있는 까닭은 그 때문이다. 이는, 무슨 말인가. 나는 누구인가. 하늘이 내 마음속으로 들어온 뒤 이때부터 나는 하늘을 섬기는 자가 되었다. 내 마음을 살피고, 내 천성을 길러냄으로써 그렇게 그렇게 하늘을 섬기는 것이었다(존기심 양기성 소이사천야存其心 養其性 所以事天也『맹자』「진심장구상盡心章句上」제1장). 이것은, 하늘의 움직임[즉, 천하의 움직임]에 따라서 내 자신에게는 길흉회린吉凶悔吝의 문제가 나타나며 엇섞이게 된다는 의미인 것이다(효야자 효천하지동자야 시고 길흉생이회린저야 爻也者 效天下之動者也 是故 吉凶生而悔吝著也「계사전하繫辭傳下」제3장). 인간사를 바라보면서 주역의 효변爻變을 살피게 되는 까닭은 이 때문이다.

4. ䷋ 천지비天地否 / 내 마음의 평안을 위해 당신을 사랑하는 것은 사랑이 아니다

䷋ 천지비天地否는, 하늘과 땅이 서로 사귀지 않는 모습을 보여 준다. 군

자는 이 모습을 보고 덕을 닦으며 어려움을 피하고 부귀영화를 누리려하지 않는다(천지불교 비 군자 이 검덕피난 불가영이록天地不交 否 君子 以 儉德辟難 不可榮以祿「괘상卦象」). 하늘은 하늘이고, 땅은 땅인 것이 비否다. 비否는 '막힘'이다. 하늘은 하늘일 뿐이고, 땅은 땅일 뿐이다. 나는 '나'일 뿐이고, 당신은 '당신'일 뿐이다. 이때는 아무것도 되는 일이 없다. 큰 것은 무엇이었던가. 큰 것은, 하늘이 땅속으로 '내려오는' 일이었다[즉, ䷊ 지천태地天泰]. 그 모습은 '사랑'[즉, '용서']의 체모體貌다. 사랑은 내가 '당신'을 사랑하는 일이다. 용서는 내가 '당신'을 용서하는 일이다. 내 마음이 편해지자고 당신을 사랑해 '주는' 일 따위는 사랑이 아니다. 내 마음이 편해지자고 당신을 용서해 '주는' 일 따위는 용서가 아니다. 사랑은 내가 당신을 '사랑하는' 일이다. 용서는 내가 당신을 '용서하는' 일이다. 무엇이 큰 것인가. 하늘이 땅속으로 '내려오는'[즉, '하는'] 일이었다. 우리가 서로 '사랑할' 때는 이 모양을 본받아야 한다. 말하자면, 당신을 위해 나는 당신의 몸속으로 들어가야 하는 것이었다. 내가 내 자신을 위해 당신의 몸속으로 들어가는 것은 폭력이다. 내가 나를 위하는 일 그것은 폭력일 뿐이다. 기독교의 사랑은 이와 같은 폭력이 아니었다. 하나님은 자기 자신을 죽여가면서 인간[즉, 인류]을 사랑했다. 그것이 기독교의 십자가사건 the Crucifixion이다(「마태복음」 27:32~44, 「마가복음」 15:21~32, 「누가복음」 23:26~43, 「요한복음」 19:17~30). 하늘을 보라. 하늘이 먼저 움직인다. 하늘이 내 마음속으로 들어오고, 하늘이 땅속으로 들어오고, 하늘이 나무속으로 들어오고, 하늘이 풀잎 속으로 들어온다. 하늘이 바람 속으로 들어갔다. 큰 것이 작은 것 속으로 들어갔다. 큰 것이 작은 것 속으로 들어갈 때 비로소 그것은 큰 것이었다.

䷋ 천지비天地否 육이六二의 효사는 이렇게 말한다; "소인은 사안을 묵인

해가면서 이으려고만 하니 길하고, 대인은 곤고한 형편이지만 진리에 형통한다"(포승 소인 길 대인 비 형包承 小人 吉 大人 否 亨). 육이六二의 음陰은 구오九五의 양陽과 상응하지만, 그와 함께 소통하려 하지 않고 초육初六 육삼六三의 소인들과 더불어 어울려 지낼 뿐이다. 소인들의 친화는 대개 임기응변에 가까운 액즙液汁으로 붙어있는 것들이다. 예禮에 가까울 리도 없다.

비괘否卦 육삼六三의 효사는 또 이렇게 말한다; "마음속에 부끄러움을 품고 있구나"(포수包羞). ䷋ 비괘否卦 하괘下卦의 초육初六과 육이六二와 육삼六三의 음효陰爻들은 어둠 속에 잠긴 소인들이다. 이들은 상괘上卦 양陽의 밝음 앞에서 마음속으로 부끄러움을 느낀다. 천하는 신령스러운 용체容體이므로 내 뜻대로는 어떤 일이든 다 이루어낼 수 있는 곳이 아니다(천하신기 불가위야天下神器 不可爲也『노자』29장). 무슨 일이든 강행하려고 덤비면 망치고 만다. 왜. 그것은 헛된 욕망이기 때문이다. 소인들은 헛된 욕망에 쉽게 물들어버리기 때문에 부끄러운 일을 당하게 된다(포수 위부당야包羞 位不當也「상전象傳」). 외물外物 앞에서는 마음을 고요히 붙들고 있어야 한다. 외물 앞에서 내 마음을 놓아버릴 때 그 사람은 소인이 된다.

비괘否卦 구사九四의 효사는 다시 이렇게 말한다; "운명의 뜻을 알게 되면 허물이 없을 것이다. 세상 사람들에게도 복을 나누어주리라"(유명 무구 주 이지有命 无咎 疇 離祉). 운명이란 곧 하늘의 뜻[즉, 밝은 시간]을 말함이다. 어둠 속에 묻혀 있을 때는 사람들은 빛을 갈망한다(지행야志行也「상전象傳」). 어둠만큼 두려운 것이 어디 있겠는가. 어쩌면 지옥의 고통은 그 어둠의 강압에 있을 것이다. 빛과 어둠의 변주를 통해 인간은 책임의 한계가 어떤 것이며, 또 그것이 어디 있는가를 깨닫게 된다. 어둠을 통해 내 모습을 바라보면서, 나는 비로소 이렇게 대답한다; "미안합니다".

비괘否卦 구오九五의 효사는 마침내 이렇게 말한다; "비색함이 멈추었구나. 대인은 길하리라. 간댕간댕 뽕나무가지에 매달려 있구나"(휴비 대인 길 기망기망 계우포상休否 大人 吉 其亡其亡 繫于苞桑). 무엇이 지금 뽕나무가지에 매달려 간댕간댕 흔들리고 있는가. 그것은, 이 자리에 앉아있는 내 마음이 편안하지 않아 위태롭다는 말이다. 공자는 이렇게 말했다; "군자는 편안한 마음을 누리고 있지만, 그러나 한편으로는 위태로움을 잊지 않는다"(군자안이불망위君子安而不忘危「계사전하繫辭傳下」제5장). 저것 보라. 새들이 뽕나무가지에 앉아 있다. 뽕나무가지가 간댕간댕 흔들리게 되면 새들도 그 나뭇가지를 떠나버린다. 거기 앉아있는 자리가 편치 않기 때문이다. 나는, 여기 살아가면서도 내 존립이 무너지지 않을까를 항상 염두에 두어야 한다(존이불망망存而不忘亡「계사전하繫辭傳下」위와 같은 장). 치자라면 더욱이 태평함을 누릴 때 그 태평함이 허물어지지 않을까를 염려해야 한다. 그래야 자신의 몸과 국가를 편안히 보존할 수 있기 때문이다(치이불망란 시이신안 이국가가보야治而不忘亂 是以身安而國家可保也「계사전하 繫辭傳下」위와 같은 장). 대인은 누구인가. 대인은 편안함에 너울너울 떠내려가지 않는다.

5. ☰☲ 천화동인天火同人 / 작은 것은 작기 때문에 더욱 환한 것이다

동인同人은, 불꽃이 하늘로 솟아올라 그 하늘과 친히 어울리는 모습을 보여 준다. 군자는 이 모양을 보면서 사람들과 가까이 어울려 지내지만, 각자가 서로 다르다는 점도 인지해나간다(천여화 동인 군자 이 유족변물天與火同人 君子 以 類族辨物「괘사卦辭」). 불꽃이 하늘로 타올라가는 황홀을 보라.

황홀의 명백함이라니. 그것은 존재의 황홀이었다. 하늘 아래서는 아무것도 숨어 있는 것이 없다. 숨어 있는 것들은 자기 자신이 숨어 있음으로 하여 더욱 환한 것이며, 작은 것들은 자신의 작음으로 하여 더욱더 환한 것이다(막현호은 막현호미莫顯乎隱 莫顯乎微『중용』제1장). 땅위에 있는 모든 존재는 하늘로부터 온 것이었다. 하늘은 하늘에 있지 않고 내 목숨의 길 앞으로 내려왔다(천명지위성天命之謂性『중용』앞의 장). 그런 점에서 본다면, 여기저기 떠도는 만물은 하늘 아래 다 같은 유족類族들이다. 예수의 말을 들어보자; "나를 보내신 분은 나와 함께 계시고 나를 혼자 내버려두지는 않는다. 나는 언제나 아버지께서 기뻐하시는 일을 하기 때문이다"(「요한복음」 8:29). 나는 언제나 내 자신의 최초의 소여所與[즉, 하늘]를 벗어날 수 없다. 나는 내 자신의 밑바닥까지 내려간 뒤 그곳에서 내 자신의 얼굴[즉, 본성]을 만나게 된다. 나는 그러므로 사람으로서의 그 천성을 다할 수 있을 때 곧 사람으로서의 본성을 다할 수 있게 된다(능진기성 즉능진인지성能盡其性 則能盡人之性『중용』제22장). 이 땅에 태어난 인연을 그러니까 공계空界로 치부해서는 안 된다. 동인同人으로서의 의행意行은 그래서 값진 것이었다. 한사코 저쪽 하늘로까지 내 운신運身을 넓혀가야 하리라.

☰☲ 천화동인天火同人 초구初九의 효사는 이렇게 말한다; "동인은 문밖으로 나아가 어울리니, 나무랄 일이 아니다"(동인우문 무구同人于門 无咎). 내 마음속에도 문이 있고, 집안에도 문이 있다. 사람들과 어울려 살아가려면 그 문을 열고 밖으로 나아가야 한다. 문밖으로 나아가야 자리를 잡을 수도 있고, 공을 얻을 수도 있다(진득위 왕유공야進得位 往有功也 ☴☶ 풍산점괘風山漸卦의 「단사彖辭」). 누가 이 사람을 나무랄 수 있겠는가(출문동인 우수구야出門同人 又誰咎也 「상전象傳」). 나는 내 마음속에 가라앉은 격절隔絶을 털

어내고 저쪽 중절中節의 화락이 감도는 이웃마을로 발걸음을 옮겨야 한다. 물론 내 집 앞 문설주를 나설 때는 문밖 불꽃으로 의피擬皮된 허황을 먼저 경계하지 않으면 안 된다. 다소곳한 자의 외양은 아름답다.

☷ 동인괘同人卦 구사九四의 효사는 또 이렇게 말한다; "담장에 올라앉아 이웃을 공격하지 않으면 길하리라"(승기용 불극공 길乘其墉 弗克攻 吉). 어떤 상황에 있어서도 행동함에 겉과 속이 다르면 관계는 결렬된다. 그럴 때는 표정이 어두워지거나 눈을 두리번거리게 되거나 내 말 속에 담긴 모순이 툭 튀어나온다. 그것보다도 피아간彼我間 담장이 높아지면서 불화의 불씨를 키우게 된다. 언제든 적임자나 혹은 적실한 자는 단순명료하게 말한다. 동인괘同人卦 구사九四의 양陽은 제4위 음陰의 자리에 앉아 있으니, 이때는 내 몸을 조신操身히 움직여야 한다. 조신이란 무례함을 삼가는 일이다.

동인괘同人卦 구오九五의 효사는 다시 이렇게 말한다; "동인들은 처음에는 울더라도 나중에는 웃는다. 큰 힘으로 극복하게 되면 서로 만날 것이다"(동인 선호도이후소 대사극 상우同人 先號咷而後笑 大師克 相遇). 사람들은 서로서로 덮어주는 마음을 갖게 되면 동인이 된다. 도는 만물을 덮어주고 실어주는 마음이니, 그 얼마나 드넓고 광대한 것인가(부도 복재만물자야 양양호대재夫道 覆載萬物者也 洋洋乎大哉『장자』「천지天地」). 동인들은 그 도를 나누어 가진다. 두 사람 사이 오고가는 마음은 쇠를 끊을 듯이 날카롭고, 두 사람 사이 주고받는 말은 난초의 향기처럼 그윽하다(이인동심 기리단금 동심지언기취여란二人同心其利斷金 同心之言其臭如蘭「계사전상繫辭傳上」제8장). 금란지교金蘭之交의 교분은 여기서 유래된 말이다. 개별은 결코 개별이 아니다. 자기중심의 한계 [즉, 자기 갈등]를 극복하기 위해서는 누구든 세계-내[즉, 객관]의 구조적 연관 앞으로 나아가 새로운 가치 구현에 힘쓰지 않으면 안 된다. 우물 안 개구리가 바다에 관해 얘기해주어도 알아듣지 못하는 것은 그 비좁은 공간[혹은, 마음]의 구속 때문이다(정와불가이 어어해자 구어허야井蝸不可以語於海者 拘於虛也『장자』「추수秋水」).

　　동인괘同人卦 상구上九의 효사는 다시 또 이렇게 말한다; "한적한 곳으로 물러나 사람들과 어울려 지내니, 어떤 후회도 없으리라"(동인우교 무회同人于郊 无悔). 한적한 곳에서 지내는 한가로움은 누구의 훼방도 받지 않는 자적自適을 가리킨다. 한가로움을 즐기는 사람은 큰 것과 작은 것을 같은 것으로 본다. 그는 시간의 축적을 보는 사람이다. 그는 흘러가는 시간보다도 쌓인 시간을 보는 사람이다. 시간은 x축으로 길게 흘러가지 않고 y축으로 높이 쌓여간다. 그는 벌써 지극한 것을 알고 있는 사람이다. 우리는 무엇을 알았다고 말할 수 있는가. 우리는, (내가) 알 수 없는 경지에까지 이르러 그 앎을 그치게 될 때 그것을 지극한 앎이라고 말할 수 있으리라. 그것은 "하나"[즉, 도道]를 끌어안는 것이며, 자기 본성을 잃지 않는 것이리라(지지호 기소불능지 지의 능포일호 능물실호知止乎其所不能知 至矣 能抱一乎 能勿失乎『장자』「경상초庚桑楚」). 한가로운 사람은 누구인가. 그는, 마음이 태연자약하게 안정되어 있는 사람이다. 그는 하늘의 광채를 발현한다. 그 사람이 인간 본연의 모습을 드러내고 있는 것이었다(우태정자 발호천광 발호천광자 인현기인宇泰定者 發乎天光 發乎天光者 人見其人『장자』위와 같은 장). 애당초 하늘이 인간을 돕는 것이었으니(천지소조天之所助).

6. ☵ 중수감重水坎 / 내 마음속 물결이 잔잔히 출렁거리도록

물은 어둡고, 불은 환하다. 물은 빨래를 적시고, 불은 빨래를 말린다. 물이 물의 극점에 닿으면 올라가고[즉, 음상행陰上行], 불이 불의 극점에 닿으면 내려간다[즉, 양종하陽從下]. 양단은 배합으로 통한다. ☵ 중수감重水坎의 6효爻는 모두 다른 음양陰陽의 효爻로 변화[즉, 효변爻變]되어 ☲ 중화리重火離가 된다. 모든 것들은 한때는 물이었는지도 모른다. 밀레투스의 탈레스(Thales BC 624년~BC 545년)는, 세상이 한때는 물이었다고 주장했다. 그의 물은 단순한 물질이 아니라, 우주의 크기[즉, 우주의 내재적 질서]그 자체였던 것이다. 순수한 물은 불을 끄지 않는다. 물과 불은 각각 생명의 원점을 함께 붙들고 있지 않는가. 물과 불의 통변은 다른 데로 새나가지 않고 내 몸속으로 흘러들어와 하늘의 풍기風氣[즉, 인광燐光]를 새겨놓는다.

냇물은 호수와는 다르게 물이 겹치고 겹치면서 흘러간다. 그침이 없이 흐르는 이 물결을 습감習坎이라고 한다. 군자는 이 모양을 보면서 부단히 덕행을 쌓아가면서 남을 가르치는 일에 매진한다(수천지 습감 군자 이 상덕행 습교사水洊至 習坎 君子 以 常德行 習敎事「괘상卦象」). 냇물은 흐르고 또 흘러가니 살아 있는 물이다. 눈을 뜬 물이다. 한순간도 멈추지 않고 흐르고 또 흘러가는 물결을 보라. 시냇물의 활기찬 속삭임을 들어 보라. 먼 곳 우주의 변형들까지 여기 물가로 내려와 그 시냇물의 속삭임을 듣고 있지 않는가. 군자가 보여주는 상덕행常德行의 행실은 그 뜬 눈의 물결과도 같은 것이었다. 남을 가르치는 군자의 입술에도 그 시냇물의 맑은 숨소리가 묻어있지 않겠는가. 군자는 누구인가. 그는 냇물을 바라보면서 반대편에 잠들어 있는 물을 흔들어 깨워놓는 자다.

☵ 중수감重水坎 초육初六의 효사는 이렇게 말한다; "험난한 일이 거듭되니 물구덩이 속으로 빠져들었다. 흉하다"(습감 입우감담 흉習坎 入于坎窞 凶). 험난한 일은 그런데 문밖에서 오지 않는다. 초육初六의 음효陰爻와 육사六四의 음효陰爻가 마주바라보고 있으니, 파탄지경에 이르렀다. 흘러가던 물이 흐르지 않고 깊은 물웅덩이에서 소용돌이친다. 이때는 내 정신의 정리定理를 먼저 의심해 보아야 한다. 파탄破綻의 원인은 내 행실의 낙등落等에서 온다. 과욕으로 인한 결루缺漏일 것이며, 교만으로 인한 배임背任일 것이며, 아집으로 인한 정체停滯일 것이다. 그만큼 내 정신은 오염되어 있을 것이다.

감괘坎卦 육삼六三의 효사는 여전히 이렇게 말한다; "오거나 가거나 물구덩이 뿐이구나. 험한 일 가운데 파묻혀 누워 있는 꼴이다. 물구덩이에 빠져 있으니, 무슨 일을 하려고 나서지 말라"(내지감감 험차침 입우감담 물용來之坎坎 險且枕 入于坎窞 勿用). 생각해보라. 이를테면, 불선不善과 습관과 욕망 그것들은 따지고 보면 천지간 수많은 복록福祿들 앞에서 내 자신 임의意任와 더불어 희롱해마지 않던 상심傷心이 아니었던가. 그렇다면, 저쪽에 붙어 있던 천지의 희롱마저도 실은 내 마음에 번진 오만傲慢이었는지 모른다. 오만한 이상, 나는 물웅덩이에 빠진 채 오물汚物을 뒤집어쓸 수밖에 없다. 그동안 내 감정에 매달려있던[즉, 물속에 잠겨있던]저와 같은 수작酬酌을 어떻게 치운단 말인가.

한번은 정상좌가 임제(臨濟 ?~867년) 선사를 찾아와 인사를 드리며 물었다.
"불법의 대의는 무엇입니까"
그러자 임제 선사는 법상에서 내려와 다짜고짜 그의 멱살을 움켜쥔 채

뺨을 후려갈기고는 바로 밀쳐버렸다. 그가 어안이 벙벙해서 우두커니 서
있자 곁에 있던 스님이 말했다.
"정상좌여, 법문이 끝났는데도 어째서 절을 올리지 않습니까"
정상좌는 절을 올리면서 홀연 깨달았다.

(유정상좌 도참문 여하시불법대의 사하승상 금주여일장 변탁개 정저립
방승운 정상좌 하불예배 정방예배 홀연대오有定上座 到參問 如何是佛法大意
師下繩床 擒住與一掌 便托開 定佇立 傍僧云 定上座 何不禮拜 定方禮拜 忽然大悟
『임제록臨濟錄』).

깨달음이란, 그러니까 그것은 장자가 말하는 좌망坐忘[즉, 초월](『장자』
「대종사大宗師」)에 있지 않고, 공자가 말하는 묵이지지黙而識之('묵묵히 알
아둠')[즉, 현실](『논어』「술이述而」)에 있다는 것이었다. 불법의 대의는 해
탈解脫에 붙어 다니는 꿈에 깃들어 있는 것이 아니라, 귀싸대기 한 대를 얻
어맞는 몸뚱어리에 붙어있었던 것이었다. 부처는 당신이 밀쳐버리는 내 몸
에 붙어 있었다. 그 부처의 몸이 얼마나 찬란한 물결이랴. 그와 동시에 이
몸은 또 깨달음의 본체도 아니라는 것이었다(유신비각체有身非覺體『임제
록臨濟錄』). 그동안 내 몸뚱어리 감정에 처박혀있던[즉, 물속에 잠겨있던]이
와 같은 수작의 물결을 가만히 쳐다보라. 그래서 참선參禪에서는 할喝[즉,
'고함'] 혹은 방棒[즉, '몽둥이']을 쓴다.

인생을 살아가는 데 있어서 가장 좋은 것은 각자 제 자신의 분수를 아는
일이다. 감괘坎卦 육사六四의 효사는 이렇게 말한다; "술동이에 안주 두 접
시를 질그릇에 담아 창가로 다가간다. 끝내는 허물이 없으리라"(준주궤이
용부 납약자유 종무구樽酒簋貳 用缶 納約自牖 終无咎). 순수한 마음에는 꾸밈

이 없다. 풍요롭더라도 검박한 삶을 내보일 때 더 아름답다. 지금과 같은 험준한 시대의 아픔을 건너가며 손님을 맞이할 때는 술 한 동이에 안주 두 접시면 충분하다. 지도자라면 그는 바로 이 질그릇 받침을 들고 민중의 창가로 다가가야 한다. 보라. 한곳에 머무르지 않고 흘러가는 시냇물을 보라. 시냇물의 물결이 얼마나 잔잔히 흔들리고[즉, 잔연漣然]있었던가. 시냇물은 온갖 탐욕과 무상無常과 어리석음을 다 버리고 있지 않은가. 내 마음속 물결은 저렇게 출렁거리면 된다.

7. ䷾ 수화기제水火旣濟 / 내 감정이 천심이다

물이 불 위에 놓이게 되면, 물은 다 사라져버린다. 꽃이 지고 난 다음이니, 아무데서도 꽃가루를 찾을 수 없다. 더 이상의 열정은 없다. 어느덧 꽃의 미약媚藥을 달리 쓸 수도 없는 ䷾ 수화기제水火旣濟의 시간이 된 것이다. 내 역할은 어디 남아있을까. 터벅터벅 나는 염전鹽田 논두렁을 걷는다. 물새들은 어디로 날아갔는가. 지금은 내 역할을 접어야 할 때다. 수분이 고갈되었으니, 지금부터는 하늘과 땅과 바람을 품고 있던 내 마음을 하얀 소금밭에 내려놓고 걸어가야 할 때다. 그동안 이 몸뚱이를 채워 놓은 물질로서의 액정液晶이 저렇게 바슬거리고 있다면, 그렇다면 나는 우리네 삶의 액상적液狀的 형질을 달리 바꾸지 않으면 안 된다. 불원간 닥쳐올 환란이 어떤 것인가를 내다보면서 그에 대처하는 지혜를 곁들이지 않으면 안 된다(사환이예방지思患而豫防之「괘상卦象」).

기제旣濟는 이미[즉, '이미' 기旣]완료되었다는 뜻이다. 음양陰陽의 품수品數가 각각 제 자리를 차지했으니 말이다[즉, 양陽은 양陽의 자리에 처해있

고, 음陰은 음陰의 자리에 처해 있다. 강유정이위당야剛柔正而位當也「단전
彖傳」. 음양陰陽의 사귐은 거기까지였던 것. 무엇이 완료[즉, 종결]되었다
는 것은, 다시 무엇을 기약하고 있다는 뜻이다. ䷾ 기제旣濟 다음에는 그러
기에 ䷿ 미제未濟가 이어진다. 종결의 자리는 허물어지는 자리였다. 다 이
루고난 다음에는[즉, 63번째 괘卦] 또 다른 출발이 시작된다[즉, 64번째 괘
卦]. 예수는 죽고 난 뒤 사흘 후에 부활했다(「마태복음」 28:6-8, 「마가복음」
16:6, 「누가복음」 24:6-7, 「요한복음」 20:9). 그랬다. 기제旣濟와 미제未濟
의 사귐[즉, 교역交易]이 그랬던 것이다. ䷾ 수화기제水火旣濟의 도전괘倒顚
卦・배합괘配合卦・호괘互卦・착종괘錯綜卦는 결국 ䷿ 화수미제火水未濟가
된다. 생사일여生死一如의 몸이 이것이고, 유무일여有無一如의 몸이 이것이
다. 현존과 미완의 관계가 이런 것이었다. 시선을 한곳에 못박아두지 말라.
시간은 공간의 이동이다. 제우스(Zeus)는 하늘의 기운을 받들고, 포세이돈
(Poseidon)은 바다의 물결을 움직이고, 하데스(Hades)는 땅속 지하세계의
어둠을 다스렸다. 그렇다면 다시 물어보자. 나는 누구인가. 나는 현존의 실
태 속에 있고, 내 자신의 현존은 도리어 내 자신 바깥 세계 저쪽으로부터 일
어나는 파동과 함께 넘실넘실 흔들리고 있지 않았던가.

기제旣濟 초구初九의 효사는 이렇게 말한다; "수레바퀴를 붙잡아 끌어당
기고 그 꼬리를 물에 적시면, 허물이 없으리라"(예기륜 유기미 무구曳其輪
濡其尾 无咎). 초구初九의 양陽은, 그러니까 그것은 하이데거(M. Heidegger
1889년~1976년)가 말하는 존재론적 범주로 보아 '그것이 여기 있다'는 현존
의 실태를 의미하는 것이었다. 현존의 실태가 위험에 처해 있다는 말이었
다. 대부분 여기저기 나뒹구는 현존은 저와 같은 위험에 처해 있다. 현존은
그토록 아슬아슬했다. 손가락을 펼쳐 내 몸을 만져 보자. 나는 언제나 그토

록 아슬아슬한 세계-내-존재의 분기점에 맞닿아 있었던 것. 유유자적할 시간이 없다. 그러나 그렇더라도 나는 여기 이렇게 존재한다는 적나라한 사실을 새롭게 인지할 때 그 환란은 사라진다. 이유 없는 환란은 없다. 환란은 내 자신의 심중에 먼저 와서 부닥친다. 내 자신의 심중이 어떻게 변하고 있는지 그것부터 헤아려 볼 일이다. 그런 다음 여기 이렇게 나를 존재하도록 결정해 준 자의 심중을 헤아려야 할 것이다. 그것들 천심天心[즉, 기투企投]의 변화를. 감정[즉, 칠정七情: 희喜·노怒·애哀·낙樂·애愛·오惡·욕欲]이 천심이다. 감정에는 옳고 그른 것이 없다.

시간은 언제 나타나는가. 시간의 물리적 표상은 결여와 소멸의 표적들 앞에서 드러난다. 인간은 왜 도덕적인가. 도덕은 이 결여와 소멸의 유비類比들이다. 불멸의 꿈이 허물어지는 순간이다. 이와는 반대로 잉여는 무엇인가를 덧붙이는 것이므로 완숙을 방해할 뿐 아니라 총체적으로는 부패를 불러오는 화근禍根이 된다. 그렇다면, 그러한 불운을 미연未然에 방지하면 얼마나 좋으랴. 기제괘旣濟卦 육사六四의 효사는 이렇게 말한다; "배의 밑바닥이 새고 있다. 걸레조각을 들고 종일 경계해야 한다"(유유의여 종일계繻有衣袽 終日戒). 위험은 아무 때나 아무데서나 돌발한다. 위험에는 이연移延이 없다. 예측이 필요할 때다. 앞에서 말하는 의여衣袽[즉, 걸레조각]는 그 예측[즉, 미연未然]을 두고 하는 말이다. 우리들이 그동안 간과해온 것들도 따지고 보면 바로 그 미연이었던 것이다. 일상사 예측보다도 더 좋은 경계가 어디 있겠는가. 저것보라. 등 뒤에서 매미를 쏘아보는 당랑螳螂[즉, 사마귀]이 있지 않은가. 당랑 이야기가 나왔으니 말인데, 이놈은 화가 치밀게 되면 자신이 깔려 죽을지도 모르는 수레바퀴 앞에 턱 버티고 있지 않는가(여부지 부당랑호 노기비당거철 부지기불승임야汝不知夫螳螂乎 怒其臂以當車轍 不知

其不勝任也『장자』「인간세人間世」). 상대편의 위의威儀 앞에 나설 때는 조심성 있게 그를 경계할 줄 알아야 한다. 아첨은 비굴해져서 나쁘고, 오만은 방자해져서 나쁘다. 노여운 생각이 하늘을 찌르게 되면 사랑하는 마음이 소멸된다. 어찌 삼가지 않을 수 있겠는가(의유소지 이애유소망 가불신야意有所至 而愛有所亡 可不愼邪『장자』위와 같은 편).

기제괘旣濟卦 상육上六은 또 여전히 이렇게 말한다; "물속에 빠져 그 머리를 적시니, 위태롭다"(유기수 여濡其首 厲). 이는, 때가 아닌데도 서둘렀으니 위험에 빠졌다는 이야기다. 머리와 꼬리의 대척점對蹠點을 보자. ䷠ 천산둔天山遯 초육 初六의 효사는 이렇게 말한다; "숨는 데 있어서 꼬리를 감추지 못했다. 위태롭다. 어디 갈 곳이 있더라도 나서지 말라"(둔미 여 물용유유왕遯尾 厲 勿用有攸往). 이는, 때를 놓쳐버렸으니 위험하다는 이야기다. 모든 일에는 때가 있다. 나무를 보라. 나뭇가지의 매듭은 시간을 좇아 생긴다. 여시해행與時偕行이다. ䷨ 산택손山澤損의 단사象辭는 또 이렇게 말한다; "덜어내고 보태고 채우고 비우는 것은 때를 좇아 함께 행하는 일이다"(손익영허 여시해행損益盈虛 與時偕行). 그것은 마디의 충실함이다. 시간의 자유로운 행위를 보라. 인류는 시간의 발전과정을 통해 수많은 마디를 만들어냈다. 시간을 개념으로 쳐다보지 말라. 시간은 이념이 아니다. 불꽃을 보라. 시간은 불꽃이다. 안절安節은 그래서 형통함이었던 것이다(즉, ䷺ 수택절水澤節의 육사六四). 땅위에 서있는 나무는 저러한 불꽃의 화신化身들이다.

8. ䷿ 화수미제火水未濟 / 지금은 내 자신을 바라볼 때다

불이 물 위에 있는 것이 미제未濟다. 군자는 이 모양을 보면서 사물의 이치를 분별하고, 어긋난 음양陰陽의 자리를 똑바로 세워 놓는다(화재수상 미제 군자 이 신변물 거방火在水上 未濟 君子 以 愼辨物 居方「괘상卦象」). 빛과 어둠의 변주를 다시 한 번 상기해보자. 이제 막 어둠의 껍질[즉, '어두운' 음陰]을 찢고 밖으로 튀어나온 불꽃의 투덜거림을 보라. 불꽃의 작디작은 빛은 아직은 발밑에서 출렁거리는 어둠의 적의敵意를 다 뿌리치지 못했다. 그야말로 여태껏 건너지 못한 미제未濟의 몸[즉, 굴절屈折]일 수밖에. 포도넝쿨처럼 혹은 8월의 태양처럼 불의 상승이 이루어지는 역점力點은 도래하지 않았다. 불은 칡넝쿨처럼 제 몸을 비틀면서 이제 겨우 풀밭머리에 나뒹구는 자기 색깔의 밀도密度 몇 겹만을 헤집고 다닐 뿐이었다.

䷿ 미제未濟 초육初六의 효사는 이렇게 말한다; "(어린 여우가) 강물을 건너가다가 그 꼬리를 적셨으니, 곤경에 처할 수밖에 없다"(유기미 인濡其尾 吝). 어린 여우가 겁 없이 강으로 뛰어들었다가 꼬리를 물에 적셨으니 좋을 리 있겠는가(소호 흘제 유기미 무유리小狐 汔濟 濡其尾 无攸利「괘사卦辭」). 기제既濟 초구初九에서 말하는 도강渡江은, 늙은 여우가 자신만만하게 건너는 물길이라 무탈했지만[즉, 유기미 무구濡其尾 无咎], 미제未濟 초육初六의 경우에는 어린 여우가 험한 물속으로 뛰어드는 만용이니 곤경에 처할 수밖에 없는 것이었다[즉, 유기미 인濡其尾 吝]. 일상사 자기 자신의 역량을 가늠하지 못할 때는 기어이 파탄을 만날 수밖에 없다. 어린 여우가 꼬리를 물에 적시게 된 것은 제 자신이 저지르는 일의 자초지종自初至終이 어디 있는가를 따지지 않았기 때문이다[즉, 유기미 역부지극야濡其尾 亦不知極也「상전象傳」].

☰ 미제괘未濟卦 구이九二의 효사는 이렇게 말한다; "그 수레를 잡아당기면 (험한 곳으로 굴러가지 않고) 바르게 되니, 길할 수밖에 없다"(예기륜 정길曳其輪 貞 吉). 미제괘未濟卦에서 초육初六의 음陰을 가려보면 내호괘內互卦 ☲ 이괘離卦의 불[혹은, 수레]이 나온다. 불꽃을 손에 쥐고 정련精鍊하면, 순백한 비약祕藥이 남는다. 불은 혼자 타오르면서 대지에게 빛을 던져준다. 불은 제 자신의 현신現身을 드러내는 순간 암흑 속에 갇혀 있던 모든 지리멸렬支離滅裂을 흔들어 깨운다. 이때는, 탑[즉, 수직垂直]뒤에 숨은 모든 수평들도 옷을 벗는다. 그간 비정상적이던 현실의 표정들까지 비로소 제 자신의 일관성을 되찾게 되었다. 불꽃은 더 이상 강렬할 필요가 없었다. 불은 제 몸을 끌어올리듯이 나무들을 키워내고 또 모든 젊은이의 꿈을 키워냈다. 하늘과 땅 사이 음양陰陽의 교역交易으로 생기는 이들 화합[혹은, 정신의 화등火燈]은 얼마나 아름답던가.

인생 경험을 통틀어보면, 여러 갈래 난관들이 내 앞길을 가로막고 나선다. 거의 조용할 날이 없었던 것이다. 올라가는 길. 내려가는 길. 그리고 돌아가는 길. 그때마다 쾌·불쾌의 감정에 휩싸이곤 한다. 자연이든 초자연이든 불운은 대개는 외부로부터 몰려온다. 이는, 마음의 부주의를 떨쳐내기가 그만큼 힘들다는 뜻이다. 그러나 그렇더라도 이때는 내 삶의 합목적성[즉, 쾌적한 시간]을 서둘러 찾지 않으면 안 된다. 어디서 내 자신의 참된 위직爲直을 찾아낸단 말인가. 참됨이란 그것이 순전한 평온일진대 아직도 나는 어쩔 수 없는 감정의 편협함에 매몰되어 있지 않은가. 내가 경험하는 광명光明[혹은, 현존]은 내 자신 개별을 향한 긴장에 갇히지 않고, 언제든지 '당신네'[즉, 시대와 역사]와의 합종合從[즉, 이 땅위에서 함께 손뼉을 치며 살아가는 박동博動] 그 방향으로 귀속된다. 그것이, 말하자면 칸트(I. Kant 1724년~1804년)가 말했던 보편적 타당성이었다. 가령 아름다움은, 꽃이 품고 있는 아름다움에 대한 감상鑑賞이 아니다. 아름다움은 '당신네'와 함께 손뼉을 치는 박동 한복판에서 아무 때나 흔들리고 있었던 것이다. 그렇다면, 광명[즉, ☲ 이離]에게 한 번 더 물어보자. 어떻게 살아갈 것인가. 우리는 아름다움 앞에서 그 아름다움을 음미하면서 여기 머물러 있다(『판단력 비판』).

미제未濟 육삼六三의 효사는 이렇게 말한다; "미제未濟인데도 길을 나서면 흉하다. 큰 강물을 건너가면 이로울 것이다"(미제 정 흉 이섭대천未濟 征 凶 利涉大川). 험하기로 말한다면, 큰 강물은 더 위험한 길이다. 군자는 미제未濟의 시간을 똑바로 바라보며 길을 걷는 사람이다. 증자(曾子 BC 505년~BC 436년경)는 이렇게 말했다; "군자는 자신의 생각이 자기 자신의 위치에서 벗어나지 않도록 행동한다"(군자사불출기위君子思不出其位『논어』「헌문憲問」). 공자는 다시 이렇게 말한다; "군자는 자신의 말이 자기 행동보다 지나친 것을 부끄러워한다"(군자치기언 이과기행君子恥其言 而過其行『논어』위와 같은 편). 보자. 이름에 매달리는 관념은 허상虛像일 뿐이다. 보라. 허상이 상품화된 이 시대의 거짓을 보라. 눈을 감으면 코를 베어가는 세상이다. 보이지 않는 부분의 음기陰氣를 조심해야 한다. 자칫하면 이섭대천移涉大川의 함정에 빠지기 십상이다. 이때는 눌언訥言의 신중함을 본받을 일이다(『논어』「이인里仁」). 그것은 이름으로 판단하지 않는 본심本心이다. 그 대천大川의 우주적 존재. 우주적 존재란 무엇인가. 살아가다가 힘들게 되면, 그때는 제 자리에 멈춰서야 한다. 우주의 균형은 그렇지 않아도 그것들은 상호 연관적이라는 사실에 기초한다. 1cm는 2cm, 3cm 그리고 100cm에 연관되어 있다. 삶과 죽음 사이의 연관도 이와 같다. 힘들면 제 자리에서 멈춰야 한다. 그래야 후회가 없다[즉, 회망悔亡]. 주역에서 강조하고 있는 낱말은 '길吉'이 아니다. '흉凶'이 아니다. '회린悔吝'이다. 후회와 인색이다. 길흉은 자연 속에 상象[즉, 추상] 혹은 상像[즉, 구상]으로 못박혀 있는 것이지만[즉, 재야材也], 회린悔吝은 효변爻變으로 그때그때 밖으로 드러나는 것이기 때문이다[즉, 길흉생이회린저야吉凶生而悔吝著也「계사전하繫辭傳下」제3장]. 물론 이때는 임기응변臨機應變을 조심해야 한다. 적극적이고도 전향적인 규칙[즉, 진리의 함수]에 부합되도록 행동해야 한다. 보여주는 부분과 말하는 것 사이의 간격을 좁혀야 하리라.

나는 앞에서 "이 땅위에서 함께 손뼉을 치며 살아가는 박동"에 대하여 힘주어 이야기했다. "함께 손뼉을 치며 살아가는 박동"이라니. 그것은 예수의 죽음을 염두에 둔 말이었다. 묻겠다; "나는 누구인가". 나는 내 자신 앞에서 절망하며, 또한 세상 앞에서도 절망한다[즉, ䷾ 수화기제水火旣濟. 절망이 극에 달하면, 기제旣濟의 음양陰陽은 반대로 다른 음양陰陽으로 바뀌어 지괘之卦인 도전괘倒顚卦 배합괘配合卦 호괘互卦 착종괘錯綜卦 ䷿ 화수미제火水未濟가 된다. 절망과 갱생의 문턱은 그렇게 변주되고 있었다. 노자가 말한바 구부러졌을 때 온전함이 다시 펼쳐지는 곡즉전曲則全의 이치도 실은 이런 것이었다『노자』22장]. "신神은 누구인가". 신은 언제 존재하는가. 신은 절망할 때만 그때만 신으로 존재한다. 신의 절망[혹은, 신의 죽음]을 깨닫지 못한 자가 어떻게 신을 만날 수 있겠는가. 신의 절망을 외면한 자는, 그는 그러니까 자기 자신에 대해서도 외면할 수밖에. 지금은 내 자신을 바라볼 때다.

물방울을 보라. 불꽃을 보라. ䷜ 중수감重水坎과 ䷝ 중화리重火離의 괘변卦變을 다시 한 번 들여다보자. 물[즉, ☵ 감坎]과 불[즉, ☲ 이離]의 변주를 들여다보자. 물방울과 불꽃은 한 모양의 두 극단이다. 물방울은 영연冷然[즉, 샘솟는 모양 혹은 생명]의 표상이지만, 불꽃은 효연㬊然[즉, 텅 빈 모양 혹은 소멸]의 표상이다. 그러함에, 물방울만큼 혹은 불꽃만큼 지극한 것이 또 어디 있으랴. 물방울과 불꽃을 보면 가可[즉, 할 수 있다]를 볼 수 있고, 그와 동시에 불가不可[즉, 할 수 없다]를 볼 수 있다. 가능한 것은 할 수 있고, 불가능한 것은 할 수 없다(가호가 불가호불가可乎可 不可乎不可『장자』「제물론齊物論」). 생멸의 지극함은 여기에 있는 것이었다. 본말本末은 없다. 다만 처음과 끝이 반복될 뿐이다. 나는 누구인가. 나는 생물의 의지擬之일 뿐이다. 내가 누구인가를 알고 싶으면, 그렇다면 생물을 쳐다보라. 당신을 쳐다보라. 세상을 쳐다보라. 포천 한탄강 절벽에 서있는 주상절기의 퇴적층을 바라보아라. 의연毅然한 인생.

주역시학

초판 1쇄인쇄 2020년 8월 26일
초판 1쇄발행 2020년 8월 28일

저 자 안수환
발행인 박지연
발행처 도서출판 도화
등 록 2013년 11월 19일 제2013 - 000124호
주 소 서울시 송파구 중대로34길 9 - 3
전 화 02) 3012 - 1030
팩 스 02) 3012 - 1031
전자우편 dohwa1030@daum.net
인 쇄 (주)현문

ISBN | 979 - 11 - 90526 - 19 - 7 *03180
정가 15,000원

도화道化, fool는
고정적인 질서에 대한 익살맞은 비판자,
고정화된 사고의 틀을 해체한다는 뜻입니다.